KB168357

SD에듀

독학사
3단계

—— 경영학과 ——

경영분석

SD에듀
(주)시대고시기획

머리말

학위를 얻는 데 시간과 장소는 더 이상 제약이 되지 않습니다. 대입 전형을 거치지 않아도 '학점은행제'를 통해 학사 학위를 취득할 수 있기 때문입니다. 그중 독학학위제도는 고등학교 졸업자이거나 이와 동등 이상의 학력을 가지고 있는 사람들에게 효율적인 학점 인정 및 학사학위 취득의 기회를 줍니다.

학습을 통한 개인의 자아실현 도구이자 자신의 실력을 인정받을 수 있는 스펙으로서의 독학사는 짧은 기간 안에 학사 학위를 취득할 수 있는 가장 빠른 지름길로 많은 수험생들의 선택을 받고 있습니다.

독학학위취득시험은 1단계 교양과정 인정시험, 2단계 전공기초과정 인정시험, 3단계 전공심화과정 인정시험, 4단계 학위취득 종합시험의 1~4단계 시험으로 이루어집니다. 4단계까지의 과정을 통과한 자에 한해 학사학위 취득이 가능 하고, 이는 대학에서 취득한 학위와 동등한 지위를 갖습니다.

이 책은 독학사 시험에 응시하는 수험생들이 단기간에 효과적인 학습을 할 수 있도록 다음과 같이 구성하였습니다.

01 빨리보는 간단한 키워드(핵심요약집)
'빨리보는 간단한 키워드(빨간키)'는 시험 직전까지 핵심이론의 내용을 정리하고 더 쉽게 기억하게 하는 용도로 활용 할 수 있습니다.

02 핵심이론
다년간 출제된 독학학위제 평가영역을 철저히 분석하여 시험에 꼭 출제되는 내용을 '핵심이론'으로 선별하여 수록하 였습니다.

03 OX문제 및 실전예상문제
핵심이론을 다시 점검해보는 'OX문제' 및 해당 출제영역에 맞는 핵심포인트를 분석하여 구성한 '실전예상문제'를 수록하였습니다.

04 최종모의고사
최신출제유형을 반영한 '최종모의고사'를 통해 자신의 실력을 점검해 볼 수 있으며, 실제 시험에 임하듯이 시간을 재고 풀어 본다면 시험장에서의 실수를 줄일 수 있을 것입니다.

편저자 드림

BDES

독학학위제 소개

독학학위제란?

「독학에 의한 학위취득에 관한 법률」에 의거하여 국가에서 시행하는 시험에 합격한 사람에게 학사학위를 수여하는 제도

- ✓ 고등학교 졸업 이상의 학력을 가진 사람이면 누구나 응시 가능
- ✓ 대학교를 다니지 않아도 스스로 공부해서 학위취득 가능
- ✓ 일과 학습의 병행이 가능하여 시간과 비용 최소화
- ✓ 언제, 어디서나 학습이 가능한 평생학습시대의 자아실현을 위한 제도
- ✓ 학위취득시험은 4개의 과정(교양, 전공기초, 전공심화, 학위취득 종합시험)으로 이루어져 있으며 각 과정별 시험을 모두 거쳐 학위취득 종합시험에 합격하면 학사학위 취득

독학학위제 전공 분야 (11개 전공)

※ 유아교육학 및 정보통신학 전공: 3, 4과정만 개설
  (정보통신학의 경우 3과정은 2025년까지, 4과정은 2026년까지만 응시 가능하며, 이후 폐지)
※ 간호학 전공: 4과정만 개설
※ 중어중문학, 수학, 농학 전공: 폐지 전공으로 기존에 해당 전공 학적 보유자에 한하여 응시 가능

※ SD에듀는 현재 4개 학과(심리학과, 경영학과, 컴퓨터공학과, 간호학과) 개설 완료
※ 2개 학과(국어국문학과, 영어영문학과) 개설 진행 중

독학학위제 시험안내

과정별 응시자격

단계	과정	응시자격	과정(과목) 시험 면제 요건
1	교양	고등학교 졸업 이상 학력 소지자	• 대학(교)에서 각 학년 수료 및 일정 학점 취득 • 학점은행제 일정 학점 인정 • 국가기술자격법에 따른 자격 취득 • 교육부령에 따른 각종 시험 합격 • 면제지정기관 이수 등
2	전공기초		
3	전공심화		
4	학위취득	• 1~3과정 합격 및 면제 • 대학에서 동일 전공으로 3년 이상 수료 (3년제의 경우 졸업) 또는 105학점 이상 취득 • 학점은행제 동일 전공 105학점 이상 인정 (전공 28학점 포함) ➜ 22.1.1. 시행 • 외국에서 15년 이상의 학교교육과정 수료	없음(반드시 응시)

응시 방법 및 응시료

• 접수 방법: 온라인으로만 가능
• 제출 서류: 응시자격 증빙 서류 등 자세한 내용은 홈페이지 참조
• 응시료: 20,400원

독학학위제 시험 범위

• 시험 과목별 평가영역 범위에서 대학 전공자에게 요구되는 수준으로 출제
• 시험 범위 및 예시문제는 독학학위제 홈페이지(bdes.nile.or.kr) ➜ 학습정보 ➜ 과목별 평가영역에서 확인

문항 수 및 배점

과정	일반 과목			예외 과목		
	객관식	주관식	합계	객관식	주관식	합계
교양, 전공기초 (1~2과정)	40문항×2.5점 =100점	–	40문항 100점	25문항×4점 =100점	–	25문항 100점
전공심화, 학위취득 (3~4과정)	24문항×2.5점 =60점	4문항×10점 =40점	28문항 100점	15문항×4점 =60점	5문항×8점 =40점	20문항 100점

※ 2017년도부터 교양과정 인정시험 및 전공기초과정 인정시험은 객관식 문항으로만 출제

합격 기준

• 1~3과정(교양, 전공기초, 전공심화) 시험

단계	과정	합격 기준	유의 사항
1	교양	매 과목 60점 이상 득점을 합격으로 하고, 과목 합격 인정(합격 여부만 결정)	5과목 합격
2	전공기초		6과목 이상 합격
3	전공심화		

• 4과정(학위취득) 시험 : 총점 합격제 또는 과목별 합격제 선택

구분	합격 기준	유의 사항
총점 합격제	• 총점(600점)의 60% 이상 득점(360점) • 과목 낙제 없음	• 6과목 모두 신규 응시 • 기존 합격 과목 불인정
과목별 합격제	• 매 과목 100점 만점으로 하여 전 과목(교양 2, 전공 4) 60점 이상 득점	• 기존 합격 과목 재응시 불가 • 1과목이라도 60점 미만 득점하면 불합격

시험 일정

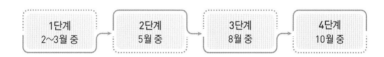

• 경영학과 3단계 시험 과목 및 시간표

구분(교시별)	시간	시험 과목명
1교시	09:00~10:40 (100분)	재무관리론 경영전략
2교시	11:10~12:50 (100분)	투자론 경영과학
중식	12:50~13:40 (50분)	
3교시	14:00~15:40 (100분)	재무회계 경영분석
4교시	16:10~17:50 (100분)	노사관계론 소비자행동론

※ 시험 일정 및 시험 시간표는 반드시 독학학위제 홈페이지(bdes.nile.or.kr)를 통해 확인하시기 바랍니다.

※ SD에듀에서 개설된 과목은 빨간색으로 표시했습니다.

경영분석 예시문제

※ 본 예시문제는 국가평생교육진흥원에서 발표한 경영학과의 예시문제를 풀이한 것으로 참고용으로 활용하시길 바랍니다.

[객관식]

01 혜화중공업의 이자보상비율(interest coverage ratio)이 산업평균치보다 낮게 나타났다는 의미를 바르게 설명한 것은?

① 다른 기업에 비해 고정자산이 적다.

② 다른 기업에 비해 고정자산이 많다.

③ 영업이익에 비해 금융비용의 압박이 작다.

④ 영업이익에 비해 금융비용의 압박이 크다.

해설 이자보상비율은 영업이익을 부채에 대한 이자비용으로 나눠 계산한 값이다. 이자보상비율이 산업평균보다 낮다는 것은 부채상환능력이 떨어진다는 의미로, 영업이익에 비해 금융비용의 압박이 크다는 것을 의미한다.

02 일정 기간 동안의 기업경영성과를 나타내는 보고서는?

① 재무상태표

② 현금흐름표

③ 자본변동표

④ 포괄손익계산서

해설 포괄손익계산서는 회계 기간에 속하는 모든 수익과 모든 비용을 적정하게 표시하는 손익회계문서이다. 이는 기업의 경영성과를 명확히 하여 일정 기간 동안 기업이 달성한 경영성과를 나타내는 보고서를 의미한다.

03 다음 자료에서 ROE를 계산하면 얼마인가?

> ○ 매출액 20억 원　　　　○ 영업이익 6억 원　　　　○ 부채 5억 원
> ○ 총자산 15억 원　　　　○ 당기순이익 3억 원

① 10%　　　　　　　　　　　　　② 20%

③ 30%　　　　　　　　　　　　　④ 40%

> 해설 ・ROE = 당기순이익 / 자본총액
> 　　　・ROE = {3 / (15 − 5)} × 100% = 30%

04 재무비율분석의 한계점이 아닌 것은?

① 계절 변화를 반영하지 못한다.

② 자료수집에 비교적 비용과 노력이 많이 든다.

③ 과거 자료를 기준으로 하므로 미래지향적이지 못하다.

④ 기업마다 회계처리기준이 달라 객관적인 비교가 어렵다.

> 해설 재무비율은 개별 기업들의 경영상황이 상이하기에 비교기준 설정이 어렵고, 과거 자료로 미래를 예측하는 것과 계절
> 성이 재무비율 산정에 영향을 미칠 수 있다는 한계점이 있다. 반면, 질적 자료가 아니기에 자료수집 시 비용이 저렴
> 하고 계산이 용이하다는 장점이 있다.

05 재무레버리지도의 변화를 바르게 설명한 것은?

① 유상증자를 많이 할수록 커진다.

② 이자발생부채가 많을수록 커진다.

③ 공장경비 중에 고정비가 많을수록 커진다.

④ 생산량과 직접 비례하는 재료비가 많을수록 커진다.

> 해설 기업이 자산을 취득하기 위하여 조달한 자금 중 타인자본이 차지하는 비율을 말한다. 타인자본을 사용할 경우 이자
> 부담이 발생하여 주주에게 돌아가는 순이익은 영업이익이 변할 때 영업이익의 변동률보다 확대되어 변화한다.

경영분석 예시문제

06 이해관계자들 간의 협의를 통하여 행하는 사적 정리(private restructuring)에 해당하는 것은?

① 청산 ② 화의

③ 워크아웃 ④ 회사정리

> **해설** 워크아웃은 기업가치 회생작업을 가리키는 말로, 회생시킬 가치가 있는 기업을 살려내는 금융권(채권자) 주도의 기업 회생작업을 말하며, 부실징후가 있는 채무기업에 대해 채권자들과 채무자가 채무의 변제방법 및 향후 기업 정상화를 상호 협의하여 기업갱생을 도모하는 사적 정리제도이다.

07 적용 분야가 나머지 셋과 다른 모형은?

① ZETA 모형 ② K-score 모형

③ Z-score 모형 ④ Box-Jenkins 모형

> **해설** 재무정보를 이용한 기업부실 예측모형 중 대표적인 방법에는 ZETA 모형, K-score 모형, Z-score 모형이 있다. Box-Jenkins 모형은 확률적인 시계열 모형으로서, 주어진 데이터를 이용하여 모형의 적합성 여부를 판단하는 통계분석 모형이다.

[주관식]

01 혜화전자의 주가가 3만 원이고, 이 회사의 1주당순이익[EPS]이 2,000원이다. 이 회사주식의 주가수익비율[PER]을 계산하시오. (식을 포함한 계산과정을 반드시 쓰시오)

> **정답**
>
> PER = 주가 / EPS = 30,000 / 2,000 = 15.0

> **해설** PER은 시가총액을 당기순이익으로 나눈 값으로서, 기업이 만들어 내는 이익 대비 기업의 가격(주가)이 얼마의 비율인지를 뜻한다.

02 비율분석의 유용성과 한계점을 각각 3가지씩 쓰시오.

정답

■ 유용성
　① 비율분석은 간단하면 이해하기 쉬워 전공지식이 없이도 쉽게 이용
　② 이미 작성된 재무제표를 이용하기 때문에 시간과 비용이 절약됨
　③ 구체적이고 복잡한 기업분석 이전에 예비분석의 가치가 있음
■ 한계점
　① 과거의 회계정보에 의존
　② 계절적인 변화를 반영 못 함
　③ 기업마다 회계처리방식이 다름
　④ 기업의 경영방식이나 고유 성격에 따라 재무비율의 차이가 발생
　⑤ 표준비율 설정이 어려움

해설 재무상태표, 손익계산서, 현금흐름표 등과 같은 재무제표를 살펴보고 이를 분석하여 기업의 재무상태와 경영성과를 파악하기 위해 사용되는 비율분석은 그 사용 및 목적에 따라 유용성 및 한계점을 지닌다.

03 영업레버리지도가 높다는 것의 의미를 설명하시오.

정답

① 영업고정비가 많다.
② 영업이익의 변동성이 크다.
③ 영업위험이 크다.

해설 영업레버리지도는 고정원가의 존재로 인해 판매량의 변동이 공헌이익의 변동을 통해서 영업이익의 변동에 미치는 효과를 설명하는 것이다. 원가구조, 즉 고정비와 변동비의 구성비율이 손익분기점에 미치는 영향을 설명하는 개념이다.

이 책의 구성과 특징

01

부록 | 빨리보는 간단한 키워드

제1장 경영분석의 이해

■ 경영분석의 의의

① 경영분석(business analysis)은 전통적 관점과 현대 경영분석으로 구분되는데, 전통적 경영분석은 기업의 회계자료를 이용하여 과거와 현재의 재무 상태와 기업성과를 파악함으로써 미래를 분석하는 것을 말함

② 전통적 경영분석에서는 주로 재무상태표, 손익계산서, 현금흐름표 등의 재무제표를 이용하여 기업을 파악하는 데 초점을 맞추기에 재무제표분석(financial statement analysis)이라 불림

③ 현대 경영분석의 경우에는 회계자료뿐만 아니라 다양한 기업 관련 자료를 통해 기업의 실체를 파악함으로써 미래를 예측하는 분석체계를 말함

분석자료 → 경영분석시스템(정보처리시스템) → 분석정보 → 의사결정시스템(대안선택) → 의사결정

[경영분석의 체계]

빨리보는 간단한 키워드

'빨리보는 간단한 키워드(빨간키)'는 핵심요약집으로 시험 직전까지 해당 과목의 중요 핵심이론을 체크할 수 있도록 합니다.

02

제 1 장 | 경영분석의 이해

제1절 경영분석의 의의, 목적, 발전과정

1 경영분석의 의의와 목적

(1) 경영분석의 의의

① 경영분석

경영분석(business analysis)은 전통적 경영분석과 현대 경영분석으로 구분된다.

전통적 경영분석은 기업의 회계자료를 이용하여 과거와 현재의 재무 상태와 기업성과를 파악함으로써 미래를 분석하는 것을 말한다. 전통적 경영분석에서는 주로 재무상태표, 손익계산서, 현금흐름표 등의 재무제표를 이용하여 기업을 파악하는 데 초점을 맞추기에 재무제표분석(financial statement analysis)이라 불린다.

현대 경영분석의 경우에는 회계자료뿐만 아니라 다양한 기업 관련 자료를 통해 기업의 실체를 파악함으로써 미래를 예측하는 분석체계를 말한다. 기업의 다양한 이해관계자들은 회계자료와 더불어 다양한 기업 관련 자료의 분석을 통해 과거와 현재의 기업실체를 파악함으로써 기업의 미래를 예측하여 의사결정 목적에 적합한 정보를 얻고자 한다. 따라서 현대 경영분석에서는 재무제표뿐만 아니라 국내외 경제동향,

핵심이론

독학사 시험의 출제경향에 맞춰 시행처의 평가영역을 바탕으로 '핵심이론'을 정리하여 수록하였습니다.

03

○✕ 로 점검하자 | 제1장

※ 다음 지문의 내용이 맞으면 ○, 틀리면 ✕를 체크하시오. [1~10]

01 현대의 경영분석은 재무상태표, 손익계산서, 현금흐름표 등의 재무제표만을 이용하여 기업을 분석하는 것을 목적으로 한다. ( )

02 기업의 경영분석은 분석의 주체가 누구냐에 따라서 경영분석의 목적이 달라진다. ( )

03 대표적인 회계자료로는 재무상태표, 손익계산서, 현금흐름표 등이 있다. ( )

04 재무상태표는 자산을 역사적 평가(historical costs)에 의해 평가하는 경우 자산금액이 공정한 시장가치를 나타낸다고 볼 수 없다는 한계점이 있다. ( )

05 손익계산서는 일정 기간 동안 기업이 발생한 수익과 비용을 통해 해당 연도의 손익을 표시한 보고서를 말한다. ( )

06 주석(footnotes)은 재무제표상의 해당 과목이나 금액에 기호를 붙이고 별지에 회계정책과 회계처리의 세부내용, 주요 계정과목의 내역 등을 기재한 것을 말한다. ( )

OX 문제

핵심이론을 학습한 후 중요내용을 'OX문제'를 통해 점검할 수 있습니다.

Bachelor's Degree
Examination for
Self-Education

SD에듀

04

제1장 실전예상문제

01 다음 중 경영분석의 의의로 옳지 않은 것은?

① 경영분석은 전통적 관점과 현대적 관점으로 구분한다.
② 회계자료만을 통한 분석을 경영분석이라 한다.
③ 재무제표분석은 대표적인 경영분석이다.
④ 현대 경영분석은 이해관계자로 인해 정보 유형이 다양해지고 있다.

01 전통적 경영분석의 관점에서는 회계자료만을 이용했지만, 현대 경영분석의 경우에는 회계자료뿐만 아니라 다양한 기업 관련 자료를 통해 기업의 실체를 파악함으로써 미래를 예측하고 있다.

02 다음 빈칸에 적합한 말로 옳은 것은?

경영계획을 수립하거나 경영활동을 통제하는 데 필요한 정보를 얻기 위한 경영분석을 실시한다. 경영분석을 통해 취약점이 무엇이고 어느 부분이 _____ 개가 있는지를 파악함으로써 보완점과 _____ 개가 있는 부분의 강화가 가능하다.

① 기업가치
② 비교우위
③ 역량
④ 자원

02 경영분석의 목적은 경영분석을 통해 기업이 어느 부분에서 비교우위가 있는지를 찾는 것이다.

03 다음 중 외부 이해관계자로 옳지 않은 것은?

① 금융기관
② 증권분석기관
③ 정부
④ 경영자

03 기업을 둘러싼 이해관계자는 내부 이해관계자와 외부 이해관계자로 구분된다. 외부 이해관계자로는 금융기관 및 신용평가기관, 투자자 및 증권분석가, 거래처, 고객, 정부 등이 있고, 내부 이해관계자는 경영진, 임직원 등을 들 수 있다.

05

제1회 최종모의고사 | 경영분석

제한시간: 50분 | 시작 ___시 ___분 ~ 종료 ___시 ___분

□ 정답 및 해설 /46p

01 다음 중 경영분석의 목적으로 옳지 않은 것은?

① 분석주체가 누구냐에 따라 경영분석의 목적은 달라진다.
② 정부의 경우 기업의 신용도 평가를 위해 경영분석을 실시한다.
③ 경영계획을 수립하거나 경영활동을 통제하기 위해 경영분석을 실시한다.
④ 분석주체에 따라 내부분석과 외부분석으로 구분된다.

03 경영분석의 발전과정에 대한 옳은 설명을 모두 고른 것은?

㉠ 경영분석이 시작된 시점은 공식적인 재무제표가 작성되기 시작한 이전부터이다.
㉡ 공업화와 기업규모가 커지면서 자금의 수요가 증가하고 금융기관들은 재무제표 분석을 통해 기업의 신용도를 평가하는 계기가 되었다.
㉢ 1930년 이후에는 세계 대공황의 후유증으로 보수적인 경영이 지배적인 시기였기에 더욱 체계적인 비율분석이 정착되기 시작하였다.
㉣ 우리나라의 경우 1962년 한국은행에서 '기업경영분석'을 발간하여 비율분석이 이용되었다.

① ㉠, ㉡, ㉣
② ㉠, ㉡, ㉢
③ ㉡, ㉢, ㉣
④ ㉠, ㉡, ㉢, ㉣

02 다음 중 경영분석과 관련하여 이해관계자의 구분 시 외부 이해관계자로 옳지 않은 것은?

① 기업의 최고 경영자
② 증권분석기관
③ 금융기관

실전예상문제

학습자가 해당 교과정에서 반드시 알아야 할 내용을 문제로 정리하였으며, 객관식·주관식 문제를 충분히 연습할 수 있도록 구성하였습니다.

최종모의고사

실전감각을 기르고 최종점검을 할 수 있도록 '최종모의고사(총 2회분)'를 수록하였습니다.

www.sdedu.co.kr

CONTENTS
목차

빨리보는 간단한 키워드 ·· 002

핵심이론 +
실제예상문제

제1장 경영분석의 이해
핵심이론 ··· 003
실전예상문제 ··· 031

제2장 재무비율 분석
핵심이론 ··· 047
실전예상문제 ··· 084

제3장 기업손익 분석
핵심이론 ··· 099
실전예상문제 ··· 121

제4장 부실기업 분석
핵심이론 ··· 133
실전예상문제 ··· 152

제5장 신용평가
핵심이론 ··· 165
실전예상문제 ··· 186

제6장 기업가치평가
핵심이론 ··· 199
실전예상문제 ··· 220

최종모의고사
최종모의고사 제1회 ··· 233
최종모의고사 제2회 ··· 240
최종모의고사 제1회 정답 및 해설 ··· 246
최종모의고사 제2회 정답 및 해설 ··· 250

부록

빨리보는 간단한 키워드

시/험/전/에/보/는/핵/심/요/약/키/워/드

홀륭한 가정만한 학교가 없고, 덕이 있는 부모만한 스승은 없다.

– 마하트마 간디 –

부록 | 빨리보는 간단한 키워드

제1장 경영분석의 이해

■ 경영분석의 의의

① 경영분석(business analysis)은 전통적 관점과 현대 경영분석으로 구분되는데, 전통적 경영분석은 기업의 회계자료를 이용하여 과거와 현재의 재무 상태와 기업성과를 파악함으로써 미래를 분석하는 것을 말함

② 전통적 경영분석에서는 주로 재무상태표, 손익계산서, 현금흐름표 등의 재무제표를 이용하여 기업을 파악하는 데 초점을 맞추기에 재무제표분석(financial statement analysis)이라 불림

③ 현대 경영분석의 경우에는 회계자료뿐만 아니라 다양한 기업 관련 자료를 통해 기업의 실체를 파악함으로써 미래를 예측하는 분석체계를 말함

[경영분석의 체계]

■ 경영분석의 발전과정

① 경영분석이 최초로 시행된 국가라 할 수 있는 미국의 경우 산업혁명 이후 철도산업과 공업화가 빠른 속도로 진행되었던 산업에서 주식회사 형태의 기업이 등장하고 기업규모가 커지기 시작했음

② 1910년 이후부터 경영분석에서 이용되는 여러 형태의 분석 기법이 개발되면서 재무비율이 본격적으로 사용됨

③ 1930년 이후에는 세계 대공황의 후유증으로 인해 기업들이 성장보다는 생존을 선택하면서 보수적인 경영이 지배했던 시기였기에 보다 더 비율분석이 체계적으로 정리되기 시작함

④ 재무비율을 통한 경영분석 기법의 개발은 내부 또는 외부 이해관계자들에게 유용하게 사용되었으나, 신뢰성에 대한 검증이 없었고, 관행에 따른 재무제표의 작성의 한계로 인해 경영분석기법은 더 이상 발전되지 못하는 정체기를 가짐

⑤ 1970년대부터 새로운 시각에서 경영분석의 틀을 구성하려는 노력이 시작되었으며, 경영분석은 기본적으로 의사결정에 필요한 정보를 얻는 데 목적을 두기에 의사결정과 경영분석의 통합을 통해 신뢰성과 유용성을 증대시킬 수 있다는 관점에서 새로운 시도들이 나타남

■ **재무제표의 이해**

① **재무상태표(statement of financial position)** : 기업의 결산일을 기준으로 기업의 자산, 부채, 자본에 관한 정보를 제공하는 재무보고서로서, 대차대조표(balance sheet)라고도 불림. 재무상태표의 양식은 계정식과 보고식이 있으며, 계정식의 차변에는 자산을, 대변에는 부채와 자본이 기재함. 보고식에서는 위에서 아래의 방향으로 자산, 부채, 자본의 순서로 기재됨. 재무상태표는 자금의 운용 상태를 나타내는 재무상태를 나타내며, 자산항목은 기업이 조달한 자금을 어떻게 활용하고 있는지를 보여줌

② **손익계산서(income statement)** : 손익계산서의 경우 일정 기간 동안에 기업이 발생한 수익과 비용을 대응시킴으로써 해당 연도의 손익을 표시한 보고서를 말하는데 기업의 종합적인 경영성과를 나타내는 재무제표를 말함

③ **현금흐름표(statement of cash flows)** : 현금흐름표는 일정 기간에 기업이 조성한 현금과 사용한 현금의 내역을 정리한 보고서를 말하는데, 현금의 변동 내용을 명확하게 보고하기 위하여 당해 회계기간에 속하는 현금유입과 현금유출의 내용을 영업활동, 투자활동과 재무활동 등 세 가지 활동부문으로 구분함. 현금흐름표를 통해 일정 기간 동안에 발생한 현금흐름의 변동원인, 미래의 현금흐름창출능력 및 현금결제능력 등에 관한 정보를 얻을 수 있는 것이 현금흐름표이며, 현금흐름표는 작성방법에 따라 직접법과 간접법 등 두 가지가 있음

④ **자본변동표(statement of changes in equity)와 주석(footnote)** : 자본변동표는 해당 회계기간 동안 발생한 소유주지분의 변동을 표시하는 재무보고서로서 자본금, 자본잉여금, 자본조정, 기타포괄손익누계액, 이익잉여금 등의 변동에 대한 포괄적인 정보를 제공함. 자본변동표에는 자본의 각 구성요소별로 기초잔액, 변동사항, 기말잔액을 표시하도록 되어 있으며, 재무제표 간의 연계성을 고려하기에 정보이용자들이 재무제표 간의 관계를 보다 명확하게 이해할 수 있게 함

■ **질적 정보의 이해**

① **경제분석의 의미** : 기업의 미래현금흐름은 미래의 경제활동수준에 따라서 영향을 받기에 경제활동수준을 대변하는 경제성장률, 정책, 평가, 통화량, 금리 등과 같은 거시경제변수와 밀접한 관련성을 지님. 경제분석(economic analysis)이란, 기업가치에 영향을 미칠 수 있는 거시경제변수의 수준과 변화를 예측하는 데 중점을 둔 분석이고, 분석대상인 거시경제지표의 범위가 넓고 정형화된 분석방법이 정해져 있지 않기 때문에 신중하고 충분한 경험에서 오는 판단력이 요구됨

② **주요 거시경제지표** : 주요 거시경제지표는 경기, 통화량, 금리, 물가상승률, 환율과 유가 등을 들 수 있음

③ **산업분석** : 산업분석(industry analysis)은 기업의 수익, 위험 경쟁력 등 기업이 속해 있는 산업의 구조적 특성에 영향을 받고 두 가지 측면에서 중요성을 지님.
첫째, 산업분석을 통해 관련 산업의 경제적 위치와 전망을 진단하는 한편 미래에 예상되는 기업 수익과 위험을 추정 가능하며, 둘째, 산업분석을 통해 산업의 강점을 파악 가능함

④ **기업분석** : 기업의 재무상태와 경영성과는 경제요인과 산업 구조에 의하여 영향을 받으며, 또한 기업 내부의 질적 요인에 의해서도 영향을 받음. 기업 내의 질적 요인으로 시장에서의 제품지위, 기업의 경쟁적 우위, 경영기능과 조직 등이 있으며, 이와 같은 내적 요인은 기업의 수익력과 위험에 영향을 미침

⑤ **원가구조분석** : 일반적으로 대다수의 기업들은 여러 사업 분야에서 영업활동을 수행하기에 어떤 사업 분야에서 경쟁적 비교우위가 있으며, 높은 부가가치를 얻고 있는가를 평가하여 장기적인 수익성과 위험도를 분석하고 이와 같은 분석에서 요구되는 정보는 산업의 원가구조를 분석함으로써 얻을 수 있음

⑥ **유통경로분석** : 유통경로분석을 통해 기업이 현재 사용하고 있는 유통경로 이외에 또 다른 유통경로가 존재하는지, 유통경로상 어떤 변화가 발생했는지 그리고 유통경로에서 가장 큰 영향력을 미치는 집단이 어디인가를 파악함으로써 가장 효율적인 유통경로의 모색과 전략의 효율화를 달성할 수 있음

제2장   재무비율 분석

■ 재무비율 분석의 의의

① 재무비율이란 기업의 재무적 건강상태에 대한 신호 및 징후를 파악하는 데 이용되는 하나의 분석수단이며, 재무비율에 의해 기업의 경영상태가 건실한지 과학적으로 진단해보는 것을 말함

② 재무비율을 적절하게 해석함으로써 추가적인 분석이 필요한 분야가 무엇인지 파악이 가능하며, 비율분석은 개별항목에 대한 분석을 통해 탐지하기 어려운 기업의 재무적 건강상태를 파악하는 데 용이함

③ 경영자들은 경영실적 평가와 경영의 합리화나 자금조달결정 또는 투자결정 등에 필요한 정보를 얻기 위하여 비율분석을 실시하고, 투자자들의 경우 투자하고자 하는 기업의 미래수익, 배당지급능력, 또는 투자위험 등을 파악하기 위하여 비율분석을 실시하며, 금융기관은 거래처, 원리금 상환능력, 수익성 등을 파악하기 위해 비율분석을 실시함. 정부나 공공기관의 경우 기업의 경영실태 파악과 정책수립을 위해 비율분석을 이용함

■ 재무비율에 영향을 미치는 요인

① 재무비율은 전반적인 경제상황이나, 산업 내 위치, 경영정책과 회계처리방법 등에 따라 영향을 받으며, 다양한 회계처리방법이나 회계기준의 변경 등은 재무비율에 영향을 미치기에 여러 기업의 재무비율을 상호 비교하거나 또는 한 기업의 재무비율을 기간별로 상호 비교하는 것 또한 쉽지 않음

② 재무비율의 비교가능성(comparability)과 일관성(consistency)의 결여는 비율분석의 결과를 해석하는 데 오류를 주기도 함. 그렇기에 재무비율을 구성하는 각 항목들은 타당하고 일관성이 확보되어야 하며, 여러 가지 기업의 재무비율을 상호 비교하거나 한 기업의 재무비율을 상호 비교할 때 일관된 회계처리방법을 적용하였는가를 확인해야 함

■ 재무비율의 분류와 표준비율

① **분석자료에 의한 분류** : 재무비율을 분석하는 가장 손쉬운 방법은 자료의 원천에 따라 분류하는 방법임. 이와 같은 경우 재무비율은 정태적 비율과 동태적 비율로 구분됨. 정태적 비율과 동태적 비율은 일정 시점을 기준으로 한 재무자료에 기초하여 계산되는지 아니면 일정 기간을 기준으로 한 재무자료에 기초하여 계산되는지에 따라 분류됨

② **분석방법에 의한 분류** : 재무비율은 분석방법에 따라 관계비율과 구성비율로 구분됨. 관계비율은 재무제표 상의 두 항목을 대응시켜 측정되는 재무비율로서, 흔히 항목비율이라고도 불림. 한편 구성비율은 총자산 또는 매출액에서 각 항목이 차지하는 비중을 비율로 나타낸 것으로, 공통형 재무상태표와 공통형 손익계산서에서 각 항목의 비율을 의미함

③ **분석목적에 의한 분류** : 재무비율은 정태적 비율과 동태적 비율 그리고 관계비율과 구성비율 등과 같이 자료의 원천이나 분석방법에 따라 구분됨. 그러나 기업의 재무상태와 경영성과를 분석하는 데 비율분석의 목적이 있으며, 재무비율을 분석할 때에는 각 재무비율이 어떤 경제적 의미를 지니는지 먼저 파악해야 하기에 경제적 의미에 따라 재무비율을 분류하는 방법이 가장 널리 이용되고 있는 분류방법 중의 하나임

[재무비율의 분류 및 경제적 의미]

분류	경제적 의미	관련 비율
유동성비율	단기채무지급능력을 측정	유동비율, 당좌비율, 순운전자본구성비율 등
자본구조비율	부채의존도를 나타내는 것으로 기업의 장기채무지급능력을 측정	부채비율, 자기자본비율, 고정비율, 이자보상비율 등
효율성비율	보유자산의 이용효율성을 측정	매출채권회전율, 재고자산회전율, 유형자산회전율, 총자산회전율 등
수익성비율	매출 또는 투자에 대한 수익성을 나타내는 것으로 경영의 총괄적 효율성을 측정	총자산순이익률, 자기자본순이익률, 매출액순이익률 등
성장성비율	외형 및 수익의 성장가능성을 측정	총자산증가율, 매출액증가율, 순이익증가율 등
생산성비율	생산요소의 성과를 측정	부가가치율, 노동생산성, 자본생산성 등
시장가치비율	주식시장에서의 평가를 측정	주가수익비율, 주가장부가치비율, 토빈의 q비율 등

■ 표준비율(standard ratio)

① **산업평균비율** : 산업평균비율은 표준산업분류와 같은 일정한 기준에 따라 산업을 분류하여 해당 산업에 속해 있는 모든 기업의 재무비율의 평균값을 말함

② **경쟁기업의 재무비율** : 경쟁기업의 재무비율 또는 산업 내의 대표적인 기업의 재무비율을 표준비율로 이용할 수 있음. 다양한 업종의 사업부를 운영하고 있는 기업의 재무비율 분석을 시행할 때는 특정 산업의 평균비율을 표준비율로 이용하는 데 어려움이 존재하기에 산업평균비율보다 영업활동의 특성 또는 규모 면에서 유사한 경쟁업체 재무비율을 표준비율로 이용하는 것이 바람직하며, 산업을 선도하는 대표적인 기업의 재무비율을 표준비율로 이용할 수 있음

③ **경험적 재무비율** : 경험적 재무비율은 오랜 기간에 걸쳐 체험적으로 습득된 이상적인 재무비율을 의미하는데, 자금을 대출해 준 기업이 파산함으로 인해 금융기관이 원리금을 회수할 목적으로 유동자산을 처분 시 절반 정도의 값을 받을 수 있다는 사실은 경험을 통해 알려져 있음. 그렇기에 금융기관에서는 '유동비율이 200% 이상'이 되어야 유동성이 양호하다고 평가하며, '당좌비율이 100% 이상', '자기자본비율이 50% 이상', '부채비율 또는 비유동비율은 100% 이하'의 기준을 설정하는 것은 모두 경험적으로 설정된 비율임

④ **과거평균비율** : 과거평균비율을 기업분석에 있어서 표준비율로 사용할 수 있는데, 과거평균비율을 표준비율로 이용함으로써 해당 기업의 재무상태 및 경영성과의 변동추세뿐만 아니라 특정 비율의 변동원인도 쉽게 파악할 수 있게 됨

■ 비율분석의 계산과 경제적 의미

① 유동성비율(liquidity ratio) : 유동성비율은 단기채무를 상환할 수 있는 능력을 측정하는 재무비율로서, 일반적으로 단기채무지급능력비율임. 유동성은 단기에 자산을 현금화시킬 수 있는 정도를 의미하며, 단기란 기업의 정상적인 영업주기로서 일반적으로 1년의 기간을 의미함

② 유동비율(current ratio) : 유동비율은 기업의 단기채무지급능력을 측정하는 재무비율로, 일반적으로 은행가비율(banker's ratio)이라고도 함. 유동비율은 단기채권자의 청구권이 유동자산에 의해 어느 정도 충당될 수 있는지를 나타내는 지표로 다음과 같이 계산됨

$$유동비율(\%) = \frac{유동자산}{유동부채} \times 100$$

③ 당좌비율(quick ratio) : 당좌비율은 산성시험비율(acid test ratio)이라고도 불리며, 유동자산에서 재고자산을 차감한 당좌자산을 유동부채로 나눈 비율로 계산됨

$$당좌비율(\%) = \frac{당좌자산}{유동부채} \times 100$$

④ 순운전자본구성비율(net working capital to total assets) : 순운전자본은 유동자산에서 유동부채를 차감한 금액이기에 순운전자본이 플러스(+)의 값을 보일 경우에는 유동자산으로 유동부채를 상환한 후에도 여유가 있다는 것을 의미함. 한편 순운전자본이 마이너스(-) 값을 보인다는 것은 유동자산으로 유동부채를 충분히 상환할 수 없다는 것을 의미함. 기업규모에 따라서 필요한 순운전자본의 크기가 달라질 수 있기 때문에 총자산에서 순운전자본이 차지하는 비율을 이용하여 단기유동성을 파악할 수 있고 이는 기업의 파산예측에서 많이 사용됨. 순운전자본구성비율은 기업의 단기채무지급능력의 기초가 되는 재무비율로서 다음과 같이 계산됨

$$순운전자본구성비율(\%) = \frac{순운전자본}{총자산} \times 100$$

⑤ 현금비율(cash ratio) : 유동자산 중에 유동성이 가장 높은 자산은 현금 및 현금성자산임. 현금비율은 유동부채에 대한 현금 및 현금성자산의 비율로서, 현금 및 현금성자산으로 유동부채를 상환할 수 있는 초단기적 재무지급능력을 파악하는 자료로 사용됨

$$현금비율(\%) = \frac{현금 및 현금성자산}{유동부채} \times 100$$

⑥ 현금비용방어기간 : 유동비율, 당좌비율, 순운전자본구성비율 및 현금비율 등은 특정 시점의 잔액을 이용하여 도출된 재무비율이기에 기업의 평균적인 유동성을 나타내는 것에는 한계점을 지님. 이처럼 정태적 재무비율이 갖는 한계점을 보완하기 위해서 동태적 재무비율을 필요로 함. 현금비용방어기간은 당좌자산으로 현금지출비용(총영업비용 − 비현금지출비용)을 며칠 동안 충당할 수 있는가를 측정하는 지표임

$$현금비용방어기간(일) = \frac{당좌자산}{1일\ 평균현금지출비용}$$

$$1일\ 평균현금지출비용 = \frac{매출원가 + 판매비와\ 관리비 - 감가상각비}{365일}$$

■ **자본구조비율(capital structure ratio)**

자본구조비율은 기업의 장기채무지급능력을 나타내는 비율로서 타인자본 의존도에 의해 측정됨. 부채를 이용하는 것을 레버리지라고 하기에 자본구조비율을 레버리지비율(leverage ratio)이라고 부르기도 함

① 부채비율(debt ratio) : 부채비율은 기업의 부채를 자기자본으로 나누어 계산함

$$부채비율(\%) = \frac{부채}{자기자본} \times 100$$

② 자기자본비율(stockholder's equity to total assets) : 자본구조비율로 가장 대표적인 지표는 자기자본비율로서, 자기자본비율은 총자본에서 자기자본이 차지하는 비중을 나타내는 비율임

$$자기자본비율(\%) = \frac{자기자본}{총자본} \times 100$$

③ 비유동비율(non−current ratio) : 비유동비율은 자기자본이 비유동자산에 어느 정도 비중으로 운영되는가를 보여주는 지표로서, 비유동비율은 비유동자산을 자기자본으로 나눈 비율임

$$비유동비율(\%) = \frac{비유동자산}{자기자본} \times 100$$

④ 이자보상비율 : 이자보상비율은 영업이익을 이자비용으로 나눈 비율로 계산됨

$$이자보상비율(배) = \frac{영업이익}{이자비용}$$

■ 효율성비율(efficiency ratio)

① 효율성비율은 자산의 효율적 이용도를 평가하는 데 사용되는 재무비율로서, 흔히 활동성비율 또는 자산관리비율이라고도 함. 수익의 발생원천이 매출액이기에 매출액을 기준으로 자산의 효율적 이용도를 측정할 수 있음. 효율성비율은 매출을 위하여 자산을 몇 번 회전시키고 있는가를 나타내는 재무비율로서, 매출액을 자산항목으로 나누어 계산함

$$회전율(회) = \frac{매출액}{자산항목}$$

② **매출채권회전율과 매출채권회수기간** : 매출채권회전율은 매출액을 매출채권으로 나눈 재무비율로서, 매출채권의 현금화 속도를 측정하는 데 이용됨. 매출채권회전율은 매출채권이 1년 동안 몇 번 회전되었는가를 나타내기 때문에 매출채권관리의 효율성을 측정하는 데 사용되고, 매출채권회전율이 높다는 것은 매출채권을 현금화하는 데 빠르다는 것을 의미함. 과도한 신용판매의 확대, 고객의 지급불능 또는 매출채권의 회수부진 등은 매출채권회전율을 떨어뜨리는 원인이 되기도 함

$$매출채권회전율(회) = \frac{매출액}{매출채권}$$

③ **재고자산회전율과 재고기간** : 재고자산회전율은 매출액을 재고자산으로 나눈 재무비율로, 재고자산이 당좌자산으로 변화하는 속도를 의미하는 지표임. 재고자산회전율이 낮다는 것은 매출액 대비 재고자산을 과다하게 보유하였다는 것을 의미하는 한편, 재고자산회전율이 높다는 것은 적은 재고자산으로 생산 및 판매활동을 효율적으로 수행하고 있다는 것을 의미함. 재고자산회전율이 과도하게 높고 그 원인이 적정재고수준을 유지하지 못한 결과라면 재고부족으로 인해 기회비용이 문제가 될 수 있음

$$재고자산회전율(회) = \frac{매출액}{재고자산}$$

④ **유형자산회전율(tangible assets turnover)** : 유형자산회전율은 유형자산이 1년 동안 몇 번 회전되어 매출을 실현하느냐를 측정하는 것으로, 매출액을 유형자산으로 나눈 값으로 계산됨

$$유형자산회전율(회) = \frac{매출액}{유형자산}$$

⑤ **총자산회전율(total assets turnover)** : 총자산회전율의 경우 매출액을 총자산으로 나눈 값으로서, 기업이 보유하고 있는 총자산의 효율적 이용도를 측정하는 지표를 말함

$$\text{총자산회전율(회)} = \frac{\text{매출액}}{\text{총자산}}$$

■ **수익성비율(profitability ratio)**

① **총자산순이익률(return on total asset)** : 총자산순이익률은 총자산을 수익창출에 얼마나 효율적으로 이용하고 있는가를 측정하는 재무비율로서, 순이익을 총자산으로 나누어 계산됨

$$\text{총자산순이익률(\%)} = \frac{\text{순이익}}{\text{총자산}} \times 100$$

② **자기자본순이익률(return on equity)** : 자기자본순이익률은 자기자본의 성과를 나타내는 재무비율로, 순이익을 자기자본(자본총계)으로 나누어 계산됨

$$\text{자기자본순이익률(\%)} = \frac{\text{순이익}}{\text{자기자본}} \times 100$$

③ **매출액이익률(return on sales)** : 매출액은 매출로부터 얼마만큼의 이익을 얻고 있느냐를 나타내는 비율이며, 매출액이익률은 분자항에 매출총이익, 영업이익과 순이익 중 어떤 이익항목을 이용하느냐에 따라 매출액총이익률, 매출액영업이익률, 매출액순이익률 등으로 구분됨

　　㉠ 매출액총이익률의 경우 매출액에 대한 매출총이익의 비율로 생산효율성을 나타내는 지표이며, 매출액총이익률의 변동원인에 대한 분석은 판매량과 판매가격, 제조원가 등의 자료가 필요하기에 통상적으로 내부분석자에 의해서만 분석이 가능함

$$\text{매출액총이익률(\%)} = \frac{\text{매출총이익}}{\text{매출액}} \times 100$$

　　㉡ 매출액영업이익률(operating margin on sales)은 영업효율성을 측정하는 척도로, 영업이익을 매출액으로 나누어 계산됨. 매출액영업이익률은 매출총이익의 변동, 판매비와 관리비의 변동 등에 영향을 미치는 요인에 대한 철저한 분석을 통해 올바르게 해석될 수 있음

$$\text{매출액영업이익률(\%)} = \frac{\text{영업이익}}{\text{매출액}} \times 100$$

ⓒ 매출액순이익률(net margin on sales)은 순이익과 매출액의 관계를 나타내는 것으로, 순이익을 매출액으로 나눈 값으로 측정됨

$$매출액순이익률(\%) = \frac{순이익}{매출액} \times 100$$

■ 성장성비율(growth ratio)

① 총자산증가율(growth rate of total assets) : 총자산증가율은 일정 기간 동안 총자산이 얼마나 증가하였는가를 나타내는 재무비율로서, 기업규모의 성장정도를 측정하는 지표임

$$총자산증가율(\%) = \frac{기말총자산 - 기초총자산}{기초총자산} \times 100$$

② 매출액증가율(growth rate of sales) : 매출액증가율은 일정 기간 동안 매출액이 얼마나 증가하였는가를 나타내는 재무비율로서, 기업의 외형적인 성장도를 나타내는 대표적인 지표임

$$매출액증가율(\%) = \frac{당기매출액 - 전기매출액}{전기매출액} \times 100$$

③ 순이익증가율(growth rate of net income) : 순이익증가율은 일정 기간 동안 순이익이 얼마나 증가하였는가를 나타내는 재무비율로서 실질적인 성장의 지표이지만, 일정 기간 동안 자본금의 변화가 있는 경우에는 순이익증가율이 왜곡될 수 있기에 주주에게 귀속되는 주당순이익의 증가율이 더 바람직한 실질적인 성장지표라 할 수 있음

$$순이익증가율(\%) = \frac{당기순이익 - 전기순이익}{전기순이익} \times 100$$

$$주당순이익증가율(\%) = \frac{당기주당순이익 - 전기주당순이익}{전기주당순이익} \times 100$$

■ 생산성비율(productivity ratio)

① 생산성비율은 기업활동의 성과 및 효율을 측정하여 개별 생산요소의 기여 및 성과배분의 합리성 여부를 평가하는 지표임. 생산성에 관한 지표는 경영합리화의 척도라 할 수 있으며, 생산성 향상으로 얻은 성과에 대한 분배기준이 됨. 생산성이란 투입량에 대한 산출량의 정도를 의미하는 것으로 기업의 자본, 노동, 경영의 생산요소를 결합하는 방법에 따라 산출량이 어느 정도 달성되었는지 측정하는 데 도움이 됨. 생산성을 측정하는 지표로는 매출액에 대한 부가가치비율을 나타내는 부가가치율과 생산요소별 생산성을 측정하는 노동생산성, 자본생산성 등이 있음

② **부가가치의 개념** : 부가가치는 최종생산자가 중간생산자로부터 구입한 원재료에 자본과 노동 등의 생산요소를 투입하여 새롭게 창출되는 가치로서, 기업이 생산 및 판매한 총가치에서 생산을 위하여 투입한 외부구입가치를 차감한 순생산액을 의미하며, 그렇기에 부가가치는 기업 외부에서 구입한 가치가 아닌 기업 내부에서 창출된 가치라 할 수 있음. 부가가치 산출방법은 가산법과 감산법 두 가지가 존재함.

③ 가산법은 기업의 외부가치를 각 생산요소에 대한 분배측면에서 파악한 것으로서, 손익계산서와 제조원가명세서상의 해당 항목을 합산하여 산출함. 가산법은 계산이 간편하며 부가가치의 구성을 쉽게 파악할 수 있고 기업 간의 비교가 용이하다는 장점이 있지만, 매출액이나 생산액을 근거로 하지 않기 때문에 경영활동의 종합적인 파악이 어렵고 생산 및 유통단계별 부가가치의 창출과정을 분석하지 못한다는 단점이 존재함. 뿐만 아니라 인건비나 경비의 지출 증가도 부가가치를 증가시킨다는 모순이 생길 수 있음

> 부가가치 = 영업이익 + 인건비 + 이자비용 + 세금과공과 + 감가상각비

④ 감산법은 매출액에서 중간투입액을 차감하여 산출한 것으로서 생산측면에서 파악한 것이며, 부가가치가 기업이 창출한 실질가치라는 점에서 출발함

> 부가가치 = 매출액 − 중간투입액
> = 매출액 − (원재료비 + 연료비 + 구입품비 + 외주가공비 + 구입용역비 + …)

⑤ **부가가치율(value added ratio)** : 부가가치율은 일정 기간 동안 기업이 창출한 부가가치를 매출액으로 나눈 비율로서, 매출액 중에서 생산활동에 투입된 생산요소에 귀속되는 소득의 비율을 나타내기에 일반적으로 소득률이라 함

$$부가가치율(\%) = \frac{부가가치}{매출액} \times 100$$

⑥ **노동생산성(productivity of labor)** : 노동생산성은 노동력의 단위당 성과를 나타내는 지표로 종업원 1인당 부가가치를 의미함. 노동생산성이 높다는 것은 노동력이 효율적으로 이용되어 부가가치를 보다 많이 창출했다는 것을 의미함

$$\text{노동생산성} = \frac{\text{부가가치}}{\text{종업원 수}}$$

⑦ **자본생산성(productivity of capital)** : 자본생산성은 생산요소의 하나인 자본의 단위당 투자효율을 나타내는 것으로서, 가장 대표적인 자본생산성비율은 총자본투자효율임. 총자본투자효율은 기업에 투자된 총자본이 1년 동안 어느 정도 부가가치를 창출하였는지를 나타내는 비율로써 부가가치를 총자본으로 나눈 값으로 계산됨

$$\text{총자본투자효율(\%)} = \frac{\text{부가가치}}{\text{총자본}} \times 100$$

■ 시장가치비율(market value ratio)

① **주가수익비율(PER ; Price Earning Ratio)** : PER은 주가가 주당순이익의 몇 배가 되는지를 나타내는 것으로서, 기업의 주당순이익 1원에 대한 질적인 가치 또는 시장 평가를 의미함

$$\text{주가수익비율} = \frac{\text{주가}}{\text{주당순이익}}$$

② **주가장부가치비율(PBR ; Price Book Value Ratio)** : 주가장부가치비율은 주가를 주당순자산로 나눈 비율로서, 흔히 주가순자산비율이라고 함

$$\text{주가장부가치비율} = \frac{\text{주가}}{\text{주당순자산}}$$

③ **토빈의 q비율(Tobin's q ratio)** : 토빈의 q비율은 기업이 보유하고 있는 자산의 시장가치를 그 자산에 대한 대체원가로 나눈 비율을 의미함

$$\text{q비율} = \frac{\text{자산의 시장가치}}{\text{자산의 대체원가}}$$

■ **비율분석의 유용성과 한계점**

① 재무비율은 사용하는 이용자의 목적에 따라 재무제표상의 두 항목을 선택하여 다양한 종류의 비율구성이 가능하며, 분석 자료로 이용되는 재무제표는 수집이 용이하고 계산방법과 이해가 쉽다는 장점이 있음

② 반면 미래예측, 기계적인 적용으로 인한 오류와 왜곡으로 인해 재무비율분석은 몇 가지 한계점을 지님. 한계점으로는 일반화의 어려움 그리고 비교기업 간에 감가상각법 및 재고자산평가방법이 다르게 적용되는 경우에는 정확한 정보를 획득하기 어렵다는 점이 있음

제3장   기업손익 분석

■ **손익분기점 분석(BEP ; Break-Even Point)의 의의**

① 손익분기점은 기업이 생산능력 범위 내에서 영업비용을 회수하는 데 필요한 최소한의 조업도(판매량, 매출액)를 의미함. 손익분기점 분석은 흔히 CVP(Cost-Volume-Profit)분석이라고 불림

② 손익분기점 분석에서는 영업활동의 수행과정에서 발생하는 영업비용을 고정영업비용과 변동영업비용으로 구분할 수 있다 가정함

■ **영업비용의 구조**

많은 자금을 비유동자산에 투자할수록 감가상각비 등과 같은 고정영업비용의 부담이 증가하기에 영업비용의 구조가 달라지게 되며, 이와 같은 영업비용의 구조적인 변화가 영업이익의 크기와 질에 영향을 미치게 됨. 영업비용은 고정영업비용과 변동영업비용으로 구성됨

> 영업비용 = 고정영업비용 + 변동영업비용

① **고정영업비용(fixed operating cost)** : 고정영업비용은 생산능력의 범위 안에서 조업도의 변화와 상관없이 일정하게 발생하는 영업비용을 말함

② **변동영업비용(variable operating cost)** : 변동영업비용은 조업도의 변화에 따라 비례적으로 변동하는 영업비용을 말함

■ **고정영업비용과 변동영업비용의 분류**

① **회계적 방법(accounting method)** : 회계적인 방법으로 회계담당자가 주관적인 판단에 따라 각 계정과목의 성격을 분석하여 고정영업비용과 변동영업비용으로 분류하는 방법

② **고저법(high low method)** : 고저법은 준변동비의 성격을 지니고 있기에 고정영업비용이나 변동영업비용으로 분류하기가 모호한 영업비용의 항목을 이용할 때 사용되는 방법

③ **통계적 방법(statistical method)** : 통계적 방법은 과거의 회계자료에 기초하여 영업비용을 종속변수로, 판매량을 독립변수로 하여 단순회귀분석함으로써, 단위당 변동영업비용을 추정한 후 영업비용을 고정영업비용과 변동영업비용으로 분해하는 방법

■ **손익분기점 분석의 가정**

① 모든 영업비용은 고정영업비용과 변동영업비용으로 구분할 수 있음
② 생산능력의 범위 내에서 고정영업비용과 단위당 변동영업비용은 일정함
③ 수익과 영업비용을 판매량에 대한 1차 함수로 나타낼 수 있음
④ 모든 기업은 단일 제품만을 생산함
⑤ 생산제품은 즉시 판매가 가능함
⑥ 판매가격과 원재료의 구입가격이 각각 일정함

■ **손익분기점 분석의 활용**

수익과 영업비용의 관계를 이용한 판매량의 변화에 따른 손익관계를 분석함으로써 재무정책 결정에서 요구되는 다양한 정보를 획득할 수 있음

① **수익성의 안전도 측정** : 수익성의 안전도는 영업이익이 실현되는 확실성을 의미함

$$\text{안전율} = \frac{E(R_1) - R^*}{E(R_1)}$$

- $E(R_1)$: 다음 연도의 예상매출액
- R^* : 손익분기점 매출액

② **목표영업이익 실현을 위한 판매량** : 손익분기점 분석을 활용함으로써 어느 정도의 판매량을 확보해야만 목표방법과 이익을 달성할 수 있는가를 분석할 수 있음

$$P \times Q = FC + V \times Q_\pi + \pi$$

- Q_π : 목표영업이익을 확보하는 데 필요한 판매량
- π : 목표영업이익

■ **손익분기점 분석의 한계**

① 단위당 판매가격과 단위당 변동영업비용이 일정하다고 가정하고 있지만, 실제로 판매량이 변동함에 따라 단위당 판매가격이나 단위당 변동영업비용이 변동한다는 점이 있음

② 손익분기점 모형에서는 모든 영업비용을 고정영업비용과 변동영업비용으로 구분할 수 있다고 가정하나 고정영업비용과 변동영업비용으로 분류하기는 매우 어려움

③ 모든 기업이 단일 제품만을 생산한다고 가정하고 있으나 현실적으로 단일 제품만을 생산하는 기업이 거의 없음

④ 손익분기점 모형에서는 일정한 경영환경을 가정하나 시간의 경과에 따라 경영환경이 달라지며, 경영환경의 변화에 따라 영업비용의 구조가 변화하기에 손익분기점 판매량이 변화함

■ **레버리지(leverage)의 의의**

① 기업경영에서 말하는 레버리지란 고정경영비용을 발생시키는 비유동자산의 고정재무비용을 발생시키는 부채를 이용하는 것을 의미하며, 레버리지는 영업레버리지와 재무레버리지로 구분됨

> 레버리지 = 영업레버리지 + 재무레버리지

② 영업레버리지란 고정영업비용을 발생시키는 비유동자산을 이용하는 것을 의미하며, 이는 총비용 중에서 고정영업비용이 차지하는 비중을 의미함

③ 재무레버리지는 고정재무비용을 발생시키는 부채를 이용하는 것으로, 총비용에서 고정재무비용이 차지하는 비율을 의미함

■ **레버리지 효과의 기업위험**

① 기업이 실물자산에 투자하는 목적은 기업의 수익력을 개선시키는 데 있으나 수익력을 높이고자 할 때에는 예상하지 못한 상황의 변화로 인해 판매량이 줄어드는 경우 큰 영업손실을 가져다 줄 수 있는 위험도 감수해야 함. 그렇기에 기업은 자체 역량으로 부담할 수 있는 적절한 위험수준을 미리 설정하여 그 범위 내에서 수익력을 개선시킬 수 있는 정책결정을 해야 함

② **레버리지 효과** : 고정비용이 증가할수록 판매량이나 매출액의 변동에 따라 영업이익과 순이익의 변동성이 확대되는 효과가 나타나게 되는데, 이를 레버리지 효과(leverage effects)라고 함

③ **기업위험** : 기업이 경영활동을 수행하는 과정에서 부담해야하는 기업위험은 영업위험(operating risk)과 재무위험(financial risk)으로 구분됨

> 기업위험 = 영업위험 + 재무위험

④ 영업위험은 경제환경의 변화에 따라 예상 밖으로 영업이익이 줄어들 수 있는 가능성을 의미함

⑤ 재무위험은 자본조달정책 결정에서 이자비용을 발생시키는 부채의존도가 높을수록 이자비용의 비중이 증가하기 때문에 영업이익이 감소할 때 주당순이익이 그보다 높은 비율로 줄어드는 재무위험을 수반함

제4장 부실기업 분석

■ **기업부실(corporate financial distress)의 의미**

① 기업부실화는 기업이 재무적 의무를 다하지 못하는 상태를 의미함
② 기업부실화가 악화되면 궁극적으로 기업이 파산할 가능성이 높아짐
③ 기업부실화와 관련된 용어로는 경영실패, 채무불이행, 지급불능, 파산 등이 있음

■ **기업부실화의 영향**

① 기업부실은 채권자와 주주의 부를 감소시킴
② 기업부실화가 지속되는 경우 기업은 운영을 중단할 수밖에 없으며, 운영중단에 따라 종업원들이 일자리를 잃게 되어 실업 증가에 따른 사회적 불안을 야기시키는 요인이 됨
③ 운영중단에 따라 생산량이 감소하면서 경제발전을 둔화시키는 결과를 가져오게 됨
④ 기업파산이 빈번하게 발생될 경우 신용거래의 위축 등으로 인해 경제활동에 위축을 가져올 수 있음

■ **기업부실의 원인 및 징후**

① 기업이 지속적으로 충분한 현금흐름을 창출하지 못하는 경우에는 궁극적으로 부실화로 연결될 수밖에 없음
② 부실화의 원인은 기업의 경쟁력, 상대적인 원가구조, 원가상승에 대한 흡수능력, 산업의 성장잠재력, 경영자의 자질, 경제 환경 변화에 대한 대응력 등 다양한 영역에서 찾을 수 있음
③ 부실화의 경험이 있는 기업과 부실화의 경험이 없는 기업의 재무제표를 비교분석함으로써 부실화의 가능성을 예측할 수 있는 정보를 얻을 수 있음
④ 주가수익률 또는 채권등급 등과 같은 시장정보를 분석함으로써 부실화의 가능성에 대한 정보를 얻을 수 있음

■ **기업부실화의 원인과 유형**

① 제품개발의 실패와 무리한 사업확장
② 경기침체에 따른 판매여건의 악화
③ 만성적 자금난과 자금부족
④ 연쇄적인 파산

■ 기업부실화의 징후

기업부실화가 오랜 기간에 걸쳐 진행될수록 그 과정에서 여러 가지 재무적 징후는 물론 비재무적 징후들이 나타나게 됨

[재무적 부실징후]

재무상태표	손익계산서	현금흐름표
• 현금예금 절대부족 • 매출채권, 재고자산의 급증 • 비유동자산 과대투자 • 단기차입금 등 유동부채 증가 • 차입조건이나 금리측면에서 불리한 신규차입금 증가 • 타인 자본의존도 심화 • 자본잠식	• 매출액의 지속적 감소 • 매출원가, 판매비와 관리비 급증, 과다한 금융비용 • 이익률의 현저한 감소 • 결손의 확대 및 지속	• 영업활동으로 인한 현금흐름의 부족 • 단기차입금에 의한 장기부채상환 증가 • 과다한 배당금 지급

[비재무적 부실징후]

• 회사의 수위실이나 화장실이 지저분하다. • 사내의 기강이 해이해졌다. • 어음거래가 불량하다. • 높은 이자의 어음이 나돈다. • 회의가 빈번하고 장시간이다. • 경영자가 분에 넘치는 호화생활을 한다. • 사무실에 비해 사장실이 호화스럽다. • 경영자의 여성관계 소문이 그치지 않는다. • 무리하게 본사 사옥을 늘렸다. • 회사게시판에 부착된 내용들이 부정적이다. • 노사 간의 대립이 첨예화되어 있다. • 사원들의 출근율이 저조하다. • 대주주의 지분변동이 불안하다. • 후계자의 계승을 둘러싼 분쟁이 있다. • 사장과 경리사원의 부재가 잦다.	• 이상한 바겐세일을 한다. • 갑작스럽게 부동산을 처분한다. • 거래처가 자주 바뀐다. • 상품가격이 터무니없이 오른다. • 경기추세와 수요를 무시한다. • 주거래은행 등 거래금융기관이 변경된다. • 비상식적인 임원이동을 한다. • 간부와 사원의 퇴사가 잦다. • 경리장부가 아주 복잡하고 정리가 안 되어 있다. • 간판이 쓰러져 있거나 쇼윈도가 지저분하다. • 경영자의 성격이 내성적으로 바뀐다. • 낯선 사람들이 드나들기 시작한다. • 악성 루머가 그치지 않고 떠돈다. • 경영자가 정치 같은 일에 너무 관심을 쏟는다. • 경영자가 공과 사를 혼동하고 있다.

■ 우리나라의 부실기업 정리제도

① 회사정리제도 : 재정적 궁핍으로 파탄에 직면하였지만, 경제적으로 갱생의 가치를 지닌 주식회사에 대하여 법원의 감독 하에서 채권자, 주주, 기타 이해관계인의 이해를 조정하며 회사의 정리재건을 도모하는 제도임

② 화의제도 : 채무자에게 파산의 원인이 발생함으로써 파산선고를 받아야하는 상태에 놓인 경우 법원, 정리위원, 화의관재인의 보조 및 감독 하에서 채무자와 채권자들 사이의 협정을 체결하여 채무의 변제방법(화의조건)을 설정하고 이에 의해 파산선고를 면하게 하는 제도. 채무자는 파산을 면할 수 있으며, 채권자는 파산할 때보다 유리한 변제를 받을 수 있음

③ **워크아웃제도** : 강도 높은 구조조정을 통한 기업의 체질개선작업을 말함. 워크아웃제도는 경제적 회생가능성은 존재하지만 재무적으로 어려움에 처한 기업이 주 대상임. 법원에 의한 강제적 절차에 앞서 채권자인 채권금융기관들과 채무자인 대상기업 간의 협상과 조정과정을 통한 채무조건 완화라는 사적화의의 성격을 지님

④ **기업구조조정** : 일반적인 의미에서 기업구조조정(corporate restructuring)은 급변하는 경제 환경 변화에 적응하고 기업의 가치를 극대화하기 위하여 사업부문 개편, 재무구조 개선, 소유지배구조의 조정 및 조직 변경 등 경영의 각 부문을 혁신하고 조정하는 모든 활동을 말함

⑤ **파산** : 파산 또는 도산은 채무자가 변제상황에 있는 채무를 일반적인 방법으로 변제할 수 없게 된 상태를 말함. 법적인 의미로는 경제적 파탄인 상태를 재판상 처리하는 절차 내지는 제도를 말함

[도산처리제도에 관련한 법]

구분	종전 규율	현행 규율
청산형 절차	파산법	파산절차
회생형 절차	회사정리제도	회생절차
	화의제도	
	개인채무회생법	개인회생절차

■ 부실기업의 예측방법

① **재무비율 분포의 차이분석** : 재무비율 분포의 차이를 분석함으로써 부실화의 가능성을 예측할 수 있음. 부실화의 징후를 대변하는 특정 재무비율을 통계적 또는 경험적으로 선정하여 정상기업과 부실기업의 재무비율 분포를 비교함으로써 부실화의 가능성을 판단함

② **이원분류법** : 분석하고자 하는 기업을 부실기업과 정상기업으로 분류할 때 발생하는 예측오류를 최소화하는 최적 판별점을 정해, 그 기준에 따라 부실화의 가능성을 예측하는 데 이용되는 방법임

제5장 신용평가

■ 신용분석의 의의

① 여신결정과정에서 핵심이 되는 내용은 대출여부 및 대출조건을 결정하기 위한 신용분석과정임

② 신용분석이란 금융기관에서 여신결정을 내릴 때 대출에 따른 위험도와 원리금 상환가능성을 평가하는 것을 말함

■ 여신결정과정

여신결정과정은 대출승인단계, 대출관리단계, 대출회수단계로 구분됨

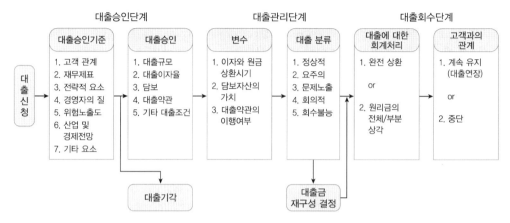

[금융기관의 대출결정과정]

■ 신용분석의 의미

① 신용분석을 통해 원리금의 회수에 따른 불확실성을 줄일 수 있음. 불확실성을 최소화하는 노력은 금융기관의 수익성을 개선시키는 한편 금융시장의 건전한 발전에도 기여함
② 신용분석에 근거하는 합리적인 여신결정을 통하여 금융기관의 수익성을 개선시킬 수 있음
③ 자금을 효율적으로 배분할 수 있음

■ 신용분석의 5C

① **경영자의 인격(Character)** : 경영자의 인격은 대출에 따른 원리금 상환에 대한 기업의 의지를 평가하는 중요한 요소로 이용됨
② **상환능력(Capacity)** : 현금동원능력은 기업의 이익창출능력과 부채의존도 등에 따라 영향을 받기에 기업의 현금동원능력은 재무제표의 분석과 미래의 기대현금흐름을 추정함으로써 얻을 수 있음
③ **자본력(Capital)** : 기업의 신용도를 결정하는 또 다른 요인으로, 기업이 원리금을 상환할 수 있는 충분한 자본력을 확보하고 있는지를 판단함
④ **담보력(Collateral)** : 담보력은 기업이 채무를 이행하지 못하는 경우 확보할 수 있는 담보자산의 보유정도를 의미하고, 기업의 신용도는 경영자의 인격, 현금동원능력, 자본력 이외에 대출금의 회수를 보장할 수 있는 담보자산이 충분한지에 따라 좌우됨
⑤ **경제상황(Condition)** : 경제상황은 일반적인 경제상황 또는 기업의 채무상환능력에 영향을 미칠 수 있는 특별한 상황의 변화를 의미함

■ 신용평점제

신용평점제도는 신용위험을 평가하는 목적을 지니며 양적 요소와 질적 요소의 평가기준이 존재함

① 양적 평가요소

구분	평가내용	주요비율
유동성비율	단기채무지급능력	유동비율, 당좌비율 등
자본구조비율	장기채무지급능력	부채비율, 비유동비율, 이자보상비율 등
효율성비율	자산의 효율적 이용도	재고자산회전율, 매출채권회전율, 유형자산회전율, 총자산회전율 등
수익성비율	경영의 총괄적 효율성	매출액순이익률, 총자산순이익률, 자기자본순이익률 등
생산성비율	인적·물적 자원의 성과	부가가치율, 노동생산성, 자본생산성 등
시장가치비율	시장에서의 상대적 평가	주가수익비율, 주가장부가치비율, q비율 등

② 질적 평가요소

구분	평가내용
생산요소	생산시설, 영업레버리지, 공장자동화, 품질관리, 기술개발, 원자재 조달능력, 규모의 경제 등
마케팅요소	제품의 종류, 제품의 질, 제품가격, 판매조직, 광고활동, 시장점유율 등
인적자원요소	경영자의 능력, 노사관계, 직원채용 및 배치의 합리성, 근로조건 및 복지시설, 기업공개 여부 등
재무요소	거래신뢰도, 대금융기관 관계, 자금동원능력, 지배구조, 환위험 등
전략요소	연구개발투자, 경영전략방향, 최고경영진의 구성, 대정부관계 등

■ 채권(bond)의 기초개념

① 채권은 일정한 기간 동안 정기적으로 약정된 이자를 지급하고 만기일에 원금, 즉 채권의 액면가를 상환할 것을 약속한 증서임

② 채권은 발행주체에 따라 국채, 지방채, 특수채, 금융채, 회사채로 구분됨. 국채는 중앙정부가 발행하고 원리금의 지급을 보증하는 채권이며, 지방채는 지방자치단체가 발행하는 채권임. 특수채는 상법 이외의 특별법에 의해 설립 및 운영되는 특별법인에 의해서 발행되는 채권이며, 금융채는 은행 등 금융기관에 의해서 발행되는 채권을 말함. 회사채는 주식회사가 거액의 자금을 장기간 조달한 목적으로 발행하는 채권임. 일반적으로 국채, 지방채 및 특수채를 포괄하여 국공채로 부르기도 함

③ 채권은 이자지급방법에 따라 순수할인채권, 확정이자채권 등으로 구분될 수 있음. 순수할인채권은 이자를 지급하지 않고 만기일에 원금만을 상환하는 채권이며, 확정이자부채권은 만기까지 확정된 액면이자를 매기간 지급하고 만기일에 원금이 상환되는 채권임

■ **채권등급평가(bond rating)의 의의 및 절차**

① **채권등급평가의 기능** : 채권등급평가는 신용평가기관이 채권을 발행한 기관의 원리금상환능력을 평가하고 이를 이해하기 쉬운 기호나 문장으로 등급화하여 투자자들에게 전달하는 제도임. 채권등급정보의 우월성 은 신용평가기관의 정보분석능력 또는 내부정보에 대한 접근에 따라 결정됨

② **채권등급평가의 절차** : 채권등급평가의 절차는 채권발행기관이 신용평가기관에 등급평가를 요청함으로써 시작되고 등급평가의 요청을 받은 신용평가기관은 재무제표 등 공개적으로 이용 가능한 자료와 그 밖의 모든 관련정보를 수집 및 분석하여 채권등급을 결정함

■ **채권등급평가에 유용한 재무비율**

① **보상비율** : 고정금융비용의 지급능력을 나타내는 재무비율로 보상비율이 낮거나 떨어지고 있다는 것은 기 업이 현금흐름의 측면에서 어려움에 처할 가능성이 높다는 것을 말함

$$\text{이자보상비율} = \frac{\text{영업이익}}{\text{이자비용}}$$

$$\text{고정금융비용보상비율} = \frac{\text{영업이익} + \text{리스료 및 임차료}}{\text{이자비용} + \text{리스료 및 임차료}}$$

② **레버리지비율** : 기업의 부채의존도를 나타내는 재무비율을 의미하며, 부채의존도가 높을수록 기업의 장기 채무지급능력에 문제가 발생할 가능성이 높음

$$\text{부채비율} = \frac{\text{부채}}{\text{자기자본}}$$

③ **유동성비율** : 기업의 단기채무상환능력을 나타내는 재무비율로서, 유동성비율이 낮거나 떨어지고 있다는 것은 기업이 단기채무상환능력이 악화되고 있음을 의미함

$$\text{유동비율} = \frac{\text{유동자산}}{\text{유동부채}}$$

$$\text{당좌비율} = \frac{\text{유동자산} - \text{재고자산}}{\text{유동부채}}$$

④ **수익성비율** : 자산 또는 자기자본에 대한 수익성을 나타내는 재무비율로서, 수익성비율은 레버리지비율과 함께 기업의 전반적인 재무적 건전도를 나타내는 지표임

$$\text{총자산영업이익률} = \frac{\text{영업이익}}{\text{총자산}}$$

⑤ **현금흐름 대 부채비율** : 영업활동을 통하여 얻어지는 현금흐름으로 부채를 상환할 수 있는 정도를 나타내는 재무비율을 의미함

$$\text{현금흐름 대 부채비율} = \frac{\text{현금흐름}}{\text{부채}}$$

제6장   기업가치평가

■ **기업가치의 의의**

① 자산가치는 자산을 보유함으로써 실현되는 미래현금흐름의 크기와 위험(불확실성)에 의해 결정됨. 자산가치는 그 자산으로부터 얻을 수 있는 미래의 기대현금흐름을 적절한 할인율(위험을 반영한 할인율)로 할인한 한계가치의 의미를 지님

$$\text{자산가치} = \frac{CF_1}{1+r} + \frac{CF_2}{(1+r)^2} + \cdots + \frac{CF_n}{(1+r)^n}$$

- CF_n : n시점에서 자산의 기대현금흐름
- n : 자산의 수명(내용연수)
- r : 현금흐름의 위험을 반영한 할인율

② 생명이 무한한 계속기업(going concern)을 전제로 이와 같은 방법을 적용하면 기업 전체의 가치를 측정할 수 있고, 기업가치는 기업이 창출할 수 있는 미래기대현금흐름을 적절한 할인율로 할인하여 구할 수 있음

$$\text{기업가치} = \frac{CF_1}{1+r} + \frac{CF_2}{(1+r)^2} + \frac{CF_3}{(1+r)^3} \cdots$$

- CF_n : n시점에서 자산의 기대현금흐름
- r : 현금흐름의 위험을 반영한 할인율

■ 기업가치평가의 종류

① 소득접근법(income approach) : 소득접근법의 기본적인 원리는 어떤 재화의 가치는 그 재화로부터 기대되는 미래 효익을 현재가치로 전환시킨 것이라는 개념에 근거를 두고 있음

② 시장접근법(market approach) : 시장접근법의 기본원리는 합리적인 매수자는 특정한 재화를 구입할 때 동일한 효용을 제공하는 대체적인 재화와 비교하여 구입금액을 결정한다는 개념에 기초함

③ 자산접근법(asset approach) : 자산접근법의 기본원리는 어떤 재화의 경제적 가치는 그 재화와 동등하게 합당한 대체물을 구입하는 데 소요되는 원가에 의해 결정된다는 원리에 기초를 두고 있음

[가치평가접근법의 비교]

구분	소득접근법	시장접근법	자산접근법
장점	계속기업의 전제에 잘 부합하며 미래 효익의 현재가치화라는 측면에서 이론적으로 가장 우수한 방법임	• 비교기준 유사기업이 존재할 때는 직접비교가 용이함 • 가치평가에 사용할 비교자료의 입수가 용이, 특히 상장기업에 대한 자료는 대단히 풍부한 편임	• 회사의 전체 수익에 초점을 맞추기보다 개별 자산을 평가함으로써 보다 자세한 분석이 가능할 수 있음 • 지주회사나 청산회사 등 특수한 경우에 적용하기 적합함
단점	미래추정치에 대한 불확실성과 주관성 개입 가능성, 위험을 반영한 할인율 산정의 어려움	평가대상회사와 모든 면에서 매우 유사한 비교기준회사를 찾기가 난해함	회사 전체가치에서 무형자산의 가치가 차지하는 비중이 큰 경우에는 적용하기 힘듦

■ 가치평가의 절차

① 평가업무 및 범위의 확정 : 가치평가업무의 목적과 용도를 설정하고, 평가하고자 하는 기업의 주식, 자산 그리고 부채의 내용을 파악함. 가치평가에서 평가하고자 하는 가치의 기준 파악을 통해 목적을 명확히 함. 또한 가치평가의 기준일을 설정하고 이해관계자와의 협의를 통해 평가접근법의 적용가능성을 판단함

② 자료수집 : 분석을 위한 자료수집 단계로, 기업의 내부환경요인은 기업의 재무적인 요인(부채비율, 유동비율, 총자산증가율, 총자본회전율 등)과 비재무적 요인(복리후생비, 교육훈련비, 인건비 등)이 있으며, 외부환경요인으로는 정치, 경제, 기술, 사회문화, 법적 환경, 산업 환경 등이 있음

③ 수집한 자료의 분석 : 정량적 자료뿐만 아니라 정성적 자료도 분석과정에서 필수적으로 이용되어야 과업의 오류를 줄일 수 있음

④ 가치평가업무의 수행 : 기업의 내부/외부환경요인과 자료의 수집가능성 그리고 분석자료의 활용 방안을 고려하여 소득접근법, 자산접근법, 시장접근법의 방법론을 어떻게 활용할 것인가를 결정하는 단계임

⑤ 종합적인 평가결론의 도출 : 가치평가의 마지막 단계인 종합적인 평가결론의 도출과정은 합리적 근거를 바탕으로 도출된 가치평가결과에 대한 가중치 부여를 통해 가치평가액을 결정하는 단계임

[기업가치평가의 절차]

■ 기업 DCF모형의 의의

① 기업가치는 정상적인 영업활동을 통해 실현되는 영업가치로서, 미래에 기대되는 잉여현금흐름을 적절한 할인율, 즉 가중평균자본비용(WACC)으로 할인하여 산출됨

② 잉여현금흐름은 기업의 세후영업이익에 비현금지출비용을 더한 후 영업용 운전자본, 유형자산, 기타자산 등에 대한 투자지출액을 차감하여 계산됨

③ 잉여현금흐름은 기업의 영업활동을 통해 얻어지는 것으로서, 기업의 모든 자본제공자에게 제공될 수 있는 현금흐름이기 때문에 가치평가에 적합한 현금흐름이라 할 수 있음. 이와 같은 잉여현금흐름을 가중평균자 본비용으로 할인하여 기업가치를 평가하는 모형을 기업 DCF(Discounted Cash Flow)모형이라고 함

■ EVA의 개념

① 기업가치를 측정하는 데 이용되는 또 다른 모형을 EVA 모형이라고 함. 경제적 부가가치 개념은 경제학자 인 마샬(Marshall)에 의해서 처음으로 사용된 경제적 이익(EP ; Economic Profit)과 같은 개념임

② 기업소유주 또는 경영자가 얻은 이윤에서 현재 이자율 수준으로 계산된 투하자본에 대한 이자를 차감한 나머지를 기업을 경영함으로써 얻게 되는 이익이라고 주장하였음

③ 기업이 어느 일정 기간 동안 창출한 경제적 이익(EP)이란 회계상에 기록된 비용들뿐만 아니라 투자된 자본 에 대한 기회비용까지도 감안한 결과여야 한다고 주장함

④ 경제적 부가가치(EVA)는 기업이 영업활동을 통해 얻은 이익에서 자본비용을 차감한 것으로 계산됨

$$EVA = IC \times (ROIC - WACC) = NOPLAT - IC \times WACC$$

- IC : 투하자본
- $ROIC$: 투하자본수익률($NOPLAT/IC$)
- $NOPLAT$: 세후영업이익, 즉 $EBIT \times (1 - 법인세율)$
- $WACC$: 가중평균자본비용

■ 가치창조경영(VBM ; Value Based Management)과 EVA

① VBM은 기업가치창출의 핵심요인에 초점을 맞춤으로써 전체 조직분야에 대한 전략적 또는 운영적 의사결 정을 개선하기 위해 고안된 통합과정을 말함

② VBM을 통해 기업가치에 영향을 미치는 요소 중에서 각 하위조직의 영향력 하에 있는 요소들을 관리함으로 써 가치창출에 기여할 수 있음

③ VBM을 통해 경영자가 가치창출요인을 통해 각 하위조직을 이해하게 되고 달성하고자 하는 목표에 관한 의견을 교환할 수 있음

SD에듀와 함께, 합격을 향해 떠나는 여행

경영분석의 이해

제1절	경영분석의 의의, 목적, 발전과정
제2절	재무제표의 이해
제3절	질적 정보의 이해
실전예상문제	

교육은 우리 자신의 무지를 점차 발견해 가는 과정이다.

- 월 듀란트 -

제 1 장 | 경영분석의 이해

제1절 | 경영분석의 의의, 목적, 발전과정

1 경영분석의 의의와 목적

(1) 경영분석의 의의

① **경영분석**

경영분석(business analysis)은 전통적 경영분석과 현대 경영분석으로 구분된다.

전통적 경영분석은 기업의 회계자료를 이용하여 과거와 현재의 재무 상태와 기업성과를 파악함으로써 미래를 분석하는 것을 말한다. 전통적 경영분석에서는 주로 재무상태표, 손익계산서, 현금흐름표 등의 재무제표를 이용하여 기업을 파악하는 데 초점을 맞추기에 재무제표분석(financial statement analysis)이라 불린다.

현대 경영분석의 경우에는 회계자료뿐만 아니라 다양한 기업 관련 자료를 통해 기업의 실체를 파악함으로써 미래를 예측하는 분석체계를 말한다. 기업의 다양한 이해관계자들은 회계자료와 더불어 다양한 기업 관련 자료의 분석을 통해 과거와 현재의 기업실체를 파악함으로써 기업의 미래를 예측하고 의사결정 목적에 적합한 정보를 얻고자 한다. 따라서 현대 경영분석에서는 재무제표뿐만 아니라 국내외 경제동향, 산업동향, 기업동향 등과 같은 기업과 관련된 모든 요인을 분석대상으로 삼는다.

전통적 경영분석만으로는 의사결정에서 요구되는 다양한 정보를 얻을 수 없다는 한계점이 제기되면서 경영분석에 대한 새로운 접근이 시도되고 있다. 기업규모가 커지고 자본시장의 발달로 인해 경영자, 투자자, 종업원, 금융기관, 소비자, 정부 등의 이해관계자들이 요구하는 정보의 유형이 다양해지고 있다. 이와 같이 빠른 속도로 발전하고 있는 경제이론이나 재무이론에 기반한 다양한 형태의 의사결정기법이 개발되면서 경영분석의 역할은 새로운 시각에 의해 재조명 받고 있다.

② **경영분석의 체계**

[경영분석의 체계]

위 그림은 경영분석의 체계를 보여주며, 여기서 경영분석은 의사결정 목적에 적절한 정보를 얻기 위한 정보처리시스템이자 의사결정과정의 하위단계라 볼 수 있다. 위 그림과 같이 의사결정과정은 경영분석시스템과 의사결정시스템으로 구성되어 있다. 따라서 의사결정자는 기업의 내외부적 자료를 경영분석시스템에 투입하고 의사결정시스템에 요구되는 정보를 얻을 수 있으며, 이와 같은 정보가 의사결정과정에 유용한 정보인가의 여부는 의사결정시스템을 통해 평가된다.

경영분석의 체계 하에서 전통적 경영분석과 현대 경영분석의 차이는 다음과 같다.

첫째, 자료의 이용범위에 차이가 있다. 전통적 경영분석의 경우 회계자료에 의존하는 반면, 현대 경영분석은 회계자료뿐만 아니라 의사결정에 요구되는 정보를 얻기 위해 기업과 관련된 모든 자료를 분석대상으로 한다.

둘째, 정보의 내용에 차이를 지닌다. 전통적 경영분석은 주로 재무제표를 근간으로 산출되는 재무비율을 이용하거나 과거와 현재의 재무상태 및 경영성과를 파악하여 미래를 예측하는 데 필요한 정보를 제공한다. 하지만 전통적 경영분석은 회계자료가 지니는 한계점으로 인해 급변하는 환경에 신속하게 대처하지 못한다는 단점을 가진다. 반면 현대 경영분석에서는 회계자료 이외에 기업과 관련된 모든 자료를 분석하고, 경영분석에 이용되는 분석기법 또한 의사결정 차원에서 검증되기 때문에 분석결과에 대한 신뢰성이 높을 뿐만 아니라 의사결정 목적에 적합한 다양한 정보를 얻을 수 있다. 이와 같은 관점에서 경영분석을 의사결정을 위한 하위시스템 중 하나로 보는 시각이 등장했다.

셋째, 분석수단에서 차이가 있다. 전통적 경영분석에서는 주로 재무제표 항목과 재무비율을 이용하여 기업 간의 상호비교분석, 시계열분석, 지수분석, 균형분석 등과 같은 방법에 의존하지만, 현대 경영분석에서는 계량적 또는 통계적 분석방법 등과 같은 과학적 분석방법을 활용하는 등 분석방법이 다양해졌다. 결과적으로 경영분석은 기업의 과거 및 현재의 경영성과와 재무상태를 평가하고 기업의 미래상황을 예측하여 기업의 이해관계자들이 기업과 관련된 다양한 의사결정을 하는 데 이용된다 볼 수 있다. 이와 같은 경영분석의 개요를 그림으로 나타내면 다음과 같다.

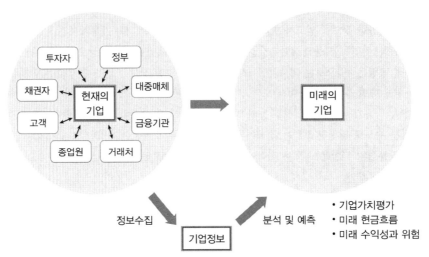

[경영분석의 개요]

(2) 경영분석의 목적

기업의 이해관계자들이 곧 경영분석의 주체이기에, 분석주체가 누구냐에 따라 경영분석의 목적은 달라진다. 기업의 이해관계자는 내부 이해관계자와 외부 이해관계자로 구분되는데, 내부 이해관계자는 경영자이고, 외부 이해관계자는 금융기관, 투자자, 신용평가기관, 증권분석기관, 고객, 정부 등을 포함한다. 그렇기에 경영분석은 분석주체에 따라 내부분석과 외부분석으로 구분된다.

① 내부분석(internal analysis)

내부분석은 경영자가 경영관리를 위한 필요 정보 획득을 목적으로 수행하는 경영분석을 말한다. 그렇기에 내부분석의 목적은 기업의 실체를 파악하는 데 그치지 않고 의사결정에 요구되는 정보를 얻는 데에 있다. 내부분석의 목적은 다음과 같다.

ㄱ 경영계획을 수립하거나 경영활동을 통제하는 데 필요한 정보를 얻기 위한 경영분석을 실시한다. 경영분석을 통해 취약점이 무엇이고 어느 부분이 비교우위가 있는지를 파악함으로써 보완점과 비교우위에 있는 부분의 강화가 가능하다.

ㄴ 경영전략을 수립하는 데 필요한 정보를 얻기 위한 경영분석이 실시된다. 이러한 목적에서 수행되는 경영분석은 주로 기술수준, 경쟁력, 연구개발능력의 효율성에 초점을 맞춘다.

ㄷ 기업가치를 극대화하기 위한 자금조달 방법과 투자해야 할 곳에 대한 의사결정이 필요할 때도 정보의 획득을 위해 경영분석을 실시한다.

② 외부분석(external analysis)

외부분석은 기업의 외부 이해관계자들이 수행하는 경영분석을 말하는데 금융기관, 신용평가사, 투자자, 증권분석기관, 행정기관, 소비자 등 주체별 경영분석의 목적은 다음과 같다.

ㄱ 금융기관 및 신용평가기관

금융기관 또는 신용평가기관의 경우 기업의 신용도를 평가하기 위한 목적으로 경영분석을 실시하게 된다. 신용평가기관은 회사채나 기업어음(CP)을 발행하고자 하는 기업의 요청으로 기업의 채무불이행위험의 정도에 따라 평가한 신용등급을 투자자들에게 제공하고 이와 같은 신용등급은 증권투자에 대한 중요한 정보로 이용된다.

은행과 같은 금융기관의 경우 대출금 규모, 이자율, 대출기한 등과 같은 조건을 결정하는 데 필요한 정보를 얻기 위해 경영분석을 실시한다. 금융기관에서 수행되는 경영분석을 신용분석(credit analysis)이라고 하며, 우리나라의 경우 대부분의 금융기관은 자체적으로 고안한 신용분석시스템에 의해 평가된 기업 신용도를 기반으로 여신결정을 내린다.

ㄴ 투자자 및 증권분석기관

투자자와 증권분석기관은 채권 및 주식이 지닌 내재가치(intrinsic value) 또는 위험을 파악하기 위해 경영분석을 실시한다. 따라서 투자자 및 증권분석기관이 수행하는 경영분석은 증권분석이라고 한다. 채권을 대상으로 하는 증권분석은 채무불이행위험을 평가하는 데 목적을 두고 있으며, 주식을 대상으로 하는 증권분석은 투자목표에 적합한 포트폴리오의 구성에 필요한 정보를 얻는 데 그 목적을 둔다.

투자목표를 투자위험의 최소화에 두느냐 투자수익의 최대화에 두느냐에 따라 증권분석의 내용이 달라진다. 투자수익의 최대화는 자본시장이 비효율적이라는 가정에 근거를, 투자위험의 최소화는 자본시장이 효율적이라는 가정에 근거를 둔다. 따라서 증권분석의 경우 다양한 요인을 분석하여 개별 증권의 위험 특성을 평가하는 데 초점을 맞추고 있다.

  ⓒ 거래처

  원재료 및 주요한 부품 등을 납품하는 기업 입장에서는 거래대상기업의 채무지급능력 등에 대한 면밀
  한 분석이 필요하다. 경영활동이 부실하여 파산하는 경우도 있지만 거래대상기업의 부도에 영향을 받
  아 파산하는 경우도 많기에, 거래처가 주체가 되어 수행하는 경영분석에는 단기채무지급능력에 대한
  정보를 얻기 위해 거래대상기업의 다양한 재무자료를 평가한다.

  ⓡ 고객

  고객들은 자신들 나름대로의 경영분석을 통해 제품의 서비스나 품질에 대한 가능성을 평가한 후 제품
  을 구매한다. 대부분의 소비자들이 유명회사의 제품을 선호하는 이유는 유명회사일수록 사후 서비스
  에 대한 보장을 받을 수 있다는 신뢰감이 작용되기 때문이다. 고객이 주체가 되어 수행하는 경영분석
  은 수익성, 재무구조의 안전성, 경쟁력 등에 대한 평가를 통해 기업의 계속성에 대한 정보를 얻는 데
  목적을 두게 된다.

  ⓜ 정부

  정부는 주로 산업정책의 수립과 산업에 대한 규제 또는 지원정책의 수립, 조세정책의 수립 등에 있어서
  필요로 하는 정보를 얻기 위한 목적에서 경영분석을 수행한다. 또한, 세금 포탈이나 과세 누락 등에
  대한 정보를 얻기 위해 경영분석을 실시하기도 한다.

  경제부처들에서는 경제정책의 수립에 필요한 정보를 얻기 위하여, 가격통제를 통한 물가안정에 필요
  한 정보를 얻기 위하여 또는 국제경쟁이 치열한 산업에 대한 지원정책의 수립에 필요한 정보를 얻기
  위해 경영분석을 실시하기도 한다. 또한 금융감독기관의 경우, 금융시장의 발전과 유지에 필요한 정
  보 획득을 위해 경영분석을 실시하기도 한다.

  ⓗ 기타 경영분석의 주체

  경쟁회사를 대상으로 하는 경영분석은 경쟁대상기업의 강점과 약점을 파악하여 경영전략을 수립하는
  데 필요한 정보 획득을 위한 목적으로 실시된다. 노동조합의 경우 단체 교섭의 근거를 마련할 목적으
  로, 외부감사인의 경우에는 회계처리 및 재무제표의 적정성 여부를 평가하는 데 초점을 두고 진행된
  다. 이 밖에도 환경단체, 언론, 연구기관 등이 나름대로 필요한 정보를 얻기 위해 기업을 대상으로
  한 경영분석을 실행한다.

(3) 경영분석의 발전과정

① 경영분석의 시작

경영분석이 시작된 시점은 회계제도의 정착에 따라 공식적인 재무제표가 작성되기 시작한 이후부터이다.
경영분석이 최초로 시행된 국가라 할 수 있는 미국의 경우 산업혁명 이후 철도산업과 공업화가 빠른 속도
로 진행되었던 산업에서 주식회사 형태의 기업이 등장하며 기업규모가 커지기 시작했다. 공업화와 기업
규모가 커지면서 자금의 수요가 증가하고 금융기관들은 재무제표 분석을 통해 기업의 신용도를 평가하는
계기가 되었다. 1895년 미국의 뉴욕은행가협회(new york bankers association)에서는 재무제표의 작성을
공식화하였는데, 기업들은 자금을 차입하고자 할 때 신청서와 함께 자산-부채표를 제출하도록 하였다.
이와 같이 표준화된 서류의 제출을 공식화하면서 재무제표를 이용한 비율분석이 시작되고 체계적인 분석
을 위한 기법들이 개발되었다. 1910년 이후부터 경영분석에서 이용되는 여러 형태의 분석 기법이 개발되
면서 재무비율이 본격적으로 사용되었다. 이 시기 금융기관들은 재무비율을 이용해 신용도를 평가하는

등 경영분석의 주체였다. 이 시기에는 월의 지수법(Wall, 1919), 블리스의 표준비율법, 길만의 추세법 등이 개발되어 현재까지도 널리 사용되고 있다.

② **세계 대공황 이후 경영분석**

1930년 이후에는 세계 대공황의 후유증으로 인해 기업들이 성장보다는 생존을 선택하면서 보수적인 경영이 지배했던 시기였기에 비율분석이 보다 더 체계적으로 정리되기 시작했다. 경영분석 초기에는 주로 외부분석이 주를 이루었지만, 해당 시기에는 생존을 위한 방어적인 경영활동을 추구함에 따라 유동성 확보에 관심을 지닌 시기이며, 비율분석기법들이 체계화된 시기이다. 1935년 미국에서는 증권거래법에 의거한 증권관리위원회가 창설되면서 상장회사의 재무제표 작성기준이 마련됨과 동시에 회계감사가 의무화되면서 재무제표의 신뢰성과 유용성을 높이는 데 크게 기여하였다. 이 시기에는 이익관리에 뇌펠의 손익분기점분석기법이, 그리고 원가관리에는 원가분석기법이 사용되었다. 이와 같이 재무비율을 통한 경영분석기법의 개발은 내부 또는 외부 이해관계자들에게 유용하게 사용되었으나, 신뢰성에 대한 검증이 없었고, 관행에 따른 재무제표의 작성의 한계로 인해 경영분석기법은 더 이상 발전되지 못하는 정체기를 거친다. 1960년대 말까지 경영분석이 정체된 이유는 다음과 같다.

첫째, 이해관계자들의 정보에 대한 욕구가 다양화되면서 전통적 경영분석이 다양한 정보욕구를 충족시키지 못했다.

둘째, 1950년대 이후부터 재무이론은 빠르게 발전하였으나, 전통적 경영분석이 이와 같은 재무이론의 발전에 부응하지 못하였다.

셋째, 재무제표가 기업의 실체를 충분히 대변하지 못하기에 회계이익에 대한 부정적인 시각이 제기되었다. 이와 같이 경영분석에 대한 비판이 확산되면서 1970년대부터 새로운 시각에서 경영분석의 틀을 구성하려는 노력이 시작되었다. 경영분석은 기본적으로 의사결정에 필요한 정보를 얻는 데 목적을 두기에 의사결정과 경영분석의 통합을 통해 신뢰성과 유용성을 증대시킬 수 있다는 주장이 제기되었다.

③ **우리나라의 경영분석**

우리나라의 경우 1962년 한국은행에서 '기업경영분석'을 발간하며 비율분석이 이용되었고, 1970년대 들어 정부 주도의 경제개발계획이 성공적으로 추진됨에 따라 기업규모가 확대되어 경영합리화에 대한 필요성, 경제 정책 수립과 관련된 기업 정보의 필요성 등이 높아지면서 경영분석이 본격적으로 이용되기 시작하였다. 1980년대에는 국가 또는 기업의 경제연구소나 신용평가기관 등이 설립되면서 다양한 투자정보를 제공하기 시작하였으며, 1990년대에 들어서면서 경영관리 차원에서 다양한 분야에까지 경영분석이 확산되었다. 2000년대 들어서는 정보통신의 발전으로 기업의 모든 정보가 실시간으로 공개되며, 체계적인 방향으로 발전하여 광범위하게 활용되고 있다.

| 제2절 | 재무제표의 이해 |

1 회계자료

경영분석에서 주로 사용되는 회계자료인 재무제표는 기업의 이해관계자들에게 재무정보를 제공하기 위하여 작성되는 회계보고서를 말한다. 기업의 재무상태에 대한 정보를 제공하는 재무상태표, 경영성과에 대한 정보를 제공하는 손익계산서, 그리고 현금흐름에 대한 정보를 제공하는 현금흐름표 등으로 구성되어 있다.

(1) 재무상태표(statement of financial position)

재무상태표의 경우 기업의 결산일을 기준으로 기업의 자산, 부채, 자본에 관한 정보를 제공하는 재무보고서로써 대차대조표(balance sheet)라고도 불린다. 재무상태표의 양식은 계정식과 보고식이 있으며, 계정식의 차변에는 자산이, 대변에는 부채와 자본이 기재된다. 보고식에서는 위에서 아래의 방향으로 자산, 부채, 자본의 순서로 기재된다.

재무상태표는 자금의 운용 상태를 나타내는 재무상태를 나타낸다. 재무상태에서는 자산항목이 기업이 조달한 자금을 어떻게 활용하고 있는지를 보여준다. 즉, 자금의 운용 상태인 투자활동을 보여주고, 부채와 자본항목은 기업의 자금이 어떻게 조달하였는가를 보여주는 것으로써 자금조달 원천인 자본구조(자본조달활동)를 보여준다. 따라서 재무상태표는 기업의 투자활동과 자금조달활동의 결과를 한 시점에서 정리한 보고서를 의미한다. 다음은 가전제품, 반도체 등의 사업을 하는 가상의 기업인 분석전자의 재무상태표이다.

[재무상태표]

기업명 : 분석전자   (단위 : 백만 원)

구분	20X7	20X6	20X5
자산			
유동자산	181,385,260	174,697,424	146,982,464
현금 및 현금성자산	26,885,999	30,340,505	30,545,130
단기금융상품	76,252,052	65,893,797	49,447,696
단기매도가능금융자산	–	–	3,191,375
단기상각후원가금융자산	3,914,216	2,703,693	–
단기당기손익–공정가치금융자산	1,727,436	2,001,948	–
매출채권	35,131,343	33,867,733	27,695,995
미수금	4,179,120	3,080,733	4,108,961
선급금	1,426,833	1,361,807	1,753,673
선급비용	2,406,220	4,136,167	3,835,219
재고자산	26,766,464	28,984,704	24,983,355
기타유동자산	2,695,577	2,326,337	1,421,060
비유동자산	171,179,237	164,659,820	154,769,626
장기매도가능금융자산	–	–	7,752,180
만기보유금융자산	–	–	106,751
상각후원가금융자산	–	238,309	–

기타포괄손익-공정가치금융자산	8,920,712	7,301,351	-
당기손익-공정가치금융자산	1,049,004	775,427	-
관계기업 및 공동기업 투자	7,591,612	7,313,206	6,802,351
유형자산	119,825,474	115,416,724	111,665,648
무형자산	20,703,504	14,891,598	14,760,483
순확정급여자산	589,832	562,356	825,892
이연법인세자산	4,505,049	5,468,002	5,061,687
기타비유동자산	7,994,050	12,692,847	7,794,634
자산총계	352,564,497	339,357,244	301,752,090
부채			
유동부채	63,782,764	69,081,510	67,175,114
매입채무	8,718,222	8,479,916	9,083,907
단기차입금	14,393,468	13,586,660	15,767,619
미지급금	12,002,513	10,711,536	13,899,633
선수금	1,072,062	820,265	1,249,174
예수금	897,355	951,254	793,582
미지급비용	19,359,624	20,339,687	13,996,273
당기법인세부채	1,387,773	8,720,050	7,408,348
유동성장기부채	846,090	33,386	278,619
충당부채	4,068,627	4,384,038	4,294,820
기타유동부채	1,037,030	1,054,718	403,139
비유동부채	25,901,312	22,522,557	20,085,548
사채	975,298	961,972	953,361
장기차입금	2,197,181	85,085	1,814,446
장기미지급금	2,184,249	3,194,043	2,043,729
순확정급여부채	470,780	504,064	389,922
이연법인세부채	17,053,808	15,162,523	11,710,781
장기충당부채	611,100	663,619	464,324
기타비유동부채	2,408,896	1,951,251	2,708,985
부채총계	89,684,076	91,604,067	87,260,662
자본			
지배기업 소유주 지분	254,915,472	240,068,993	207,213,416
자본금	897,514	897,514	897,514
우선주자본금	119,467	119,467	119,467
보통주자본금	778,047	778,047	778,047
주식발행초과금	4,403,893	4,403,893	4,403,893
이익잉여금(결손금)	254,582,894	242,698,956	215,811,200
기타자본항목	(4,968,829)	(7,931,370)	(13,899,191)
비지배지분	7,964,949	7,684,184	7,278,012
자본총계	262,880,421	247,753,177	214,491,428
자본과 부채 총계	352,564,497	339,357,244	301,752,090

① **자산항목**

재무상태표에 기재된 자산항목은 일반적으로 유동성이 높은 순서에 따라 배열이 된다. 여기서 유동성(liquidity)이란 현금화의 정도를 말한다. 따라서 현금화가 용이한 자산의 경우 유동성이 높다고 할 수 있다. 자산항목은 유동자산과 비유동자산으로 구분되며, 유동자산의 경우 유동성 정도에 따라 당좌자산과 재고자산으로 배열되고, 비유동자산의 경우 투자자산, 유형자산, 무형자산, 기타비유동자산의 순으로 배열된다.

㉠ 유동자산(current assets)

유동자산은 보고기간 말부터 1년 이내에 현금으로 전환되거나 예상되는 자산을 말하며, 현금화 용이성에 따라 당좌자산 및 재고자산으로 구분된다. **당좌자산**(quick assets)의 경우 환급성이 가장 높은 자산으로 판매과정을 거치지 않으며 단기간에 현금화시킬 수 있는 현금 및 현금성자산, 단기금융자산, 매출채권, 선급비용 등을 포함한다. **재고자산**(inventories)의 경우 정상적인 영업활동과정에서 판매 또는 생산 활동을 지원하기 위한 목적으로 보유되는 자산을 말한다. 재고자산의 경우 판매과정을 거쳐야만 현금화가 가능한 자산으로서 상품, 제품, 반제품, 원재료, 저장품 등이 있다.

㉡ 비유동자산(non-current assets)

비유동자산은 정상적인 영업활동에 투자되어 1년 이내에 현금화하기 어려운 자산으로서, 사용형태가 급격하게 변화하지 않는 자산을 말한다. 투자자산, 무형자산, 유형자산, 기타 비유동자산으로 분류되고, 토지를 제외한 대부분의 유형, 무형자산은 감가상각 또는 상각이라는 절차를 통해 장기간 비용으로 처리된다.

투자자산(long term investment)은 장기적인 투자수익을 목적으로 보유하는 채권 및 주식 등의 금융자산, 영업활동에 사용되지 않는 투자부동산, 장기성예금 그리고 다른 기업에게 영향력 행사를 위해 장기간 보유하는 주식 등을 포함한다. 투자자산은 기업의 고유한 영업목적에 사용되지 않는다는 점에서 유형자산과 구분되고, 장기적으로 보유한다는 점에서 단기투자 목적의 유동자산과는 구분된다. **유형자산**(property, plant and equipment)은 제품의 생산, 서비스의 제공, 타인에 대한 임대 또는 자체적 사용을 위한 장기(1년 이상) 보유를 하는 물리적 형체가 있는 자산으로서 토지, 건물, 비품, 기계장치, 건설중인 자산 등이 이에 포함된다. **무형자산**(intangible assets)은 물리적 형체는 없으나 독자적 식별이 가능한 비화폐성자산으로서 특허권, 지적 재산권, 저작권, 개발비, 영업권, 산업재산권 등이 있다. **기타 비유동자산**은 비유동자산 중 투자자산, 유형자산, 무형자산으로 분류될 수 없는 자산이며 임차보증금, 장기선급비용 등을 포함한다.

② **부채와 자본 항목**

㉠ 부채(liability)

부채는 상환만기가 빠른 순으로 기록되며, 상환기간이 1년 이상인 경우 비유동부채로, 1년 이내인 경우 유동부채로 구분한다. **유동부채**(current liabilities)는 일상적인 상거래에서 발생하는 영업상의 채무와 만기가 1년 이내인 지급채무로 구성되며 매입채무, 미지급비용, 단기차입금, 선수금 등이 유동부채에 해당된다. **비유동부채**(non-current liabilities)는 만기가 1년 이상인 장기성 부채로서 사채, 장기차입금 등의 장기금융부채, 퇴직급여충당부채 등의 장기충당부채, 이연법인세부채와 장기선수금 등이 비유동부채에 속한다.

㉡ 자본(stockholders equity)

자본이란 기업의 소유자인 주주에게 귀속될 소유자 지분을 의미한다. 자산총액에서 부채총액을 차감한 잔여 지분인 자본은 자본금, 자본잉여금, 자본조정, 기타 포괄손익누계액, 이익잉여금으로 구분된다. **자본금**은 1주당 액면금액에 발생주식의 총수를 곱하여 계산되며, 우선주자본금과 보통주자본금으로 구분된다. **자본잉여금**은 자본거래(증자, 감자 등)에서 발생한 잉여금으로 주식발행초과금, 자기주식처분이익 등을 포함하며, **이익잉여금**은 기업의 이익 중에서 사외에 유출되거나 자본금 계정에 대체되지 않고 사내에 유보된 부분을 의미한다. **자본조정**은 자본의 성격이 결정되지 아니한 임시항목으로서, 자본총계에 가감하는 형식으로 기재된다. 기업이 발행한 주식을 소각, 재매각 또는 임직원에게 상여를 줄 목적으로 임시취득한 자기주식이 대표적이다. 그리고 **기타포괄손익누계액**은 당기순손익을 제외한 기타포괄손익의 누계잔액을 의미한다. 이에 해당하는 과목은 매도가능 금융자산 평가손익, 해외사업 외환환산손익, 보험수리적손익, 자산재평가잉여금, 현금흐름위험회피 파생상품평가손익 등이 있다.

③ **재무상태표의 한계**

재무상태표는 다음과 같은 한계점을 지닌다.

첫째, 재무상태표에서는 자산을 역사적 원가(historical costs)에 의해 평가하는 경우 자산금액이 공정한 시장가치를 나타낸다고 볼 수 없다는 점이다.

둘째, 재무상태표에서는 다양한 질적 정보 또는 비계량적 정보가 반영되어 있지 않다는 점이다.

셋째, 대체적 회계처리방법이 인정되고 있기에 비교에 어려움이 있다.

넷째, 재무상태표를 작성하는 데 주관적인 판단이 개입된다는 점이다.

다섯째, 재무상태표에서 부채의 성격인 부외금융 항목이 제외될 수 있다는 점이다.

재무상태표는 특정 시점에서 재무상태인 자산과 부채 및 소유주지분을 실질적으로 평가하여 작성하는 것이 아니라 단순히 정해진 회계처리방식에 따라 작성된 회계 기록의 결과이기에 단순한 나열에 불과하다. 그렇기에 회계실체의 정확한 경제적 상태를 나타내 주지 못한다는 한계점을 지닌다.

(2) 손익계산서(income statement)

손익계산서의 경우 일정 기간 동안에 기업이 발생한 수익과 비용을 대응시킴으로써 해당 연도의 손익을 표시한 보고서를 말하며, 기업의 종합적인 경영성과를 나타내는 재무제표이다. 가상의 기업인 분석전자의 손익계산서는 다음과 같다.

[손익계산서]

기업명 : 분석전자 (단위 : 백만 원)

구분	20X7	20X6	20X5
수익(매출액)	230,400,881	243,771,415	239,575,376
매출원가	147,239,549	132,394,411	129,290,661
매출총이익	83,161,332	111,377,004	110,284,715
판매비와 관리비	55,392,823	52,490,335	56,639,677
영업이익(손실)	27,768,509	58,886,669	53,645,038
기타수익	1,778,666	1,485,037	3,010,657
기타비용	1,414,707	1,142,018	1,419,648
지분법이익	412,960	539,845	201,442
금융수익	10,161,632	9,999,321	9,737,391
금융비용	8,274,871	8,608,896	8,978,913
법인세비용차감전순이익(손실)	30,432,189	61,159,958	56,195,967
법인세비용	8,693,324	16,815,101	14,009,220
계속영업이익(손실)	21,738,865	44,344,857	42,186,747
당기순이익(손실)	21,738,865	44,344,857	42,186,747
당기순이익(손실)의 귀속	–	–	–
지배기업의 소유주에게 귀속되는 당기순이익(손실)	21,505,054	43,890,877	41,344,569
비지배지분에 귀속되는 당기순이익(손실)	233,811	453,980	842,178
주당이익	–	–	–
기본주당이익(손실) (단위 : 원)	3,166	6,461	5,997
희석주당이익(손실) (단위 : 원)	3,166	6,461	5,997

① **손익계산서의 내용**

㉠ 매출총이익

매출액(sales)은 주된 영업활동을 통한 재화 또는 용역을 제조 및 판매한 대가로 얻는 수익을 말하며, 매출원가(cost of sales)는 재화 또는 용역을 생산하는 과정에서 발생된 비용으로서, 재화 또는 용역의 취득원가를 의미한다. 매출총이익(gross profit)은 매출액에서 매출원가를 차감한 값으로써 생산효율성을 측정하는 근거로 매출총이익률(매출총이익/매출액)이 높다는 것은 원자재의 원활한 구매 또는 숙련된 노동력으로 인한 생산효율성이 높다는 것을 의미한다. 제조업에서 매출원가는 제조원가를 의미하고, 판매업에서 매출원가는 판매원가를 의미한다. 제조원가의 경우 재료비, 노무비 등의 경비로 구성된다.

㉡ 영업이익

영업이익(operating income)은 **영업활동의 결과 발생된 이익으로 매출총이익에서 판매비와 관리비를 차감한 값**을 말하며, 영업효율성을 측정하는 근거가 된다. 판매비는 재화 또는 용역을 통한 판매과정에서 발생하는 비용이며, 관리비는 영업활동을 지원하는 부서의 관리 및 유지와 관련하여 발생되는 비용을 말한다. 판매비와 관리비는 급여, 퇴직급여, 복리후생비, 지급수수료, 감가상각비, 세금과공과, 광고선전비, 경상개발비와 대손상각비 등 매출원가에 속하지 않는 모든 영업비용을 포함한다.

ⓒ 법인세비용차감전계속사업이익

법인세비용차감전계속사업이익이란 영업이익에 금융수익 및 기타수익을 합한 후 금융비용 및 기타비용을 차감한 값으로 산출된다. 금융수익과 비용 등은 이자수익이나 이자비용 등을 포함하는 재무활동의 결과이므로 재무효율성을 측정하는 근거가 된다. 금융손익 및 기타손익은 매출수익을 얻기 위한 주된 영업활동 이외에 보조적 또는 부수적인 활동에서 발생하는 손익을 말한다. 따라서 금융손익 및 기타손익은 주된 영업활동에서 발생한 손익이 아니라는 점에서 영업손익과 구분되고 계속사업으로 발생한다는 점에서 중단사업으로부터 발생한 중단사업손익과 구분된다. 금융수익에는 이자수익, 외환차익, 외화환산이익 등이 포함되며, 금융비용에는 이자비용, 외환차손, 외화손실 등이 포함된다.

ⓔ 계속사업이익

법인세는 사업 활동을 수행함에 따라 발생된 소득에 대하여 법인세법의 규정에 따라 부과되는 세금이다. 실제 부과된 법인세는 기업회계기준에 따라 측정된 법인세비용차감전순이익에 근거하지 않고 법인세법 규정에 따라 측정된 과세소득에 근거하여 산출된다. 따라서 회계이익에 근거한 법인세 그리고 세법에 근거한 법인세 사이에 차이가 존재한다. 이와 같은 차이를 이연법인세(deferred taxes)라고 한다. 회계상의 법인세가 세법상의 법인세보다 큰 경우 그 차이를 이연법인세부채라고 하며, 회계상의 법인세가 세법상의 법인세보다 작을 경우 그 차이를 이연법인세자산이라고 부른다. 또한 법인세는 세법에서 정해진 기한 내에 납부할 때까지 유동부채 항목의 하나인 미지급법인세로 재무상태표에 표시된다. 계속사업이익은 법인세비용차감전계속사업손익에서 회계이익에 근거하여 산출된 계속사업손익법인세비용을 차감하여 측정된다.

ⓜ 당기순이익

당기순이익(net income)은 최종적인 경영활동의 결과로서 주주에게 귀속되는 이익이며, 계속사업이익에 투자성과를 측정 시 중단사업손익을 가감하여 측정된다. 그러므로 당기순이익은 매출액에서 각종 비용을 제외한 순이익을 뜻한다.

② **손익계산서의 한계**

손익계산서는 일정 기간 동안 발생한 수익과 비용을 대응시켜 작성되는 재무제표로서, 기업의 경영성과를 평가하는 데 유용한 자료이긴 하지만, 재무상태표와 마찬가지로 수익과 비용의 측정 및 표시방법의 차이로 인해 다음과 같은 한계점을 지닌다.

첫째, 회계이익 기업의 현금결제능력을 의미하지 않는다는 점이다.

둘째, 재무상태표와 마찬가지로 손익계산서를 작성하는 작성자의 주관이 개입될 가능성이 높다.

셋째, 수익은 판매가격에 의하여 측정되는 반면 비용은 역사적 원가에 의해 측정된다는 점이다.

넷째, 여러 가지 회계처리방법 중에서 하나의 방법을 이용하여 회계처리를 할 수 있기 때문에 기업 간 비교가 어렵고 동일기업에서도 회계처리방법을 변경할 수 있기에 기간별 비교가 어려울 수 있다.

다섯째, 회계이익에는 주주의 기회비용이 반영되지 않는다는 점이다.

마지막으로 손익계산서에는 포함되지 않지만, 기업의 성과에 중대한 영향을 미치는 요인이며 계량화할 수 없는 질적 요소가 많다는 점이다.

(3) 현금흐름표(statement of cash flows)

현금흐름표는 일정 기간에 기업이 조성한 현금과 사용한 현금의 내역을 정리한 보고서를 말하는데, 현금의 변동 내용을 명확하게 보고하기 위하여 당해 회계기간에 속하는 현금유입과 현금유출의 내용을 영업활동, 투자활동과 재무활동 등 세 가지 활동부문으로 구분하여 표시하고 있다. 따라서 현금흐름표를 통해 일정 기간 동안에 발생한 현금흐름의 변동원인, 미래의 현금흐름창출능력 및 현금결제능력 등에 관한 정보를 얻을 수 있는 것이 현금흐름표이다. 현금흐름표는 작성방법에 따라 직접법과 간접법 등 두 가지로 구분된다. 다음은 현금흐름표를 간접법으로 작성한 예시이다.

[현금흐름표]

기업명 : 분석전자   (단위 : 백만 원)

구분	20X7	20X6	20X5
영업활동 현금흐름	22,796,257	44,341,217	38,906,190
영업에서 창출된 현금흐름	28,344,706	53,596,311	41,350,471
당기순이익	15,353,323	32,815,127	28,800,837
조정	16,911,222	27,095,149	18,012,976
영업활동으로 인한 자산부채의 변동	(3,919,839)	(6,313,965)	(5,463,342)
이자의 수취	673,363	459,074	491,501
이자의 지급	(306,633)	(343,270)	(265,364)
배당금 수입	4,625,181	779,567	1,118,779
법인세 납부액	(10,540,360)	(10,150,465)	(3,789,197)
투자활동 현금흐름	(13,537,171)	(31,678,548)	(28,118,806)
단기금융상품의 순감소(증가)	6,212,479	(7,203,807)	2,960,592
장기금융상품의 처분	1,400,000	–	1,700,000
장기금융상품의 취득	–	(1,860,000)	(500,000)
장기매도가능금융자산의 처분	–	–	98,265
장기매도가능금융자산의 취득	–	–	(163,765)
기타포괄손익-공정가치금융자산의 처분	1,239	7,345	–
기타포괄손익-공정가치금융자산의 취득	(6,701)	(204,055)	–
당기손익-공정가치금융자산의 처분	7,334	7,421	–
당기손익-공정가치금융자산의 취득	–	(1,776)	–
종속기업, 관계기업 및 공동기업 투자의 처분	58,677	25,846	1,438,362
종속기업, 관계기업 및 공동기업 투자의 취득	(925,139)	(520,660)	(7,492,843)
유형자산의 처분	600,901	340,558	244,033
유형자산의 취득	(17,240,242)	(21,387,378)	(25,641,229)
무형자산의 처분	1,965	706	456
무형자산의 취득	(2,855,959)	(880,032)	(843,096)
사업결합으로 인한 현금유출액	(785,000)	–	–
기타투자활동으로 인한 현금유출입액	(6,725)	(2,716)	80,419
재무활동 현금흐름	(9,787,719)	(12,818,480)	(11,801,987)

단기차입금의 순증가(감소)	(41,078)	(1,796,186)	3,300,611
자기주식의 취득	–	(875,111)	(8,350,424)
사채 및 장기차입금의 상환	(128,431)	(5,357)	(6,043)
배당금의 지급	(9,618,210)	(10,141,826)	(6,746,131)
외화환산으로 인한 현금의 변동	2,593	–	–
현금 및 현금성자산의 순증감	(526,040)	(155,811)	(1,014,603)
기초의 현금 및 현금성자산	2,607,957	2,763,768	3,778,371
기말의 현금 및 현금성자산	2,081,917	2,607,957	2,763,768

간접법에 의한 경우 영업활동 현금흐름은 손익계산서 항목과 관련하여 나타내는 것으로, 먼저 당기순이익에 조정항목 및 영업활동으로 인한 자산과 부채의 변동을 가감하여 영업활동에서 창출된 현금을 계산한 후 이자수취, 이자 지급, 법인세 납부 등을 반영하여 계산한다. 영업활동 현금흐름은 기업의 정상적인 경영활동의 성과를 측정하는 척도로서 수익력과 위험을 나타내는 척도가 된다.

투자활동 현금흐름은 기업의 수익창출을 위해 장기간에 걸쳐 그 효과가 나타날 것으로 기대되는 재무상태표의 투자자산, 유형자산 및 무형자산 등과 관련하여 발생하는 현금흐름으로, 투자활동 현금유입에서 현금유출을 차감하여 측정한다.

재무활동 현금흐름은 기업의 자금 조달 방법과 자금상환 내역 및 재무자산의 취득과 처분에 대한 현금흐름으로, 재무상태표의 장단기 대여금 비유동부채 및 자본 그리고 일부 단기부채의 항목들과 관련하여 발생하며, 재무활동 등 현금유입에서 현금유출을 차감하여 측정된다.

(4) 자본변동표(statement of changes in equity)와 주석(footnotes)

① 자본변동표

자본변동표는 해당 회계기간 동안 발생한 소유주지분의 변동을 표시하는 재무보고서로서 자본금, 자본잉여금, 자본조정, 기타포괄손익누계액, 이익잉여금 등의 변동에 대한 포괄적인 정보를 제공한다. 자본변동표에는 자본의 각 구성요소별로 기초잔액, 변동사항, 기말잔액을 표시하도록 되어 있다. 자본변동표는 재무제표 간의 연계성을 고려하기에, 정보이용자들이 재무제표 간의 관계를 보다 명확하게 이해할 수 있게 한다.

[자본변동표]

기업명: 분석전자 (단위: 백만 원)

구분	자본				
	자본금	주식발행초과금	이익잉여금	기타자본항목	자본 합계
2017. 01. 01 (기초자본)	897,514	4,403,893	140,747,574	(8,502,219)	137,546,762
회계정책변경누적효과	–	–	–	–	–
수정 후 기초자본	897,514	4,403,893	140,747,574	(8,502,219)	137,546,762
당기순이익(손실)	–	–	28,800,837	–	28,800,837
매도가능금융자산평가손익	–	–	–	(30,226)	(30,226)
기타포괄손익–공정가치금융자산평가손익	–	–	–	–	–

순확정급여자산 재측정요소	–	–	–	349,950	349,950
배당	–	–	(6,747,124)	–	(6,747,124)
자기주식의 취득	–	–	–	(8,350,424)	(8,350,424)
자기주식의 소각	–	–	(11,872,563)	11,872,563	–
2017. 12. 31 (기말자본)	897,514	4,403,893	150,928,724	(4,660,356)	151,569,775
2018. 01. 01 (기초자본)	897,514	4,403,893	150,928,724	(4,660,356)	151,569,775
회계정책변경누적효과	–	–	61,021	(61,021)	–
수정 후 기초자본	897,514	4,403,893	150,989,745	(4,721,377)	151,569,775
당기순이익(손실)	–	–	32,815,127	–	32,815,127
매도가능금융자산평가손익	–	–	–	–	–
기타포괄손익–공정가치금융자산평가손익	–	–	(2,697)	(85,643)	(88,340)
순확정급여자산 재측정요소	–	–	–	(289,981)	(289,981)
배당	–	–	(10,143,345)	–	(10,143,345)
자기주식의 취득	–	–	–	(875,111)	(875,111)
자기주식의 소각	–	–	(7,103,298)	7,103,298	–
2018. 12. 31 (기말자본)	897,514	4,403,893	166,555,532	1,131,186	172,988,125
2019. 01. 01 (기초자본)	897,514	4,403,893	166,555,532	1,131,186	172,988,125
회계정책변경누적효과	–	–	–	–	–
수정 후 기초자본	897,514	4,403,893	166,555,532	1,131,186	172,988,125
당기순이익(손실)	–	–	15,353,323	–	15,353,323
매도가능금융자산평가손익	–	–	–	–	–
기타포괄손익–공정가치금융자산평가손익	–	–	–	–	–
순확정급여자산 재측정요소	–	–	–	(925,157)	(925,157)
배당	–	–	(9,619,243)	–	(9,619,243)
자기주식의 취득	–	–	–	–	–
자기주식의 소각	–	–	–	–	–
2019. 12. 31 (기말자본)	897,514	4,403,893	172,288,326	280,514	177,870,247

② **주석**

주석은 재무제표상의 해당 과목이나 금액에 기호를 붙이고 별지에 회계정책과 회계처리의 세부내용, 주요 계정과목의 내역 등을 기재한 것을 말한다. 주석은 재무제표의 이해가능성과 비교가능성을 높이는 데 필요한 양적, 질적 정보를 제공한다. 주석은 재무제표의 하나로서 본문에 표시되는 항목에 관한 설명이나 금액의 세부적 내역뿐만 아니라 우발상황 또는 약정상황과 같이 재무제표에 인식되지 않는 항목에 대한 추가적인 정보를 제공한다. 주석의 경우 재무제표이용자가 재무제표를 이해하고 다른 기업의 재무제표와 비교하는 데 용이하도록 다음과 같은 순서로 기입한다.

㉠ 한국채택국제회계기준을 준수했다는 사실

㉡ 적용한 중요한 회계정책의 요약

㉢ 재무상태표, 손익계산서, 자본변동표, 현금흐름표에 표시된 항목에 대한 보충정보

㉣ 기타공시 : 우발부채와 재무제표에서 인식하지 아니한 계약상 약정사항, 비재무적 공시항목 등

제3절 | 질적 정보의 이해

1 경제분석

(1) 경제분석의 의미

기업의 미래현금흐름은 미래의 경제활동수준에 따라서 영향을 받기에 경제활동수준을 대변하는 경제성장률, 정책, 평가, 통화량, 금리 등과 같은 거시경제변수와 밀접한 관련성을 지닌다. 경제활동이 활발하게 발생하는 경우에는 생산량, 고용, 매출액, 기업이익과 개인소득이 증가하지만, 경제활동이 위축되고 경직된 상황에서는 생산량이 감소하고 실업률이 증가하기에 기업이익 또한 감소한다.

경제분석(economic analysis)이란, 기업가치에 영향을 미칠 수 있는 거시경제변수의 수준과 변화를 예측하는 데 중점을 둔 분석이고, 분석대상인 거시경제지표의 범위가 넓고 정형화된 분석방법이 정해져 있지 않기 때문에 신중하고 충분한 경험에서 오는 판단력이 요구된다. 그렇기에 연구소, 정부, 한국은행과 같은 전문기관 등에서 제공하는 경제 관련 자료를 수집하여 기업의 경영전략 등과 연계시켜 분석이 필요하다.

(2) 주요 거시경제지표

① 경기

경기란 한 국가의 경제활동수준을 의미하고, 경기수준은 미래 기업의 현금흐름에 영향을 미치기에 경기가 침체될수록 감소하는 경향을 지닌다. 경기수준을 나타내는 경제지표를 살펴봄으로써 경제활동에 대한 수준과 방향성을 예측할 수 있다. 경기를 파악하는 데 사용되는 대표적인 지표로는 국내총생산(GDP ; Gross Domestic Product)이 있다. GDP란 일정 기간 동안 한 국가 내에서 모든 경제 주체가 생산활동에 참여해 만들어낸 상품·서비스의 부가가치를 시장가격으로 평가한 것을 말한다. 해당 국가의 경제 규모를 나타내는 대표적인 지표로 사용된다. 하지만, 현재 가치 창출 활동이 향후 가치를 충분히 반영하지 못한다는 단점을 지닌다.

② 통화량

통화량의 증가는 이자율의 하락으로 설비투자의 증가와 생산량의 증가를 가져오기에 기업가치가 상승한다. 통화량이 지속적으로 증가할 경우에는 물가를 상승시키는 결과로 인해 이자율을 상승시키는 원인이 되기도 하지만 기업가치를 하락시킨다는 주장도 존재한다. 상반된 견해 모두 통화량이 기업의 기대현금흐름과 위험조정할인율에 영향을 미치기에 결과적으로 기업가치에 영향을 미친다고 본다. 통화량과 기업가치의 관계는 경제상황에 따라 달라질 수 있기에 이러한 관계를 이론적으로 명확하게 정립시키기는 어렵다.

③ 금리

금리란 자금차입에 대한 대가로 지급하는 이자율을 말한다. 금리는 자금에 대한 수급상황, 물가상승률, 자금 사용기간, 채무불이행위험 정도 등에 따라 달라진다. 금리가 상승할수록 기업의 자금조달이 어렵게 되고 금융비용의 부담이 커지기에 수익력이 악화되지만, 반대로 금리가 하락할수록 자금조달이 수월해지고 설비투자가 증가하는 한편 금융비용의 부담이 줄어들어 수익력이 호전된다.

④ **물가상승률**

물가상승이란 기업이 보유한 자산의 명목가치를 상승시키게 하는 측면이 있는 반면 기업의 원가상승으로 인한 투자위축과 실질소득 감소에 따른 구매력의 감소를 유발하기에 기업활동에 악영향을 미친다. 통화량의 증가, 재정지출의 확대 등 총수요 증가로 인한 물가상승은 경기호황으로 기업 활동에 좋은 영향을 미치는 반면, 임금, 자본비용, 원자재가격의 상승 등에 의한 물가상승의 경우 기업 활동에 악영향을 미친다. 물가상승률의 대표적인 국내지수로는 소비자물가지수, 생산자물가지수가 있다.

⑤ **환율과 유가**

환율은 자국통화와 타국통화 사이의 교환율을 의미하는데 기본적으로 외화의 수요와 공급에 의해 결정되지만 인플레이션, 금리, 국제 수지와 정치라는 복합적인 요소에 의해 영향을 받는다. 유가변동은 기업의 수익성과 물가에 영향을 미치고 결과적으로 기업가치에 영향을 미친다. 특히 에너지 의존도가 높은 수준과 기업가치 사이에는 밀접한 연관성이 있다. 경기가 호전될수록 기업의 현금흐름이 증가하고 우리나라의 경우에는 급격한 유가상승은 기업의 수익성에 악영향을 미친다.

2 산업분석

산업분석(industry analysis)은 기업의 수익, 위험 경쟁력 등 기업이 속해 있는 산업의 구조적 특성에 영향을 받고 두 가지 측면에서 중요성을 지닌다.

첫째, 산업분석을 통해 관련 산업의 경제적 위치와 전망을 진단하는 한편 미래에 예상되는 기업 수익과 위험을 추정 가능하다.

둘째, 산업분석을 통해 산업의 강점을 파악 가능하다.

대표적인 산업분석인 시장규모, 경쟁구조, 원가구조, 유통구조, 제품수명주기 등을 통한 산업분석을 공부해보도록 한다.

(1) 시장규모분석

① **분석의 범위**

산업분석에 가장 기본이 되는 과제는 대상 산업에 대한 범위를 명확하게 설정하는 것이다. 산업분석에서는 산업이란 해당 산업에 포함된 모든 구매자, 소비자, 경쟁자 등을 모두 포함하는 개념이다. 다음으로 중요한 것은 시장의 규모를 분석하는 것이다. 산업의 시장규모에 따라 기업의 매출액이 영향을 받기 때문이다. 따라서 산업의 시장규모를 측정함으로써 기업의 수익과 위험에 대한 정보 획득이 가능하다. 산업의 시장규모는 정부, 경제단체 또는 산업별 협회 등을 통해 수집할 수 있고 경쟁업체의 판매정책이나 소비자를 대상으로 한 시장조사 등과 같은 활동을 통해서도 수집 가능하다.

② **시장규모분석의 기능**

산업분석에서 중요한 것은 실제 규모와 잠재적 규모를 파악하는 것으로서, 실제 규모와 잠재적 규모의 차이에 대한 분석결과로부터 산업의 성장 가능성은 물론 기업의 성장 가능성, 미래 수익성과 위험에 대한 정보 획득이 가능하다.

(2) 산업구조분석

1980년대 들어 산업구조를 기업전략 관점에 융합하여 보다 현실적인 분석 틀로 제공하려는 시도가 활발히 발생하였다. 이와 같은 논의는 각 산업 내에 존재하는 경쟁 정도는 우연히 정해지는 것이 아닌 근본적인 산업의 구조(structure)와 경쟁자들 간의 상대성에 따라 결정된다고 주장한다. 산업에서 경쟁이 심해진다는 것은 해당 산업에 속한 기업들의 투자 대비 수익률이 낮아진다는 것이며, 일정 수준보다 높은 투자수익률을 보이는 산업의 경우 기존 기업들의 확장이나 신규 진입자의 진입으로 투자는 증가한다. 이처럼 기업전략 관점에서는 공급자, 대체재, 경쟁자, 신규 진입자들의 특성을 고려하여, 산업 경쟁도에 미치는 영향을 살피며, 이와 같은 산업의 분석을 통해 강점과 약점을 파악 후 알맞은 경쟁전략의 수립이 필요하다고 주장한다.

① 기존 기업과의 경쟁(rivalry among existing)

산업에 존재하는 기존 경쟁기업들 간의 경쟁은 자신의 기업이 어떻게 하면 유리한 지위나 위치를 차지할 수 있는가에 대한 문제로서 가격, 광고, 신제품 개발, 서비스 및 제품 보증 등의 다양한 형태로 나타난다. 한 산업 내의 각 기업들은 서로 상호의존적인 관계를 맺으며 어느 한 기업이 경쟁적 행태의 자세를 취할 경우에는 다른 경쟁기업들에게도 직접적인 영향을 미치기 때문에 자연스럽게 보복적인 행동이나 대응적인 행동이 야기된다. 특히 가격경쟁은 가장 쉽게 적용이 가능한 전략으로 곧바로 경쟁기업들의 대응적 행동을 유발하고 결과적으로 해당 산업에 대한 수요탄력성이 높지 않은 경우 산업 참여 기업들의 수익은 감소하게 된다.

반면, 광고 및 홍보의 경쟁은 시장 자체의 확대를 야기할 뿐만 아니라 각 기업이 제품차별화에 성공하는 경우에는 모든 산업 참여자들에게 이익을 가져다 줄 수 있다. 산업별로 치열한 양상을 보이는 산업이 존재하는가 하면, 상대적으로 격렬하지 않은 경쟁을 벌이는 산업도 존재한다. 이와 같이 산업의 특성을 살펴보기 위해서는 산업의 구조적 측면에서 생각을 해야 한다. 먼저 어느 산업이나 기업의 수가 굉장히 많을 경우 한 기업의 움직임이 다른 기업들에 의해 발견되지 않을 것이라고 생각하고 경쟁을 유발시키는 전략을 채택하는 기업이 나오기 마련이다. 그리고 기업의 수가 많지 않은 산업에서 경쟁기업들의 규모나 외형적 자원이 유사하거나 비교적 균형적 관계를 이룰 경우는 불안정한 상태가 유발되어 지속적이고 강력한 보복조치를 취하기가 쉬워진다.

성장이 느린 산업의 경우 시장점유율을 높이기 위한 경쟁이 발생하게 되는데, 특히 고정비나 재고비용이 높은 산업에서는 이와 같은 양상이 더욱 두드러진다. 뿐만 아니라 기업들 간의 경쟁적 상품이나 서비스의 성질이 동질적일 경우, 제품차별화에 어려움이 있거나 교체비용이 높을 경우, 규모의 경제를 이루기 위해 대규모의 시설설비 투자가 필요한 경우, 상이한 전략을 펴는 다양한 유형의 기업들이 산업에서 공존하는 경우, 철수장벽이 높은 경우 이와 같은 경쟁은 치열해지기 마련이다. 그러나 이처럼 경쟁의 강도를 결정하는 요인들은 시간이 지남에 따라서 변화하게 되며 산업이 성숙해지고 경쟁이 격화되어 수익률 및 성장률이 둔화되기 시작하면, 새로운 경쟁자의 등장으로 인해 새로운 경쟁 방식으로 유도될 수도 있다.

② 신규 진입자의 위협(threat of new entrants)

어떤 산업에 새로운 기업들이 진출할 경우 이들은 새로운 역량과 시장 확보를 위한 강한 동기 그리고 때로는 상당한 자원을 지니고 신규 산업에 뛰어든다. 이와 같이 신규 경쟁자가 등장할 경우 제품이나 서비스의 가격은 하락하거나 부대비용이 상승하기에 결국 수익성의 저하를 불러올 가능성이 있다. 새롭게 진출하는 기업이 주는 위협은 그 산업에 내포된 진입장벽과 기존 참여자인 경쟁기업들의 대응에 따라 달라진다. 진입장벽이 높고 기존 기업들의 보복적 대응의 정도가 높을수록 신규 진입 기업이 등장할 가능성은 낮아지는 것이다. 즉, 새롭게 진입하려는 기업들은 기존 기업들에 비해 제품차별화, 규모의 경제, 투자 시 필요 소요자본량, 구매자가 기존 제품에서 신규 공급자의 제품으로 바꿀 때 부담될 수 있는 전환비용 (switching cost), 유통경로의 어려움, 생산기술, 기존 기업의 원자재 독점, 경험곡선, 법과 제도에 의한 허가 규정, 대기 및 수질오염 규제 등에서 불리함을 경험하게 된다. 이처럼 전략적 관점에서는 진입장벽의 몇 가지 속성에 대해 중요성을 제시하고 있다.

진입장벽이란 몇몇의 환경이나 여건이 바뀔 경우 형태가 달라질 수 있다. 예로 미국의 폴라로이드 (Polaroid)사가 독점한 즉석 사진 기술의 특허 유효기간이 만료되면서 기술독점으로 만들었던 진입장벽 은 무너졌다. 이로 인해 코닥(Kodak)사가 즉석 사진 시장에 뛰어든 것은 진입장벽의 변화로 인해 외부환 경이 변함을 보여준다. 폴라로이드와 코닥의 경우처럼 진입장벽이 기존 기업들이 통제할 수 없는 이유로 인해 바뀌는 경우가 종종 발생하지만, 기업들의 전략적 결정에 따라서도 이와 같은 장벽의 변화에 영향을 주는 사례들도 존재한다.

그 대표적인 예로써 등장하는 것이 반도체 산업이다. 과거 일본의 반도체 생산 기업들은 우리나라의 삼성 이나 LG 등의 기업에서 64K D-RAM, 256K D-RAM의 양산이 시작되자 시장의 잠식을 막으려 노력하였 다. 이는 신규 진입자들을 억제하기 위한 가격구조의 장벽을 통해 손해를 보더라도 진입의 위협을 저하하 고 시장점유율을 유지하고자 하는 전략이었다. 하지만 몇몇 기업들은 특수한 자원이나 기술을 지니고 있 어 대부분의 다른 기업들보다 훨씬 적은 비용으로 특정 산업의 진입장벽을 뛰어 넘을 수 있다. 예를 들어 우리나라 건설업의 경우 유수한 건설 회사들이 자체적으로 건설한 아파트라는 안정적인 수요처를 지니고 가구업에 진출한 경우나, 면도날과 면도칼의 유통경로를 튼튼하게 장악하고 있었던 미국의 질레트 (Gillette)라는 기업이 다른 회사들보다 훨씬 적은 비용으로 일회용 가스라이터 시장에 뛰어든 것은, 적은 비용으로 특정산업에 존재하는 진입장벽을 쉽게 뛰어 넘은 경우라 할 수 있다.

산업에 참여하고 있는 기존 기업의 전략적 관점에서 볼 때 규모의 경제는 오히려 진입장벽으로 작용하는 문제점이 되기도 한다. 규모의 경제를 이룩하기 위해 대규모 설비 투자를 갖출 경우, 다양화와 제품 차별 화를 동시에 추구하기 어렵게 되고 기업의 전략적 움직임의 신축성이 부족하여 기술적 변화가 필요할 경 우 신속히 대응하기 어렵게 된다. 또한 규모의 경제에 집착하다 보면 신기술이나 타 기업과의 경쟁 방법 을 개발하는 데 있어 관심을 덜 두는 문제점이 발생한다. 새로운 산업에 진입하고자 하는 기업의 경영자 들은 해당 산업의 진입장벽을 고려할 때 반드시 기존 경쟁기업들이 어떠한 형태의 반응을 보일 것인가를 예상해야 한다. 다음과 같은 경우는 신규 진입의 어려움이 예상되는 진입장벽이 높은 경우이다.

㉠ 새롭게 진입하는 기업에 대한 심한 보복의 예시가 존재하는 경우
㉡ 기존 기업들이 막강한 자원동원능력, 생산능력, 유통경로를 보유하고 고객들에 대한 영향력을 펼칠 수 있는 경우
㉢ 기존 기업들이 진출대상 산업에서 전력을 다하며, 거대한 고정자본을 통해 산업에서 철수가 어려운 경우
㉣ 진출하고자 하는 산업이 완만한 성장을 보이며, 새로운 기업이 진출할 때 기존 기업의 판매량과 수익 의 크기가 줄어들 가능성이 존재하는 경우

③ **대체재의 위협(threat of substitutes)**

산업 내에서 경영활동을 벌이고 있는 기업들은 넓은 의미에서는 대체재를 생산하는 산업들과 경쟁을 벌이고 있다고 볼 수 있다. 대체재의 존재는 해당 산업에서의 가격 수준에 영향을 미치거나 기업들의 이윤과 해당 산업의 잠재적 수익을 결정한다. 대체재가 있는지를 확인하기 위해서는 기존 상품과 동일한 기능을 수행하고 있는 제품을 찾으면 된다는 간단한 방법이 있겠지만, 실제로 대체재를 찾는 과정은 어렵고 세밀한 분석을 필요로 한다. 때로는 대체재로서는 무관한 산업으로 보이지만 해당 산업에 위협을 가하기도 한다. 한편 대체재에 대한 기존 상품의 경쟁적 지위는 산업 내에서 단일 기업이 좌우할 수 있는 것이 아니라 산업 전체의 집단적 행동에 의해 결정되는 경우가 많다. 예를 들어 고속도로를 건설할 때 시멘트 업계와 아스팔트 업계는 자신들이 생산하는 제품의 우월성을 놓고 공방한 사건이 좋은 예시라 할 수 있다.

대체재가 기존 제품과 가격 및 효능 면에서 대체성을 지속적으로 향상시키거나 이익을 올리는 산업에서 대체재가 개발될 경우, 기업은 운명을 걸고 대체재에 대한 관심을 더욱 기울여야 한다. 결과적으로 시장의 구매자들이 매력적인 가격이나 좋은 품질과 서비스의 대체 제품을 쉽게 찾을 수 있으며, 구매자가 기존에 사용하던 제품이나 서비스를 다른 제품이나 서비스로 전환하는 전환비용이 적을 때 특히 위협적이다. 커피를 마시는 것에서 차를 마시는 것과 자동차를 타는 것에서 자전거를 이용하는 것은 전환비용이 크지 않은 예시라 할 수 있다.

④ **구매자의 교섭력(bargaining power of buyer)**

기업환경에서 구매자(buyer)들은 품질 향상이나 가격 인하 그리고 서비스 증대를 요구하거나 경쟁기업들의 경쟁을 통해 이익을 취하는 행위 등으로 구매 대상 산업과 경쟁을 펼치는데 이와 같은 행위는 해당 산업의 수익성을 하락시키는 결과를 가져온다. 구매자는 협상력이 강할 경우 생산자로부터 저렴한 가격 또는 높은 품질의 요구를 할 수 있는 권한을 지니며, 가격이 낮으면 생산자의 수입은 줄고 좋은 품질의 제품 생산을 위해 생산 비용은 증대된다. 이와 같은 양상은 생산자들에게는 적은 이익을 가져오고 구매자가 강한 교섭력을 발휘하게 된다 볼 수 있다. 구매자의 경우 다음과 같은 상황에서 **공급자보다 더 유리한 상황**을 맞이하게 된다.

㉠ 소수의 구매자가 존재할 경우
㉡ 타 공급업체로 전환 시 전환비용이 적을 경우
㉢ 구매자가 후방 통합을 실행할 경우
㉣ 많은 대체재가 존재할 경우
㉤ 구매자들이 가격 탄력성이 높을 경우

⑤ **공급자의 교섭력(bargaining power of supplier)**

공급자(supplier)가 구매자들보다 유리한 상대적 지위를 가질 수 있다면 공급자에게 유리한 가격 인상이나 판매하는 서비스 및 제품의 질을 떨어뜨리겠다는 위협을 통해 공급자로서의 교섭력을 강화시킬 수 있다. 강력한 교섭력을 지닌 공급자는 구매자에게 더욱 높은 가격을 요구하거나 품질이 낮은 원자재를 공급할 수 있다. 이는 구매 기업의 이익에 직접적인 영향을 미치며, 구매 기업은 원자재 구매에 있어서 더 많은 비용을 지불하게 된다. 공급자의 경우 다음과 같은 상황에서 **구매자보다 더 유리한 상황**을 맞이하게 된다.

㉠ 구매자는 많지만, 공급자는 소수일 경우
㉡ 대체재가 거의 존재하지 않을 경우
㉢ 공급자가 희소한 자원을 보유하고 있을 경우

ⓒ 구매자가 원자재를 바꿀 때 투입되는 전환비용이 높을 경우

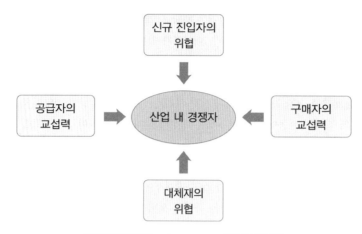

[산업구조분석(five forces model)의 경쟁요인]

앞서 살펴본 산업 내 경쟁자, 신규 진입자, 공급자, 구매자, 대체재의 위협은 위 그림과 같다. 산업 내에서 작용하는 이와 같은 힘은 산업구조와 해당 산업의 경쟁 수준을 결정하는데, 진입장벽이 낮고 신규 진입이 수월하거나 대체 상품이 시장 내에서 통용될 가능성이 존재한다면 산업구조는 크게 변화할 수 있기에 매력적이지 않다 볼 수 있다. 결과적으로 **전략적 관점에서 도출된 산업구조분석(five forces model)의 환경 분석은 기업의 경쟁적 지위를 평가하고 그 지위를 강화하기 위해 어떠한 강점이 존재하고 어떠한 약점이 존재하는지를 파악하는 분석모형이다.** 이와 같은 도구는 특정 산업에서 다섯 가지의 핵심 요인이 얼마나 강한 힘을 지니는가를 보여주고 기업의 전략수립에 유용하게 사용된다.

(3) 원가구조분석

① 원가구조분석의 의의

일반적으로 대다수의 기업들은 여러 사업 분야에서 영업활동을 수행하고 있다. 그렇기에 어떤 사업 분야에서 경쟁적 비교우위가 있으며, 높은 부가가치를 얻고 있는가를 평가하여 장기적인 수익성과 위험도를 분석해야 한다. 이와 같은 분석에서 요구되는 정보는 산업의 원가구조를 분석함으로써 얻을 수 있다.

② 원가구조분석의 기능

기업의 생산과정은 원자재의 구입과정, 원자재의 처리과정, 조립생산과정 등으로 구분된다. 광업과 석유산업은 원자재 구입과정, 철강과 제지는 원자재 처리과정에서 부가가치를 실현한다. 따라서 탄광업체는 좋은 탄광자원의 보유, 철강업체는 능률적인 생산시설의 확충을 통해 원가관리 측면에서 비교우위를 점할 수 있다.

(4) 유통경로분석

① 유통경로분석의 의의

유통경로분석을 통해 기업이 현재 사용하고 있는 유통경로 이외에 또 다른 유통경로가 존재하는지, 유통경로상 어떤 변화가 발생했는지, 그리고 유통경로에서 가장 큰 영향력을 미치는 집단이 어디인가를 파악해야 한다. 이와 같은 유통경로의 분석을 가장 효율적인 유통경로를 모색한다는 의미에서 마케팅 전략의 효율화를 달성할 수 있다. 기업은 최종소비자에게 직접 제품을 판매할수록 유통경로에 충분한 영향력을 행사할 수 있으나 영향력의 행사에 따른 마케팅상의 위험부담도 더욱 커지게 된다. 따라서 유통경로상의 변화추이를 파악하여 새로운 경로를 개발하는 것은 기업의 성장 전략이라는 차원에서 중요한 의미를 갖는다.

② 유통경로분석의 기능

유통경로상 가장 큰 영향력을 미치는 집단을 파악하는 일도 매우 중요하다. 제조업의 경우 일반적으로 최종소비자에 이르는 유통경로상에서 도매상, 소매상, 직영점, 대리점 등의 여러 집단이 존재하고 있다. 그러나 유통경로상의 영향력이 이들 집단 중에서 어느 한 특정집단에 너무 치우쳐 있는 경우에는 유통구조가 바람직하지 못한 방향으로 나아갈 수 있다. 그렇기에 유통경로의 분석을 통해 여러 가지 산업 내에서 영향력이 있는 유통구조를 파악하여 대처하는 동시에 유통경로상에서 관련 있는 집단의 균형 있는 영향관계를 모색해야 한다.

(5) 제품수명주기분석

산업분석의 목적은 장기적인 관점에서 산업의 전망과 성공요인을 분석하고 평가하여 해당 산업에 속한 기업의 수익성과 위험에 미치는 영향을 분석하는 것이다. 따라서 산업의 수요 동향과 추세를 파악하여 그 산업에 속해 있는 기업의 수익성과 위험에 미치는 영향에 초점을 맞추어 산업분석을 실시해야 한다. 산업동향과 추세는 제품수명주기를 통해 파악할 수 있는데 다음과 같이 도입기, 성장기, 성숙기, 쇠퇴기의 4단계로 구분된다.

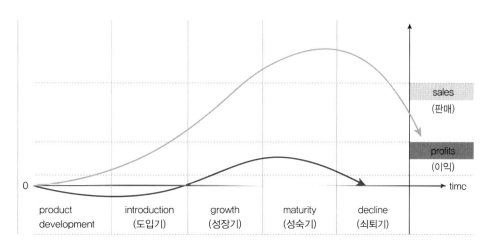

[제품의 수명주기]

① **도입기(introduction)**

도입기에는 신제품이 처음으로 시장에 소개되는 단계로서, 매출액이 완만하게 증가하고 신제품의 도입과 더불어 시장개척에 따른 많은 광고비의 지출, 저조한 매출로 인해 높은 제조원가 등의 비용이 많이 소요된다. 그렇기에 손실이 발생하거나 이익이 거의 없는 상태가 된다. 그러나 아직까지 경쟁업체 수가 적고 신제품이 덜 알려져 있으며 마케팅 능력에 따라 시장을 선점하여 매출을 증대시킬 수 있기에, 높은 수익을 실현할 수 있는 기반을 조성할 수 있는 단계이다.

② **성장기(growth)**

성장기는 높은 매출성장률과 급격한 시장점유율의 확대로 이익이 현저하게 증가하지만, 새로운 경쟁업체들이 시장에 진입하는 단계이다. 성장기에 있는 기업은 높은 성장률을 지속적으로 유지하기 위하여 품질을 개선하고 신제품을 개발하여야 한다. 또한 광고를 통해 경쟁제품에 대한 자사제품의 품질상 우위성과 성능에 대한 강점을 소비자들에게 인지시켜야하며, 시장점유율의 확대를 위하여 제품가격도 인하하여야 한다. 높은 성장률의 유지와 관련한 비용이 증가함에도 불구하고 매출의 급격한 증가와 제조원가의 현저한 감소로 이익이 크게 증가할 수 있다.

③ **성숙기(maturity)**

성숙기에는 시장수요가 포화상태에 도달함에도 불구하고 경쟁업체가 속출하여 기업 간의 경쟁이 심화되는 한편 매출성장률이 점차 둔화되는 단계이다. 그렇기에 최고점에 다다르면 이익은 감소하고 유휴시설이 발생한다. 성숙기에 있는 기업은 제품수정전략, 마케팅 믹스, 시장변경전략의 수정전략 등을 통해 전략적 변화를 추구해야 한다. 시장변경전략은 기존 시장에서 신규 시장으로 진출을 모색하는 전략으로, 제품의 상표인지도를 재정립하여야 한다. 제품수정전략은 신규 사용자나 사용률의 증대를 위해 품질 및 디자인과 같은 제품의 특성을 변경하는 전략이다. 마케팅 믹스의 수정 전략은 하나 혹은 그 이상의 마케팅 믹스 요소를 변경하여 매출을 증대시킬 수 있는 가능성을 모색하는 전략이다. 성숙기에서 경쟁력이 약한 기업은 실패하게 되고 경쟁력이 우수하고 경쟁우위가 확고한 기업은 생존하게 된다.

④ **쇠퇴기(decline)**

쇠퇴기는 수요량이 감소하고 새로운 기술개발, 소비자의 선호 변화, 새로운 경쟁자의 참여 등으로 인해 이익이 최저 단계가 된다. 따라서 쇠퇴기에는 생산 활동이 축소되거나 유통경로가 단축되기에 과거의 마케팅 전략을 고수하거나 새로운 사업으로 진출하는 전략을 택해야 한다.

3 기업분석

기업의 재무상태와 경영성과는 경제요인과 산업구조에 의하여 영향을 받으며, 또한 기업 내부의 질적 요인에 의해서도 영향을 받는다. 기업 내의 질적 요인으로 시장에서의 제품지위, 기업의 경쟁적 우위, 경영기능과 조직 등이 있으며, 이와 같은 내적 요인은 기업의 수익력과 위험에 영향을 미친다. 기업의 질적 요인은 다음과 같다.

(1) 제품 포트폴리오 관리

① 제품 포트폴리오 관리의 의의

제품이 판매됨으로써 기업의 수익이 발생하기에 제품구성과 시장지위를 평가함으로써 기업에 대한 현재와 미래의 수익력과 위험에 대한 정보를 얻을 수 있다. 제품구성을 평가할 때에는 제품의 종류와 매출액 구성비를 분석하고 각 제품의 비용구조와 공헌이익을 파악해야 한다. 기업이익에 가장 큰 공헌을 하는 제품이 무엇인지 과거 매출 추세와 매출 전망을 분석해야 한다. 또한 제품의 특성을 파악하고 경기변동에 따른 매출액과 기업이익에 공헌할 수 있는 예측자료를 구성해야 한다.

② 제품 포트폴리오 관리의 역할

제품의 시장점유율이 시장에서의 제품지위에 영향을 미치고, 기업은 자원배분을 분석하는 제품 포트폴리오 분석을 통하여 시장에서의 제품지위를 파악할 수 있다. 보스턴 컨설팅 그룹(Boston Consulting Group)의 BCG 매트릭스가 대표적인 분석도구이다.

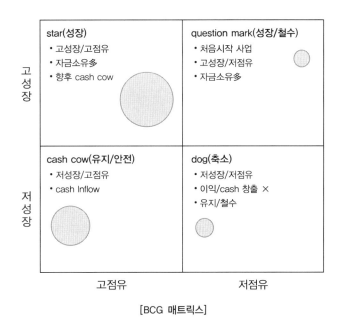

[BCG 매트릭스]

⊙ 물음표(question mark)

고성장 시장에 있으면서 시장점유율이 상대적으로 낮은 사업단위의 상태를 말한다. 일반적으로 다른 기업이 창조한 제품시장이 확대되게 되면 다수의 기업들이 해당 시장에 진입하게 된다. 따라서 많은 기업들의 사업단위들이 물음표(question mark)에서 시작한다. 만약 기업들이 투자를 위한 여력들이 있을 경우에는 가격인하, 생산시설의 확충 등의 계속적인 지원에 의해 시장점유율 육성전략(build)을 실행할 수 있다. 시장점유율 증대에 따라서 별(star)이 되거나 별(star)의 위치에 근접할 수 있다. 예를 들어 삼성전자는 컴퓨터 회사인 삼보컴퓨터보다 개인용 PC사업에서 후발 주자였지만 시장점유율 1위의 기업이 되었다. 물음표(question mark)의 상황을 지원하기 위해 자금이 풍부한 자금 젖소(cash cow)에서 지원될 수 있지만 이와 같은 여력이 없을 경우에는 제거될 수 있다. 이런 경우 기업은 수확전략(harvest)에 따라서 물음표(question mark)에 투자를 중단하고 결과적으로 물음표(question mark)는 시장에서 경쟁력을 잃게 된다. 때때로 경우에 따라서는 물음표(question mark)를 신속하게 제거하는 것이 좋다고 판단하면 철수전략을 택할 수도 있다.

ⓛ 별(star)

별(star)은 고성장 시장에 있으면서 시장점유율은 1위인 사업단위로서 시장 성장의 기회가 매우 좋고 경쟁우위를 지니기에 지속적인 지원이 바람직하다. 시장점유율이 매우 큰 별(star)에서는 유지전략이 적절하나, 시장점유율이 매우 크지 않은 경우에는 육성전략이 사용되기도 한다. 별(star)은 높은 시장점유율로 인하여 경험곡선효과에 의해 마진(margin)이 증대되는데 이 결과 많은 자금의 유입이 가능한 구간이다. 그러나 성장의 과정에 있는 시장에서 시장점유율을 유지하거나 늘린다면 많은 자금을 필요로 한다.

이와 같은 자금은 예를 들어 R&D(연구개발투자), 새로운 시설 투자, 기업의 촉진활동, 유통경로 개척 등에 투자된다. 그렇기에 별(star)에 유입되는 자금 중 상당 부분은 자체적으로 재투자를 위해 소모되게 된다. 특히 시장성장률이 매우 높고 경쟁력이 강하지 못한 별(star)의 경우에는 자금유입보다 자금소모가 더욱 많을 수도 있다. 보다 경쟁력이 강한 별(star)일수록 많은 자금을 유입하므로, 자금유입의 주요 원천이 된다. 또한 시장성장률이 둔화되거나 자금 젖소(cash cow)가 되면 자금유입의 주요 원천으로서 공헌을 하게 된다.

ⓒ 자금 젖소(cash cow)

자금 젖소(cash cow)는 저성장 시장에서 높은 시장점유율을 가진 사업단위로서 유지전략이 적용된다. 저성장 시장이기에 자금 젖소(cash cow)에 대한 적극적인 육성전략이 바람직하지는 않다. 그러나 경쟁자의 시장점유율 잠식에는 적절한 대응을 필요로 한다. 그래야 높은 시장점유율로부터 얻어지는 이익의 향유가 가능해진다. 투자의 필요성은 상대적으로 작지만 이익은 크기에 자금 젖소(cash cow)는 기업에게 자금을 가져다주는 역할을 한다(cash inflow). 자금 젖소(cash cow)에 의해 유입되는 자금은 물음표(question mark) 혹은 별(star)이나 새로운 사업단위를 개발 혹은 인수하는 데 이용된다.

ⓡ 개(dog)

개(dog)는 저성장 시장에서 약한 경쟁력을 지닌 사업단위로서, 이에 대해 기업이 기본적으로 선택하는 전략은 장기적 혹은 단기적으로 제거하는 방향이 적절하다. 개(dog)는 저성장 시장에 있기에 대개 기존 시장점유율의 유지노력이 크게 의미가 없으며 따라서 더 이상 투자지원을 하지 않게 된다. 그렇기에 장기적인 제거의 전략으로 수확전략(harvest)을 취하거나 사업단위의 보유자체가 기업에 자금압박을 초래한다면 단기적으로는 철수전략(divest)을 선택한다. 철수전략을 취할 때에는 한 번에 유입되는 자금을 다른 사업단위에 지원하거나 새로운 사업단위의 개발 또는 인수에 사용할 수 있다.

예를 들어 대우통신은 개인용 PC를 생산하는 미국 현지회사인 Leading Edge를 매각하여 PC 관련 R&D를 위한 법인을 설립하였다. 또한 LG전자는 수익성이 없다고 판단한 카메라 사업부를 철수하고 미국의 전자제품 생산업체인 Zenith를 인수하였다. 그러나 개(dog)의 단계에서는 다른 사업단위와 보완관계나 그 밖의 여러 가지 이유들에 의해 유지될 수 있다. 예를 들어 반도체 사업단위의 경우 사업부 자체의 경쟁력이 약할지라도 기업의 다른 사업단위(컴퓨터 사업단위의 자체적 사용을 위해)에 의해 유지될 수도 있다.

③ BCG 매트릭스의 특징과 장점

기업의 모든 사업단위들을 BCG 매트릭스에 표기하고 평가한다면 해당 기업의 전반적인 건강상태와 자금 조달능력을 한눈에 알 수 있다는 특징을 지닌다. 예를 들어 대부분의 사업이 자금 젖소(cash cow)에 위치한다면 기업은 자금동원능력 부분에서 매우 좋은 상태라는 것을 알 수 있고, 대부분의 사업들이 개(dog)에 위치하고 있다면 기업의 유동자금이 부족하고 기업 전체가 상당히 어려운 국면에 있다는 것을 말해준다. 기업의 가장 이상적인 상태는 자금 젖소(cash cow)에 큰 사업이 몇 개 있고 별(star)에 다수의 사업이 존재하는 경우일 것이다. BCG 매트릭스는 기업의 최고경영자에게 각 사업단위의 자원배분에 대한 지침을 제공하고, 존속시킬 사업과 처분해야 할 사업 그리고 기업의 목표를 달성하게 할 수 있는 사업이 무엇인지, 궁극적으로는 기업의 이상적인 균형을 알 수 있게 해주는 유용한 분석방법이라 할 수 있다.

이와 같은 맥락에서 BCG 매트릭스의 장점은 다음과 같다.

첫째, 산업에 대한 단순화와 유형화를 통해 상대비교에 의한 포지셔닝이 가능하다.

둘째, 동일한 조건에서 상대적 우선순위에 의한 비교가 가능하다.

셋째, 4분면의 구분을 통해 라이프 사이클과 연계가 가능하고 산업에 대한 신속하고 간단한 미래예측이 가능하다.

④ BCG 매트릭스의 한계점

첫째, 시장점유율의 개념을 어떻게 정립하는가에 따른 사업의 위상이 달라질 수 있다. 예를 들어 시장이 좁거나 혹은 넓게 정의될 수 있고, 점유율 또한 물량단위 혹은 금액에 의해 달리 계산될 수 있기 때문에 사업단위의 현재 위치에 대한 분석이 다소 유동적일 가능성이 크다는 단점이 있다.

둘째, 시장점유율과 현금 가치 창출과의 관계가 항상 기대했던 대로 나타나지 않는다는 것으로 높은 시장점유율이 반드시 높은 수익을 보장하지 않는 경우가 있기 때문이다.

셋째, 현금흐름에 대한 인식(내부적 균형)이 기업에서는 가장 중대한 사항이 아닐 수 있다.

넷째, BCG 매트릭스가 사업단위들과의 관계나 상호의존성을 무시하기에 사업부 간에 창출되는 시너지 효과에 대한 고려를 하지 못하고 있다.

다섯째, BCG 매트릭스에서 추천되는 전략들은 외부에 의해 야기될 수 있는 제약 요인들 때문에 항상 타당성을 지니는 것은 아니라는 단점을 지닌다.

(2) 경쟁우위분석

기업의 경쟁우위(competitive advantage)는 일시적인 것이 아닌 기업의 지속가능한 경쟁우위를 말한다. 기업의 경쟁우위는 시장에서의 성공과 밀접한 관계를 가지고 시장 환경의 일시적 변화 또는 경쟁기업의 활동으로부터 큰 영향을 받지 않는 장기적인 성격을 지닌다. 이와 같은 맥락에서 경쟁우위 확보는 기업의 장기적인 수익성과 위험에 긍정적인 영향을 미친다. 기업이 지닌 경쟁우위를 분석하는 기법으로는 크게 저원가 전략을 기반으로 한 경험곡선분석, 제품의 차별성을 기반으로 한 차별화분석 등이 이용된다.

① **경험곡선분석(experience curve analysis)**

원가는 기업의 경쟁적 우위를 결정하는 중요한 요인 중 하나이다. 그렇기에 기업의 경쟁적 위치를 평가하는 데 있어서 상세한 원가분석은 필수적이며, 이와 같은 분석기법 중 하나가 바로 경험곡선분석이다. 경험곡선은 기업의 축적된 생산 또는 마케팅의 경험에 따라 부가가치비용(value added cost)이 줄어드는 것을 말하며, 경험곡선에 적용되는 원가는 구매원가를 제외한 모든 부가가치비용인 간접생산비용, 광고비, 판촉비, 유통관리비, 기타 판매비와 관리비 등을 포함한다. 구매비용은 경험곡선에 제외되지만, 생산경험의 축적은 이와 같은 비용의 절감을 가져오기도 한다.

② **차별화분석(differentiation analysis)**

차별화분석은 기업의 제품이나 서비스 등이 경쟁기업이 따라올 수 없을 정도의 차이를 가지고 있는지를 평가하는 분석 방법이다. 제품의 품질은 제품의 성패를 결정하는 가장 중요한 요인으로서, 제품의 품질이 우수한 경우에는 매출이 증가하고 가격 인상도 가능하기 때문에 수익성에 크게 기여할 수 있다. 이와 같이 고객에 대한 서비스의 수준이나 질에 따라 차별화가 달라질 수도 있다. 뿐만 아니라 차별화의 결정요인으로는 전통적인 기업문화가 있다. 기업만이 가지고 있는 고유의 기업문화는 경쟁업체가 따라올 수 없는 경쟁적 우위를 제공하면서 수익성을 크게 한다.

○✕로 점검하자 | 제1장

※ 다음 지문의 내용이 맞으면 ○, 틀리면 ✕를 체크하시오. [1~10]

01 현대의 경영분석은 재무상태표, 손익계산서, 현금흐름표 등의 재무제표만을 이용하여 기업을 분석하는 것을 목적으로 한다. (   )

02 기업의 경영분석은 분석의 주체가 누구냐에 따라서 경영분석의 목적이 달라진다. (   )

03 대표적인 회계자료로는 재무상태표, 손익계산서, 현금흐름표 등이 있다. (   )

04 재무상태표는 자산을 역사적 원가(historical costs)에 의해 평가하는 경우 자산금액이 공정한 시장가치를 나타낸다고 볼 수 없다는 한계점이 있다. (   )

05 손익계산서는 일정 기간 동안 기업이 발생한 수익과 비용을 통해 해당 연도의 손익을 표시한 보고서를 말한다. (   )

06 주석(footnotes)은 재무제표상의 해당 과목이나 금액에 기호를 붙이고 별지에 회계정책과 회계처리의 세부내용, 주요 계정과목의 내역 등을 기재한 것을 말한다. (   )

정답과 해설   01 ✕   02 ○   03 ○   04 ○   05 ○   06 ○

01 현대 경영분석은 재무상태표, 손익계산서, 현금흐름표 등의 회계자료뿐만 아니라 다양한 기업 관련 자료를 통해 기업의 실체를 파악함으로써 미래를 예측하는 분석체계를 말한다.

02 기업의 이해관계자는 내부와 외부로 구분되고 내부 이해관계자(경영자), 외부 이해관계자(금융기관, 투자자, 신용평가사, 증권사, 정부, 고객 등)에 따라 그 목적을 달리한다.

03 기업의 회계자료는 기업의 재무상태에 대한 정보를 제공하는 재무상태표, 경영성과에 대한 정보를 제공하는 손익계산서, 그리고 현금흐름에 대한 정보를 제공하는 현금흐름표 등으로 구성되어 있다.

04 재무상태표는 질적 정보를 담지 못하며, 자산과 부채 및 소유지분을 실질적으로 평가하지 못한다는 한계점을 지닌다.

05 기업의 종합적인 경영성과를 나타내는 재무제표인 손익계산서는 매출총이익, 영업이익, 법인세비용차감전계속사업이익, 계속사업이익, 당기순이익 등으로 구성되어 있다.

06 주석은 재무제표의 이해가능성과 비교가능성을 높이는 데 필요한 양적, 질적 정보를 제공해 주는 역할을 한다.

07 경제분석의 주요 지표로는 경기, 통화량, 금리, 물가상승률 등이 있다. (   )

08 산업분석을 통해 산업의 미래 전망 기업의 수익과 위험을 추정할 수 있다. (   )

09 기업이 현재 사용하고 있는 유통경로 이외에 또 다른 유통경로가 존재하는지, 유통경로상 어떤 변화가 발생했는지, 그리고 유통경로에서 가장 큰 영향력을 미치는 집단이 어디인가를 파악하는 것을 제품수명주기분석이라 한다. (   )

10 기업의 경쟁우위(competitive advantage)는 일시적인 것이 아닌 기업의 지속가능한 경쟁우위를 말한다. (   )

정답과 해설   07 ○   08 ○   09 ×   10 ○

07   경제분석은 기업가치에 영향을 미칠 수 있는 거시경제변수의 수준과 변화를 예측하는 데 중점을 둔 분석을 말하며, 주요지표로는 경기지표, 통화량, 금리, 물가상승률 지표 등이 있다.

08   산업분석을 통해 관련 산업의 경제적 위치와 전망을 진단하는 한편 미래에 예상되는 기업 수익과 위험을 추정 가능하며, 대표적인 산업분석으로는 시장규모, 경쟁구조, 원가구조, 유통구조, 제품수명주기 등이 있다.

09   해당 설명은 유통경로분석에 대한 설명으로, 유통경로상의 변화추이를 파악하여 새로운 경로를 개발하는 것은 기업의 성장 전략이라는 차원에서 중요한 의미를 지닌다.

10   기업의 경쟁우위는 시장에서의 성공과 밀접한 관계를 가지고 시장 환경의 일시적 변화 또는 경쟁기업의 활동으로부터 큰 영향을 받지 않는 장기적인 성격을 말한다.

01 다음 중 경영분석의 의의로 옳지 <u>않은</u> 것은?

① 경영분석은 전통적 관점과 현대적 관점으로 구분된다.

② 회계자료만을 통한 분석을 경영분석이라 한다.

③ 재무제표분석은 대표적인 경영분석이다.

④ 현대 경영분석은 이해관계자들로 인해 정보 유형이 다양해지고 있다.

01 전통적 경영분석의 관점에서는 회계자료만을 이용했지만, 현대 경영분석의 경우에는 회계자료뿐만 아니라 다양한 기업 관련 자료를 통해 기업의 실체를 파악함으로써 미래를 예측하고 있다.

02 다음 빈칸에 적합한 말로 옳은 것은?

> 경영계획을 수립하거나 경영활동을 통제하는 데 필요한 정보를 얻기 위한 경영분석을 실시한다. 경영분석을 통해 취약점이 무엇이고 어느 부분이 _____ 가(이) 있는지를 파악함으로써 보완점과 _____ 가(이) 있는 부분의 강화가 가능하다.

① 기업가치   ② 비교우위
③ 역량   ④ 자원

02 경영분석의 목적은 경영분석을 통해 기업이 어느 부분에서 비교우위가 있는지를 찾는 것이다.

03 다음 중 외부 이해관계자로 옳지 <u>않은</u> 것은?

① 금융기관

② 증권분석기관

③ 정부

④ 경영자

03 기업을 둘러싼 이해관계자는 내부 이해관계자와 외부 이해관계자로 구분된다. 외부 이해관계자로는 금융기관 및 신용평가기관, 투자자 및 증권분석기관, 거래처, 고객, 정부 등이 있고, 내부 이해관계자로는 경영자, 임직원 등을 들 수 있다.

정답 (01 ②   02 ②   03 ④)

04 1960년대 말까지 경영분석이 정체되었는데, 그 이유로는 이해관계자들의 정보에 대한 욕구를 충족시키지 못했고, 재무이론의 발전에 부응하지 못하였다. 또한 기업의 실체를 대변하지 못하였기에 회계이익에 대한 부정적인 시각이 제기되었다.

04 다음 중 경영분석의 발전과정에 대한 설명으로 옳지 <u>않은</u> 것은?

① 경영분석이 시작된 시점은 회계제도의 정착에 따라 공식적 재무제표가 작성되기 시작한 이후부터이다.

② 1895년 미국의 뉴욕은행가협회에서 재무제표의 작성을 공식화하였다.

③ 세계 대공황 이후 기업들이 성장보다 생존을 선택하면서 보수적인 경영이 지배하며, 비율분석이 체계적으로 정리되기 시작했다.

④ 1960년대 경영분석은 체계적인 기법으로 성장하였다.

05 기업의 종합적인 경영성과를 나타내는 재무제표는 손익계산서이다. 손익계산서를 통해 기업이 발생한 수익과 비용을 대응시킴으로써 해당 연도의 손익을 알 수 있다.

05 재무상태표에 대한 옳은 설명을 모두 고른 것은?

ㄱ 자산, 부채, 자본에 관한 정보를 제공한다.
ㄴ 자금의 운용 상태를 나타낸다.
ㄷ 부채와 자본항목은 기업의 자금이 어떻게 조달하였는가를 보여주는 것으로서, 자금조달 원천인 자본조달 활동을 보여 준다.
ㄹ 기업의 종합적인 경영성과를 나타내는 재무제표이다.

① ㄱ, ㄴ, ㄷ
② ㄱ, ㄴ, ㄹ
③ ㄴ, ㄷ, ㄹ
④ ㄱ, ㄴ, ㄷ, ㄹ

정답 (04 ④ 05 ①)

06 다음 빈칸에 들어갈 말로 옳은 것은?

> _____은 매출액에서 매출원가를 차감한 값으로서, 생산 효율성을 측정하는 근거로 사용된다. _____이 높다는 것은 원자재의 원활한 구매 또는 숙련된 노동력으로 인한 생산 효율성이 높다는 것을 의미한다.

① 당기순이익
② 매출총이익
③ 기타수익
④ 금융이익

06 매출액은 재화나 서비스를 판매한 대가로 얻는 수익을 말하며, 매출원가는 재화나 서비스를 생산하는 과정에서 발생된 비용을 말한다. 매출총이익(gross profit)은 매출액에서 매출원가를 차감한 값이다.

07 다음 중 경영분석의 체계의 순서로 옳은 것은?

① 분석자료 - 경영분석시스템 - 분석정보 - 의사결정 - 의사결정시스템
② 분석자료 - 분석정보 - 경영분석시스템 - 의사결정시스템 - 의사결정
③ 경영분석시스템 - 분석자료 - 분석정보 - 의사결정시스템 - 의사결정
④ 분석자료 - 경영분석시스템 - 분석정보 - 의사결정시스템 - 의사결정

07 경영분석의 체계 순서는 '분석자료 - 경영분석시스템 - 분석정보 - 의사결정시스템 - 의사결정'의 순서를 통해서 이루어진다.

정답 06 ② 07 ④

※ 다음은 ㈜분석전자의 손익계산서이다. [08~09]

(단위 : 백만 원)

구분	2020년
수익(매출액)	230,400
매출원가	147,200
매출총이익	_____
판매비와 관리비	55,000
영업이익	_____
기타수익	1,778
기타비용	1,414
지분법이익	412
금융수익	10,161
금융비용	8,274

08 매출총이익은 매출액에서 매출원가를 차감한 값이다.
매출액(230,400) − 매출원가(147,200) = 83,200

08 ㈜분석전자의 매출총이익으로 옳은 것은?

① 99,000
② 54,200
③ 83,200
④ 82,300

09 영업이익은 영업활동에서 발생된 이익으로 매출총이익에서 판매비와 관리비를 차감한 값을 말한다.
매출총이익(83,200) − 판매비와 관리비(55,000) = 28,200

09 ㈜분석전자의 영업이익으로 옳은 것은?

① 27,200
② 43,500
③ 28,200
④ 55,000

정답 08 ③ 09 ③

10 기업 경영분석을 통해 파악할 수 있는 것을 모두 고른 것은?

> ㉠ 기업의 가치평가
> ㉡ 미래의 현금흐름
> ㉢ 미래 수익과 위험
> ㉣ 공식 보고구조

① ㉠, ㉢, ㉣
② ㉡, ㉢
③ ㉠, ㉡, ㉣
④ ㉠, ㉡, ㉢

10 기업의 경영분석은 현재 기업에 대한 정보 수집을 통해 기업정보를 파악하고 이와 같은 자료를 통한 분석 및 예측을 통해 기업가치 평가, 미래 현금흐름, 미래 수익성과 위험이라는 미래의 기업을 파악할 수 있다.

11 다음 중 손익계산서의 항목으로 옳지 <u>않은</u> 것은?

① 매출원가
② 유동자산
③ 매출총이익
④ 판매비와 관리비

11 손익계산서에 해당하는 계정 내용으로는 매출총이익, 매출원가, 판매비와 관리비, 당기순이익 등이 있다. 유동자산은 재무상태표의 계정 내용이다.

12 구매자가 공급자보다 더욱 유리한 상황으로 옳은 것을 모두 고른 것은?

> ㉠ 소수의 구매자가 존재할 경우
> ㉡ 타 공급업체로 전환 시 전환비용이 적을 경우
> ㉢ 구매자가 후방 통합을 실행할 경우
> ㉣ 많은 대체재가 존재할 경우

① ㉠, ㉡
② ㉠, ㉡, ㉢
③ ㉠, ㉡, ㉣
④ ㉠, ㉡, ㉢, ㉣

12 소수의 구매자가 존재할 경우, 타 공급업체로 전환 시 전환비용이 적을 경우, 구매자가 후방 통합을 실행할 경우, 많은 대체재가 존재할 경우, 구매자들이 가격 탄력성이 높을 경우 구매자의 교섭력이 공급자보다 더욱 높다.

정답 (10 ④ 11 ② 12 ④)

13　산업구조분석의 경쟁요인으로는 산업 내 경쟁자, 신규 진입자의 위협, 공급자의 교섭력, 구매자의 교섭력, 대체재의 위협이 있다.

13　다음 중 마이클 포터의 산업구조분석의 요소로 옳지 <u>않은</u> 것은?

① 임직원의 이직률
② 대체재의 위협
③ 구매자의 교섭력
④ 공급자의 교섭력

14　해당 내용은 판매비와 관리비에 대한 내용이다. 자산, 유동자산, 부채의 경우 재무상태표의 계정들이다.

14　다음의 내용에 해당하는 것은?

> 급여, 퇴직급여, 복리후생비, 지급수수료, 감가상각비, 세금과공과, 광고선전비, 경상개발비와 대손상각비 등 매출원가에 속하지 않는 모든 영업비용을 포함한다.

① 자산
② 유동자산
③ 부채
④ 판매비와 관리비

15　해당 내용은 제품수명주기에서 성장기에 대한 내용이다. 또한 성장기 기간에는 광고를 통해 경쟁제품에 대한 자사제품의 품질상 우위성과 성능에 대한 강점을 소비자들에게 인지시켜야 하며, 시장점유율의 확대를 위하여 제품가격도 인하하여야 한다.

15　다음 내용에 해당하는 제품수명주기는?

> 높은 매출성장률과 급격한 시장점유율의 확대로 이익이 현저하게 증가하지만, 새로운 경쟁업체들이 시장에 진입하는 단계이다. 또한 제품수명주기 하에서 해당 주기에 놓인 기업은 높은 성장률을 지속적으로 유지하기 위하여 품질을 개선하고 신제품을 개발하여야 한다.

① 도입기
② 성장기
③ 성숙기
④ 쇠퇴기

정답　13 ① 　14 ④ 　15 ②

16 다음 중 경쟁우위분석에 대한 설명으로 옳지 <u>않은</u> 것은?

① 기업의 경쟁우위는 일시적인 것이 아닌 지속가능한 경쟁우위를 의미한다.
② 시장에서 기업의 성공과 밀접한 관련을 지닌다.
③ 대표적인 경쟁우위분석에는 경험곡선분석, 차별화분석이 있다.
④ 저원가 전략을 기반으로 한 분석은 차별화분석이다.

16 경쟁우위를 분석하는 기법에는 크게 저원가 전략을 기반으로 한 경험곡선분석, 제품의 차별성을 기반으로 한 차별화분석이 있다.

17 다음 중 경제분석에 사용되는 지표로 옳지 <u>않은</u> 것은?

① 국민총생산
② 생산물가지수
③ 환율
④ 재무제표

17 기업의 미래현금흐름은 미래의 경제활동 수준에 따라서 영향을 받기에 경제활동 수준을 대변하는 경제성장률, 정책, 평가, 통화량, 금리 등과 같은 거시경제변수와 밀접한 관련성을 지닌 것들이다.

18 다음 중 경영분석의 목적으로 옳지 <u>않은</u> 것은?

① 분석주체에 따라 경영분석의 목적은 달라진다.
② 기업이 이해관계자는 기업 내부와 외부로 구분된다.
③ 기업 내부분석은 금융기관, 신용평가사, 투자자에 의한 분석을 말한다.
④ 내부분석을 통해 기업의 비교우위를 확인할 수 있다.

18 기업의 내부분석은 경영자가 경영관리를 위해 필요정보 획득을 목적으로 수행하는 경영분석을 말한다. 금융기관, 신용평가사, 투자자에 의한 분석은 기업 외부분석이다.

정답 16 ④ 17 ④ 18 ③

19 재무상태표는 결산일을 기준으로 기업의 자산, 부채, 자본 항목에 대한 재무정보를 제공하지만, 당기순이익의 경우 기업에 발생한 수익과 비용을 나타내는 손익계산서의 항목이다.

19 **다음 중 재무상태표의 항목으로 옳지 않은 것은?**

① 비유동자산
② 부채
③ 자본
④ 당기순이익

20 기업의 전반적인 건강상태와 자금조달능력을 한눈에 알 수 있는 BCG 매트릭스는 장점과 단점을 동시에 지닌다. 산업에 대한 단순화와 유형화를 통해 상대비교에 의한 포지셔닝이 가능하지만, BCG 매트릭스의 평가 축인 시장점유율에 대한 개념 정립의 문제나 현금흐름에 대한 기업의 인식정도의 일반화가 어렵다는 단점을 지닌다.

20 **BCG 매트릭스의 장점과 단점에 대한 설명으로 옳은 것을 모두 고른 것은?**

> ㉠ 기업의 전반적인 상태나 자금조달능력을 알 수 있다.
> ㉡ 사업에 대한 단순화와 유형화를 통해 상대비교에 의한 포지셔닝이 가능하다.
> ㉢ 시장점유율의 개념을 어떻게 정립하는가에 따라 사업 위상이 달라질 수 있다.
> ㉣ 기업의 현금흐름에 대한 인식이 기업에서는 가장 중요한 사항이 아닐 수 있다.

① ㉠, ㉡, ㉢, ㉣
② ㉠, ㉡, ㉣
③ ㉡, ㉢, ㉣
④ ㉠, ㉡, ㉢

정답 19 ④ 20 ①

주관식 문제

01 경영분석의 체계에서 빈칸에 알맞은 내용을 쓰시오.

분석자료 → ⃝ㄱ → 분석정보 → 의사결정시스템 → ⃝ㄴ

02 다음 빈칸에 들어갈 적합한 말을 쓰시오.

전통적 경영분석에서는 주로 재무상태표, 손익계산서, 현금흐름표 등의 재무제표를 이용하여 기업을 파악하는 데 초점을 맞추기에 ⃝ㄱ 이라 불린다. 반면, 현대 경영분석에서는 다양한 ⃝ㄴ 들의 요구에 따라 회계자료뿐만 아니라 경제동향, 산업동향 등의 기업 관련 자료도 이용된다.

01

정답 ㉠ 경영분석시스템 ㉡ 의사결정

해설 경영분석의 체계는 '분석자료, 경영분석시스템, 분석정보, 의사결정시스템, 의사결정' 순서로 이루어진다.

02

정답 ㉠ 재무제표분석 ㉡ 이해관계자

해설 전통적 경영분석은 회계자료에 기반하여 기업을 파악하였기에 재무제표분석이라 불렸지만, 현대 경영분석은 다양한 이해관계자들의 다양한 정보 요구로 인해 회계자료뿐만 아니라 경제 및 산업에 대한 정보도 이용된다.

03

정답 직접법, 간접법

해설 직접법은 현금을 수반하여 발생한 수익 또는 비용항목을 총액으로 표시하되, 현금유입액은 원천별로, 현금유출액은 용도별로 분류하여 표시하는 방법을 말한다. 간접법은 당기순이익(또는 당기순손실)에 현금의 유출이 없는 비용 등을 가산하고 현금의 유입이 없는 수익 등을 차감하며, 영업활동으로 인한 자산·부채의 변동을 가감하여 표시하는 방법을 말한다.

04

정답 ㉠ 역사적 원가 ㉡ 시장가치

해설 재무상태표는 자산을 역사적 원가에 의해 평가할 경우 자산금액의 공정 시장가치를 알기 어렵다는 단점이 있다.

03 현금흐름표의 두 가지 작성형태를 쓰시오.

04 다음 빈칸에 들어갈 적합한 말을 쓰시오.

> 재무상태표는 다음과 같은 한계점을 지닌다. 첫째, 재무상태표에서는 자산을 [㉠]에 의해 평가하는 경우 자산금액이 공정한 [㉡]를 나타낸다고 볼 수 없다는 점이다.

05 BCG 매트릭스 중 물음표(question mark)에 주요한 전략 3가지를 쓰시오.

06 경영분석의 의의에 대해 기술하시오.

07 제품수명주기의 순서를 기술하시오.

05

정답 • 육성전략(build)
• 수확전략(harvest)
• 철수전략(divest)

해설 BCG 매트릭스 중 물음표(question mark)는 육성전략(build), 수확전략(harvest), 철수전략(divest), 별(star)은 유지전략(hold), 육성전략(build), 자금 젖소(cash cow)는 유지전략(hold), 개(dog)는 수확전략(harvest), 철수전략(divest)의 주요전략 유형의 적용이 적절하다.

06

정답 과거와 현재의 재무 상태와 기업성과를 파악하고 기업 관련 국내외 경제동향, 산업동향, 기업동향 등의 자료를 통해 기업의 미래를 분석하는 것을 말한다.

07

정답 도입기 → 성장기 → 성숙기 → 쇠퇴기

해설 제품수명주기는 기업이 질적 분석의 방법으로서, 하나의 제품이 시장에 도입되어 쇠퇴하는 과정을 말한다. 각 시기별 과정에 따라 기업의 전략적 행동이 달라진다는 특징을 지닌다.

08

정답 기업이익에 가장 큰 공헌을 하는 제품이나 서비스가 무엇인지 과거 매출 추세와 매출 전망을 분석함으로써, 제품의 특성을 파악하고 경기변동에 따른 매출액과 기업이익에 공헌할 수 있는 예측을 가능하게 한다.

08 질적 분석의 하나인 제품 포트폴리오 분석이 지니는 의미를 쓰시오.

09

정답 경험곡선분석, 차별화분석

해설 경쟁우위 확보는 기업의 장기적인 수익성과 위험에 긍정적인 영향을 미친다. 기업이 지닌 경쟁우위를 분석하는 기법은 크게 저원가 전략을 기반으로 한 경험곡선분석, 제품의 차별성을 기반으로 한 차별화분석 등이 이용된다.

09 기업의 경쟁우위를 분석하기 위해 활용되는 기법 2가지를 쓰시오.

10

정답 경험곡선효과는 기업의 축적된 생산 또는 마케팅의 경험에 따라 부가가치 비용(value added cost)이 줄어드는 것을 의미한다.

10 경험곡선효과의 개념을 간략히 쓰시오.

11 마이클 포터의 산업구조분석에서 제시된 요인 다섯 가지를 쓰시오.

11

정답 신규 진입자의 위협, 산업 내 경쟁자의 위협, 공급자의 교섭력, 구매자의 교섭력, 대체재의 위협

해설 산업의 구조(structure)에 따라 산업에 존재하는 경쟁 정도가 달라진다고 가정하는 것을 산업구조분석이라 말한다. 이와 같이 기업이 속한 해당 산업의 경쟁 정도를 결정하는 요인은 신규 진입자의 위협, 산업 내 경쟁자의 위협, 공급자의 교섭력, 구매자의 교섭력, 대체제의 위협을 들 수 있다.

12 현대 경영분석의 특성에 대해 기술하시오.

12

정답 현대 경영분석은 회계자료뿐만 아니라 다양한 기업 관련 자료를 통해 기업의 실체를 파악함으로써 미래를 예측하는 분석체계로, 재무제표뿐만 아니라 국내외 경제동향, 산업동향, 기업동향 등과 같은 기업과 관련된 모든 요인을 분석대상으로 삼는다.

13 자본변동표에 대해 기술하시오.

13

정답 자본변동표는 해당 회계기간 동안 발생한 소유주지분의 변동을 표시하는 재무보고서로서 자본금, 자본잉여금, 자본조정, 기타포괄손익누계액, 이익잉여금 등의 변동에 대한 포괄적인 정보를 제공하는 특징이 있다.

14

정답 기업가치에 영향을 미칠 수 있는 거시경제변수의 수준과 변화를 예측하는 데 중점을 둔 분석으로서, 분석대상인 거시경제지표의 범위가 넓고 정형화된 분석방법이 정해져 있지 않기 때문에 신중하고 충분한 경험에서 오는 판단력이 요구된다.

14 경제분석의 의미에 대해 간략히 쓰시오.

15

정답 자금 젖소는 저성장 시장에서 높은 시장점유율을 지닌 사업단위로서 유지전략이 적용되고, 저성장 시장이기에 자금 젖소에 대한 적극적인 육성 전략은 바람직하지 않지만, 경쟁자의 시장 잠식에는 적절한 대응을 필요로 한다.

15 BCG 매트릭스에서 자금 젖소(cash cow)에 대해 설명하시오.

제 2 장

재무비율 분석

제1절   재무비율의 의의, 분류
제2절   비율분석의 계산과 경제적 의미
제3절   비율분석의 유용성과 한계
제4절   비율분석의 보완
실전예상문제

교육이란 사람이 학교에서 배운 것을 잊어버린 후에 남은 것을 말한다.

– 알버트 아인슈타인 –

제 2 장 │ 재무비율 분석

1 재무비율 분석의 의의

(1) 재무비율의 의의

① 재무비율의 역할

재무상태표, 손익계산서, 현금흐름표 등과 같은 재무제표를 분석하여 기업 재무상태와 경영성과를 파악할 수 있다. 그러나 재무제표의 내용은 매우 복잡하기에 재무제표를 직접적으로 분석하여 의사결정에 필요한 정보를 쉽게 파악하는 것은 어렵다. 그렇기에 재무제표에 포함된 정보를 쉽게 파악할 수 있는 수단이 필요하며, 이를 위해 고안된 것이 재무비율이다. 재무비율은 경제적 의미와 논리적 관계가 분명한 재무제표의 한 항목을 다른 항목에 대하여 비율로 나타낸 것이다. 따라서 비율분석이란 재무비율의 경제적 의미를 분석하여 기업의 재무상태와 경영성과를 평가하는 기법이라 할 수 있겠다. 재무제표는 다양한 항목으로 구성되어 있고 이와 같은 항목들을 이용하여 다양한 재무비율을 계산할 수 있다. 그러나 의미 있는 재무비율을 얻기 위하여 논리적이거나 경제적인 관계가 분명한 항목끼리 연결시켜 재무비율을 산출해야 한다.

② 재무비율의 기능

재무비율이란 기업의 재무적 건강상태에 대한 신호이며 징후를 파악하는 데 이용되는 하나의 분석수단이며, 재무비율에 의해 기업의 경영상태가 건실한지 과학적으로 진단해보는 것이다. 따라서 재무비율을 적절하게 해석함으로써 추가적인 분석이 필요한 분야가 무엇인지 파악 가능하다. 비율분석은 개별항목에 대한 분석을 통해 탐지하기 어려운 기업의 재무적 건강상태를 파악하는 데 용이하다.

경영자들은 경영실적 평가와 경영의 합리화나 자금조달결정 또는 투자결정 등에 필요한 정보를 얻기 위하여 비율분석을 실시한다. 투자자들의 경우 투자하고자 하는 기업의 미래수익, 배당지급능력, 또는 투자위험 등을 파악하기 위하여 비율분석을 실시하며, 금융기관은 거래처, 원리금 상환능력, 수익성 등을 파악하기 위해 비율분석을 실시한다. 정부나 공공기관의 경우 기업의 경영실태 파악과 정책 수립을 위해 비율분석을 이용한다. 비율분석이 다양한 기업의 이해관계자들의 의사결정에 도움을 주는 정보로서 효과적으로 수행되기 위해서는 재무비율을 구성하는 항목에 대한 정확한 측정과 영향력 있는 요인을 정확히 파악해야 하며, 비율분석의 결과를 올바르게 해석해야 한다.

(2) 재무비율에 영향을 미치는 요인

① 재무비율의 영향요인

재무비율은 전반적인 경제상황이나, 산업 내 위치, 경영정책과 회계처리방법 등에 따라 영향을 받는다. 특히 다양한 회계처리방법이나 회계기준의 변경 등은 재무비율에 영향을 미치기에 여러 기업의 재무비율을 상호 비교하거나 또는 한 기업의 재무비율을 기간별로 상호 비교하는 것 또한 쉽지 않다.

② 재무비율의 조건

재무비율의 비교가능성(comparability)과 일관성(consistency)의 결여는 비율분석의 결과를 해석하는 데 오류를 주기도 한다. 그렇기에 재무비율을 구성하는 각 항목들은 타당하고 일관성이 확보되어야 한다. 여러 가지 기업의 재무비율을 상호 비교하거나 한 기업의 재무비율을 상호 비교할 때 일관된 회계처리방법을 적용하였는가를 확인해야 한다. 특히, 산업 간의 특성 차이가 있거나 기업의 인수 또는 합병 등과 같은 구조적 변화가 일어나는 경우, 비교가능성 또는 일관성을 확보하기 위해 비교목적에 적합하도록 재무제표의 항목 값을 수정해야 한다. 또한 재무비율의 타당성은 구성 항목의 수치에 대한 신뢰성이 기반되어야 하기에 기업의 내부통제시스템이 불완전하고 회계자료의 신뢰성에 문제가 있는 경우 재무비율 분석은 신뢰성에 문제가 생긴다.

(3) 재무비율의 해석

① 재무비율의 해석 시 특징

대다수의 재무비율 분석은 재무제표의 한 항목을 다른 항목으로 나누어 측정된다. 이와 같은 재무비율은 분자항에 영향을 미치는 변수가 분모항에도 영향을 미치기에 재무비율 분석에 유의해야 한다. 예를 들어 매출원가를 절감시킴으로써 매출액에 대한 순이익이 개선될 수 있다.

② 재무비율의 해석 시 유의사항

매출원가를 절감시킴으로써 매출액에 대한 순이익이 개선될 수 있으나, 무리한 원가절감으로 인해 매출액이 감소하거나 시장점유율이 하락하는 경우에는 비록 외견상 수익성이 개선되었다 할지라도 이러한 수익성 개선은 장기적으로 기업의 미래에 좋지 않은 영향을 미칠 수 있다는 점을 유의해야 한다. 또한 객관적인 표준비율과 비교함으로써 의미 있는 정보를 얻을 수 있으며, 일정 기간 동안 비율의 변화 추세를 관찰함으로써 유용한 정보를 얻을 수 있게 된다.

2 재무비율의 분류와 표준비율

(1) 재무비율의 분류

재무비율은 재무제표상의 두 가지 항목을 대응시킴으로써 측정할 수 있기에 수많은 재무비율의 계산이 가능하다. 이와 같이 수많은 재무비율을 모두 계산하는 일은 시간적 또는 경제적 측면에서 비효율적이다. 따라서 분석목적에 적합한 재무비율을 선정하여 분석해야 한다. 재무비율은 분석자료, 분석방법과 경제적 의미에 따라 여러 가지 형태로 구분되고 있으며, 일반적으로 이용되고 있는 분류방법에 따라 분류하면 다음과 같다.

① 분석자료에 의한 분류

재무비율을 분석하는 가장 손쉬운 방법은 자료의 원천에 따라 분류하는 방법이다. 이와 같은 경우 재무비율은 정태적 비율과 동태적 비율로 구분된다. 정태적 비율과 동태적 비율은 일정 시점을 기준으로 한 재무자료에 기초하여 계산되는지 아니면 일정 기간을 기준으로 한 재무자료에 기초하여 계산되는지에 따라 분류된다.

정태적 비율은 일정 시점에서 기업의 재무상태를 나타내는 정태적 재무보고서인 재무상태표상의 두 항목을 대응시켜 계산되는 재무비율로서 재무상태표 비율이라고도 한다. 동태적 비율은 일정 기간 동안 경영성과를 나타내는 동태적 재무보고서인 손익계산서상의 두 항목을 대응시키거나 또는 재무상태표 항목과 손익계산서상의 항목을 대응시켜 계산한 재무비율로써 손익계산서 비율이라고도 불린다. 대표적으로, 유동부채와 유동자산을 대응시킨 유동비율, 매출액에 순이익을 대응시킨 매출액순이익률과 매출액에 총자산을 대응시켜 계산되는 총자산회전율이 그것이다.

② **분석방법에 의한 분류**

재무비율은 분석방법에 따라 **관계비율**과 **구성비율**로 구분된다.

관계비율은 재무제표상의 두 항목을 대응시켜 측정되는 재무비율로서, 흔히 항목비율이라고도 한다. 한편, 구성비율은 총자산 또는 매출액에서 각 항목이 차지하는 비중을 비율로 나타낸 것이다. 구성비율은 공통형 재무상태표와 공통형 손익계산서에서 각 항목의 비율을 의미한다. 공통형 재무상태표는 총자산을 100으로 하여 각 항목을 총자산에 대한 백분율로 표시한 재무상태표이며, 공통형 손익계산서는 매출액을 100%로 하여 각 항목을 매출액에 대해 백분율로 표시한 손익계산서이다.

③ **분석목적에 의한 분류**

재무비율은 정태적 비율과 동태적 비율 그리고 관계비율과 구성비율 등과 같이 자료의 원천이나 분석방법에 따라 구분된다. 그러나 기업의 재무상태와 경영성과를 분석하는 데 비율분석의 목적이 있기 때문에, 재무비율을 분석할 때에는 각 재무비율이 어떤 경제적 의미를 지니는지 먼저 파악해야 한다. 그렇기에 경제적 의미에 따라 재무비율을 분류하는 방법이 가장 널리 이용되고 있는 분류방법 중의 하나이다. 재무비율의 경제적 의미에 따른 분류는 이용자의 분석목적과도 부합된다. 재무비율을 분석하는 방법은 연구자나 분석주체 및 기관에 따라서 상이한데, 경영분석에서는 재무비율을 경제적 의미에 따라 유동성비율, 자본구조비율, 효율성비율, 수익성비율, 성장성비율, 생산성비율 및 시장가치비율 등으로 분류하였다. 다음은 그 분류내용을 보여준다.

[재무비율의 분류 및 경제적 의미]

분류	경제적 의미	관련 비율
유동성비율	단기채무지급능력을 측정	유동비율, 당좌비율, 순운전자본구성비율 등
자본구조비율	부채의존도를 나타내는 것으로 기업의 장기채무지급능력을 측정	부채비율, 자기자본비율, 고정비율, 이자보상비율 등
효율성비율	보유자산의 이용효율성을 측정	매출채권회전율, 재고자산회전율, 유형자산회전율, 총자산회전율 등
수익성비율	매출 또는 투자에 대한 수익성을 나타내는 것으로, 경영의 총괄적 효율성을 측정	총자산순이익율, 자기자본순이익율, 매출액순이익율 등
성장성비율	외형 및 수익의 성장가능성을 측정	총자산증가율, 매출액증가율, 순이익증가율 등
생산성비율	생산요소의 성과를 측정	부가가치율, 노동생산성, 자본생산성 등
시장가치비율	주식시장에서의 평가를 측정	주가수익비율, 주가장부가치비율, 토빈의 q비율 등

(2) 표준비율

재무비율을 이용하여 기업의 재무상태와 성과를 평가할 때 기준이 되는 재무비율을 표준비율(standard ratio)이라 한다. 표준비율로 이용되는 재무비율에는 산업평균비율, 경쟁기업의 재무비율, 경험적 재무비율, 과거평균비율 등이 있다.

① 산업평균비율

산업평균비율은 표준산업분류와 같은 일정한 기준에 따라 산업을 분류하여 해당 산업에 속해 있는 모든 기업의 재무비율의 평균값을 말한다. 산업평균비율은 재무비율의 비교기준인 표준비율로 가장 널리 사용되고 있으며, 산업평균비율을 표준비율로 이용하는 경우 재무비율을 산업평균비율과 비교함으로써 재무상태와 경영성과가 양호한지 또는 불량한지를 평가할 수 있다. 그러나 산업평균비율을 표준비율로 사용할 때에는 다음과 같은 몇 가지 유의점이 존재한다.

첫째, 대부분의 기업이 하나의 제품만을 생산하지 않고 여러 가지 형태의 제품을 생산하고 있기에 특정 산업으로 분류하는 것은 현실적으로 어렵다는 점이다.

둘째, 산업평균비율은 영업특성, 영업규모 및 회계처리방법 등이 유사한 기업들을 하나의 산업으로 분류하기에 평균비율을 측정해야 한다는 점이다. 그러나 현실적으로 영업특성, 영업규모 및 회계처리방법 등의 유사성을 충족시키는 기업을 찾기는 힘들다.

셋째, 원재료, 생산공정 또는 최종 제품 등에 따라 산업의 분류방법이 다양하기에 분석목적에 따라 적합한 방법으로 산업을 분류해야 한다는 점이다. 예를 들어 생산공정의 효율성을 평가하고자 하는 경우 생산공정의 유사성에 따라 분류된 산업의 평균비율을 표준비율로 활용해야 하고, 생산성을 평가할 때는 원재료의 유사성에 따라 분류된 산업의 평균비율을 이용해야 한다. 기업의 위험도를 측정하기 위한 목적이라면 위험의 크기에 따라 분류된 산업의 평균비율을 활용하는 것이 옳다.

우리나라의 경우 산업별 평균비율은 한국은행의 '기업경영분석'에서 얻을 수 있다. 기업경영분석에 수록된 산업평균비율을 기업규모에 따라 가중평균한 비율을 의미하는데, 다음은 산업평균비율들을 보여준다.

[제조업의 산업평균비율]

재무비용	20X6년	20X7년
유동성비율		
유동비율(%)	138.82	144.74
당좌비율(%)	107.59	109.21
순운전자본구성비율(%)	11.47	12.59
현금비율(%)	18.40	18.21
현금비용방어기간(일)*	80.21	79.45
자본구조비율		
부채비율(%)	76.99	73.55
자기자본비율(%)	56.50	57.62
비유동비율(%)	104.39	102.84
비유동장기적합률(%)	83.72	82.47
이자보상비율(배)	8.27	6.23
고정금융비용보상비율(배)*	6.15	4.87
효율성비율		
매출채권회전율(회)	6.11	6.3

매출채권회수기간(일)	46.92	46.26
재고자산회전율(회)	10.28	9.52
재고기간(일)	17.88	16.33
유형자산회전율(회)	2.56	2.52
총자산회전율(회)	0.93	0.92
수익성비율		
총자산이익률(%)	5.82	5.01
자기자본이익률(%)	10.41	8.79
매출액총이익률(%)	7.94	7.32
매출액영업이익률(%)	7.59	7.28
매출액순이익률(%)	6.26	5.46
성장성비율		
총자산증가율(%)	6.49	5.13
매출액증가율(%)	9.01	4.00
순이익증가율(%)	16.26	−55.53
생산성비율		
부가가치율(%)	26.53	26.16
노동생산성(백만원)	83.23	72.12
총자본투자효율(%)	20.88	20.50

* 한국은행 홈페이지(www.bok.or.kr)에 접속하여 연구자료−연간−기업경영분석을 다운받거나, 경제통계시스템에 접속하여 산업자료의 탐색이 가능함

② **경쟁기업의 재무비율**

경쟁기업의 재무비율 또는 산업 내의 대표적인 기업의 재무비율을 표준비율로 이용할 수 있다. 다양한 업종의 사업부를 운영하고 있는 기업의 재무비율 분석을 시행할 때는 특정 산업의 평균비율을 표준비율로 이용하는 데 어려움이 존재하기에 산업평균비율보다 영업활동의 특성 또는 규모면에서 유사한 경쟁업체 재무비율을 표준비율로 이용하는 것이 바람직하다. 또한 산업을 선도하는 대표적인 기업의 재무비율을 표준비율로 이용할 수 있다. 대부분의 기업은 산업을 선도하는 기업으로 성장하기를 원하고, 따라서 선도기업의 재무비율을 기준으로 재무비율을 분석하여 취약한 부분과 우위에 있는 부분을 파악할 수 있으며, 선도기업으로 성장하는 데 필요한 경영전략의 수립에 필요한 정보를 얻을 수 있다.

③ **경험적 재무비율**

경험적 재무비율은 오랜 기간에 걸쳐 체험적으로 습득된 이상적인 재무비율을 의미하는데, 자금을 대출해 준 기업이 파산함으로 인해 금융기관이 원리금을 회수할 목적으로 유동자산을 처분 시 절반 정도의 값을 받을 수 있다는 사실은 경험을 통해 알려져 있다. 그렇기에 금융기관에서는 유동비율이 200% 이상이 되어야 유동성이 양호하다고 평가하며, 당좌비율은 100% 이상, 자기자본비율은 50% 이상, 부채비율 또는 비유동비율은 100% 이하의 기준을 설정하는 것은 모두 경험적으로 설정된 비율이다. 그러나 경험적 재무비율은 특정 국가의 정치 및 경제적 특성, 사회문화적 특성, 금융환경 그리고 기업이 속한 국가의 산업과 기업규모 등에 따라 달라질 수 있다. 그리고 분석자에 따라 경험적 재무비율의 수준이 다를 수 있기 때문에 절대적인 기준에 따라 경험적 재무비율을 설정하는 것이 무조건 옳다고 할 수는 없다.

④ 과거평균비율

과거평균비율을 기업분석에 있어서 표준비율로 사용할 수 있는데, 과거평균비율을 표준비율로 이용함으로써 해당 기업의 재무상태 및 경영성과의 변동추세뿐만 아니라 특정 비율의 변동원인도 쉽게 파악할 수 있게 된다.

제2절 비율분석의 계산과 경제적 의미

재무비율은 분석목적에 따라 유동비율, 자본구조비율, 효율성비율, 수익성비율, 성장성비율, 생산성비율 및 시장가치비율 등으로 구분된다. 여기서 분석목적에 따라 분류된 주요 재무비율의 경제적 의미를 살펴보도록 한다.

1 유동성비율(liquidity ratio)

유동성비율은 단기채무를 상환할 수 있는 능력을 측정하는 재무비율로서, 일반적으로 단기채무지급능력비율이라고도 한다. 유동성은 단기에 자산을 현금화시킬 수 있는 정도를 의미하는데, 단기란 기업의 정상적인 영업주기로서 일반적으로 1년의 기간을 의미한다. 영업주기는 원료구입, 생산, 판매 및 대금회수가 이루어지는 기간을 의미한다. 유동자산은 단기간에 처분하여 현금화시킬 수 있는 자산이기 때문에 유동성은 유동자산과 유동부채의 크기에 따라서 달라지며, 만약 유동부채가 유동자산을 초과할 때 유동성은 취약하다 할 수 있다. 또한 유동성이 부족한 경우 유형자산 등을 비정상적인 가격으로 매각하거나 또는 높은 이자율을 부담해서라도 급하게 차입하여야 한다. 따라서 유동부채에 지나치게 의존하는 경우에는 심각한 손해를 입을 뿐만 아니라 최악의 경우 지급불능상태에 빠져 파산할 수도 있다. 또한 유동성 부족으로 인해 원재료 등의 구입 시 상대적으로 유리한 할인혜택을 받을 수 없거나 수익성 사업기회를 포기해야 하는 제약을 받을 수도 있다.

유동성에 가장 높은 관심을 보이는 이해관계자는 대출을 실행하는 금융기관과 신용을 통해 원재료를 판매하는 납품업체 등이 있다. 현금 및 현금성자산, 매출채권, 단기금융자산, 재고자산 등과 같은 유동자산은 판매활동을 지원하기 위해 보유하는 자산이기에, 수익성이 아주 낮은 반면 유동성이 높은 자산이다. 유동성을 높이기 위해서는 유동자산을 과다하게 보유하는 경우 기업의 수익성이 낮아지게 됨을 유의해야 하고, 기업은 유동성 부족에 따르는 손실과 유동성 확보에 따른 수익성 저하의 두 가지 측면을 충분히 고려해서 적정 수준의 유동성을 유지해야 한다. 유동비율을 이용한 단기채무지급능력을 측정할 때 다음과 같은 조건이 있다.

첫째, 유동자산을 구성하는 각 항목에 따라 유동성의 정도가 다르다는 점이다. 여기서 말하는 유동성은 정상가격으로 현금화시킬 수 있는 정도를 의미한다. 유동자산 중에는 당좌자산이 재고자산보다 유동성이 높고, 당좌자산 중에는 '현금 및 현금성자산, 단기금융자산, 매출채권' 등의 순서로 유동성이 높다.

둘째, 기업의 유동성은 유동자산의 이용효율성과 관련이 있다. 재고자산의 경우 현금이나 매출채권으로 전환되는 속도, 매출채권이 현금으로 회수되는 속도, 매입채무가 현금으로 지급되는 속도 등이 유동자산의 이용효율성과 직접적으로 관련이 있다. 따라서 유동성을 정확하게 평가하기 위해서는 유동자산의 효율적 이용정도를 측정하여 재무비율에 대한 분석을 명확히 해야만 한다.

셋째, 유동성이 높다고 하여 반드시 단기채무지급능력이 높다는 것을 의미하지는 않는다. 단기채무를 상환하는 데 이용할 수 있는 것은 현금이기에 현금 이외의 유동자산이 많더라도 지급불능상태에 빠질 수 있다. 반대로 현금 이외의 유동자산이 부족할지라도 부채수용능력이 높을 경우 지급불능상태에 빠지지 않고 정상적인 영업활동이 가능하다. 따라서 단기채무지급능력을 분석할 때 기업의 부채수용능력, 현금보유상태 등에 분석을 병행하는 것이 좋다.

(1) 유동비율(current ratio)

유동비율은 기업의 단기채무지급능력을 측정하는 재무비율로 일반적으로 **은행가비율**(banker's ratio)이라 불린다. 유동비율은 단기채권자의 청구권이 유동자산에 의해 어느 정도 충당될 수 있는지를 나타내는 지표로 다음과 같이 계산된다.

$$유동비율(\%) = \frac{유동자산}{유동부채} \times 100$$

유동비율이 높다는 것은 단기채무지급능력이 양호하다는 것을 의미한다. 일반적으로 유동비율이 200% 이상일 경우 바람직하다고 평가한다. 유동부채를 초과하는 유동자산은 유동자산의 처분 또는 청산 시 발생할 수 있는 손실에 대한 방어의 역할을 한다. 방어 역할을 하는 금액이 클수록 채권자에게 유리하기에, 유동비율은 유동자산의 가치감소에 대한 안전수준을 측정하는 지표이다. 유동비율의 적정수준에 대한 판단은 분석주체에 따라 달라질 수 있다. 특히 공급업체와 같은 단기채권자의 입장에서 보면 유동비율이 높을수록 청구권의 회수가능성이 높아짐을 의미하기에 유리하다. 그러나 경영자의 입장에서 보면 높은 유동비율은 유동성을 나타내기도 하지만 현금이나 단기자산을 비효율적으로 운용하고 있다는 의미이기도 하다.

제1장에서 제시한 분석전자의 재무제표를 이용하여 유동비율을 구하면 다음과 같다. 분석전자의 경우 유동비율이 20X6, 20X7년 모두 산업평균에 비해 상당히 양호한 것으로 나타났다. 따라서 단기채무지급능력에는 문제가 없는 것으로 판단된다.

[분석전자의 유동비율(%)]

연도	분석전자	산업평균
20X6년	$\frac{174,697,424}{69,081,510} \times 100 = 252.88$	138.82
20X7년	$\frac{181,385,260}{63,782,764} \times 100 = 284.37$	144.74

(2) 당좌비율(quick ratio)

당좌비율은 산성시험비율(acid test ratio)이라고도 불리며, 유동자산에서 재고자산을 차감한 당좌자산을 유동부채로 나눈 비율로 계산된다.

$$당좌비율(\%) = \frac{당좌자산}{유동부채} \times 100$$

유동자산에서 재고자산을 차감하는 이유는 재고자산의 경우 판매과정을 통해 현금화로 전환되는 속도가 비교적 늦을 뿐만 아니라 현금화되지 못할 가능성도 있기 때문이고, 또한 재고자산을 청산할 때 매각 손실의 위험 가능성이 가장 큰 자산이기 때문이다. 그렇기에 당좌비율은 재고자산의 처분을 고려하지 않은 상황에서 단기채무를 상환할 수 있는 단기채무지급능력을 측정하는 비율이기에, 유동비율보다 유동성 측면을 더 강조하는 비율이다. 당좌비율이 높을수록 단기채무지급능력이 좋다는 것을 의미하며, 일반적으로 당좌비율이 100% 이상이어야 바람직하다 평가된다. 또한 당좌비율은 유동비율의 보조지표로서, 특히 경기에 민감하고 높은 재고자산을 보유한 기업의 단기채무지급능력 평가 시 유용한 지표이다. 유동비율이 양호하지만 그럼에도 불구하고 당좌비율이 불량한 경우 그 원인은 재고자산의 과다한 보유 때문인 것으로 추정해 볼 수도 있다. 분석전자의 재무제표를 이용하여 유동비율을 구하면 다음과 같다. 분석전자의 경우 당좌비율이 20X6, 20X7년 모두 산업평균에 비해 상당히 양호한 것으로 나타났다.

[분석전자의 당좌비율(%)]

연도	분석전자	산업평균
20X6년	$\frac{174,697,424 - 28,984,704}{69,081,510} \times 100 = 210.92$	107.59
20X7년	$\frac{181,385,260 - 26,766,464}{63,782,764} \times 100 = 242.41$	109.21

(3) 순운전자본구성비율(net working capital to total assets)

순운전자본은 유동자산에서 유동부채를 차감한 금액이다. 따라서 순운전자본이 플러스(+)의 값을 보일 경우에는 유동자산으로 유동부채를 상환한 후에도 여유가 있다는 것을 의미한다. 한편 순운전자본이 마이너스(−) 값을 보인다는 것은 유동자산으로 유동부채를 충분히 상환할 수 없다는 것을 의미한다. 기업규모에 따라서 필요한 순운전자본의 크기가 달라질 수 있기 때문에 총자산에서 순운전자본이 차지하는 비율을 이용하여 단기유동성을 파악할 수 있고, 이는 기업의 파산 예측에서 많이 사용된다. 순운전자본구성비율은 기업의 단기채무지급능력의 기초가 되는 재무비율로서, 다음과 같이 계산된다.

$$순운전자본구성비율(\%) = \frac{순운전자본}{총자산} \times 100$$

분석전자의 재무제표를 이용하여 순운전자본구성비율을 구하면 다음과 같다. 분석전자의 경우 순운전자본구성비율이 20X6, 20X7년 모두 산업평균에 비해 높은 것으로 나타나며 상당히 양호한 것으로 나타났다.

[분석전자의 순운전자본구성비율(%)]

연도	분석전자	산업평균
20X6년	$\dfrac{174,697,424 - 69,081,510}{339,357,244} \times 100 = 31.12$	11.47
20X7년	$\dfrac{181,385,260 - 63,782,764}{352,564,497} \times 100 = 33.35$	12.59

(4) 현금비율(cash ratio)

유동자산 중에 유동성이 가장 높은 자산은 현금 및 현금성자산이다. 현금비율은 유동부채에 대한 현금 및 현금성자산의 비율로서, 현금 및 현금성자산으로 유동부채를 상환할 수 있는 초단기적 채무지급능력을 파악하는 자료로 사용된다.

$$현금비율(\%) = \frac{현금\ 및\ 현금성자산}{유동부채} \times 100$$

현금비율이 높다는 것은 유동성이 높다는 것이다. 현금 및 현금성자산은 청산 시 가격하락의 위험이 거의 없고 즉시 현금화가 가능하다는 특징이 있다. 현금의 이용가능성을 분석하는 경우 현금잔고와 관련된 제약을 고려해야 한다. 예를 들어 신용대출을 연장할 때 고객에게 요구하는 보상현금잔고가 있다. 급한 경우 고객이 보상현금잔고를 담보로 어음을 발행할 수도 있다. 하지만, 보상현금잔고에 대하여 어음을 발행하지 않겠다는 암묵적인 약속을 이행하지 않는 경우에는 오히려 기업의 신용상태와 신용차입의 이용가능성에 나쁜 영향을 미칠 뿐만 아니라 은행관계에 불리한 영향을 미친다는 것을 고려해야 한다.

현금비율은 유동부채의 차환가능성을 고려하지 않는 엄격한 분석수단이고 현금비율을 당좌비율의 추가적인 확장으로 해석하는 것은 단기유동성의 분석수단을 지나치게 엄격히 하는 면도 있지만, 유동성 측면에서는 궁극적인 형태로 현금의 중요성이 과소평가되어서는 안 된다는 의미도 지닌다. 지급불능에 직면한 기업들은 대부분 비현금자산을 상당히 보유하고 있는데도 불구하고 부채를 상환하거나 기업운영을 충당할 수 있는 보유현금이 부족한 것으로 나타난다.

분석전자의 재무제표를 이용하여 현금비율을 구하면 다음과 같다. 분석전자의 경우 현금비율이 20X6, 20X7년 모두 산업평균에 비해 상당히 양호한 것으로 나타났다.

[분석전자의 현금비율(%)]

연도	분석전자	산업평균
20X6년	$\dfrac{30,340,505}{69,081,510} \times 100 = 43.91$	18.40
20X7년	$\dfrac{26,885,999}{63,782,764} \times 100 = 42.15$	18.21

(5) 현금비용방어기간

유동비율, 당좌비율, 순운전자본구성비율 및 현금비율 등은 특정 시점의 잔액을 이용하여 도출된 재무비율이기에 기업의 평균적인 유동성을 나타내는 것에는 한계점을 지닌다. 이처럼 정태적 재무비율이 갖는 한계점을 보완하기 위해서 동태적 재무비율을 필요로 한다. 현금비용방어기간은 당좌자산으로 현금지출비용(총영업비용 – 비현금지출비용)을 며칠 동안 충당할 수 있는가를 측정하는 지표이다. 현금비용방어기간의 경우 유동성이 높은 당좌자산으로 일상적인 현금지출비용을 얼마나 충당할 수 있는지를 나타내기 때문에 기업의 단기자금사정을 보다 적절하게 나타낸다.

$$현금비용방어기간(일) = \frac{당좌자산}{1일\ 평균현금지출비용}$$

$$1일\ 평균현금지출비용 = \frac{매출원가 + 판매비와\ 관리비 - 감가상각비}{365일}$$

분석전자의 현금비용방어기간을 구하면 다음에 나오는 표와 같다. 분석전자의 경우 현금비용방어기간이 20X6, 20X7년 모두 산업평균에 비해 상당히 양호한 것으로 나타났다.

[분석전자의 현금비용방어기간(일)]

연도	분석전자	산업평균
20X6년	$\dfrac{(107,688,821 + 130,102,035) / 2}{(132,394,411 + 52,490,335 - 1,414,018) / 365} = 236.53$	80.21
20X7년	$\dfrac{(130,102,035 + 138,269,394) / 2}{(147,239,549 + 55,392,823 - 1,414,707) / 365} = 243.40$	79.45

(6) 유동비율에 대한 평가

분석전자의 유동비율을 종합적으로 제시하면 다음과 같다. 분석전자의 유동성비율은 유동비율, 당좌비율, 순운전자본구성비율, 현금비율, 현금비용방어기간의 경우 20X6년과 20X7년에서 모두 산업평균 대비 높은 것으로 나타나고 있다. 그러므로 유동성 분석측면에서 전반적으로 양호한 것으로 판단된다.

[분석전자의 유동비율]

재무비율	분석전자		산업평균	
	20X6	20X7	20X6	20X7
유동비율(%)	252.88	284.37	138.82	144.74
당좌비율(%)	210.92	242.41	107.59	109.21
순운전자본구성비율(%)	31.12	33.35	11.47	12.59
현금비율(%)	43.91	42.15	18.40	18.21
현금비용방어기간(일)	236.53	243.40	80.21	79.45

2 자본구조비율(capital structure ratio)

자본구조비율은 기업의 장기채무지급능력을 나타내는 비율로서, 타인자본 의존도에 의해 측정된다. 부채를 이용하는 것을 레버리지라고 하기에 자본구조비율을 레버리지비율(leverage ratio)이라고 부르기도 한다. 부채비중이 높을수록 채무에 관한 원리금 상환능력이 낮고, 채권자의 입장에서는 기업의 부채의존도는 채권회수에 대한 위험부담의 정도를 나타내기에, 기업의 부채의존도가 낮을수록 안전하다고 평가한다. 따라서 자본구조비율은 기업의 장기채무에 대한 안전도를 평가하는 데 유용하게 이용되는 재무비율을 말한다.

한편 주주의 입장에서는 부채의존도가 높을수록 적은 자본으로 기업을 지배하고 부채사용에 의한 법인세 절감효과를 얻을 수 있다는 점에서 이점이 있지만, 부채의존도가 높을수록 재무레버리지 효과가 커진다는 점에 유의해야 한다. 이는 부채로 자금을 조달하는 경우 투자수익이 이자지급액보다 높은 경우 그 차액이 주주들에게 배분되기 때문에 주주들의 몫이 확대되지만, 반대로 투자수익이 이자지급액보다 낮은 경우 주주들의 몫이 축소되는 결과를 가져온다. 그렇기에 투자수익률이 부채비용을 초과할 경우엔 부채의 이용이 용이하지만, 반대로 투자수익률이 부채비용보다 작은 경우 부채사용이 불리하게 작용한다.

자본구조비율이나 레버리지비율은 두 가지 측면에서 분석될 수 있다. 먼저 **정태적 비율을 이용**하는 방법이다. 예를 들어 자기자본에 대한 타인자본의 상대적인 크기를 나타내는 관계비율, 총자본에서 자기자본이 차지하는 구성비율 등이 이에 해당한다. 두 번째 측면은 **동태적 비율을 이용**하는 방법으로, 영업이익으로 이자비용을 어느 정도 충당할 수 있는지를 나타내는 이자보상비율이 동태적 비율에 해당한다. 이와 같은 두 가지 방법은 상호 보완적인 관계이기에 정태적 비율과 동태적 비율을 함께 분석해야 한다.

(1) 부채비율(debt ratio)

부채비율은 기업의 부채를 자기자본으로 나누어 계산한다.

$$부채비율(\%) = \frac{부채}{자기자본} \times 100$$

부채비율이 낮을수록 장기채무지급능력이 양호하다고 평가되고 일반적으로 부채비율이 100% 이하여야만 바람직하다고 평가된다. 채권자의 입장에서 부채비율이 낮을수록 채권회수의 안정성이 높기에 낮은 부채비율을 선호하지만, 주주의 입장에서는 높은 부채비율을 선호하기도 하는데, 그 이유는 경기가 호전되어 투자수익이 이자비용을 초과할 것으로 예상될 때 주주들의 몫이 확대되어 레버리지 효과를 기대할 수 있기 때문이다. 또한 보통주를 발행하여 자금을 조달하는 경우 기존 주주들의 기업지배권이 약화될 수 있는 우려가 있지만, 부채사용은 주주들의 기업지배권에 영향을 미치지 않기 때문이다.

부채비율을 이용할 경우 다음과 같은 유의점을 인식해야 한다.

첫째, 부채와 자기자본의 범위를 정할 때 회계적 기준보다는 실질적 기준에 의해 분류하는 문제가 있다.

둘째, 부채 및 자기자본을 장부가치로 측정할 것인지 또는 시장가치로 측정할 것인지의 문제가 있다.

분석전자의 부채비율을 구하면 다음과 같다. 분석전자의 경우 부채비율이 20X6, 20X7년 모두 산업평균에 비해 매우 낮게 나타나 상당히 양호한 것으로 나타났다. 그렇기에 장기채무지급능력은 상당히 양호하다 볼 수 있다.

[분석전자의 부채비율(%)]

연도	분석전자	산업평균
20X6년	$\dfrac{30,340,505}{69,081,510} \times 100 = 43.91$	76.99
20X7년	$\dfrac{26,885,999}{63,782,764} \times 100 = 42.15$	73.55

(2) 자기자본비율(stockholder's equity to total assets)

자본구조비율로 가장 대표적인 지표는 자기자본비율이다. 자기자본비율은 총자본에서 자기자본이 차지하는 비중을 나타내는 비율이다.

$$자기자본비율(\%) = \frac{자기자본}{총자본} \times 100$$

자기자본은 금융비용을 부담하지 않고 이용할 수 있는 자본이기에 **자기자본비율이 높을수록 기업의 재무안정성이 높아진다**고 볼 수 있다. 일반적으로 50% 이상일 경우 바람직한 것으로 평가된다. 분석전자의 자기자본비율을 구하면 다음과 같다. 분석전자의 경우 자기자본비율이 20X6, 20X7년 모두 산업평균에 비해 모두 낮게 나타났다.

[분석전자의 자기자본비율(%)]

연도	분석전자	산업평균
20X6년	$\dfrac{91,604,067}{247,753,177} \times 100 = 36.97$	56.50
20X7년	$\dfrac{89,684,076}{262,880,421} \times 100 = 34.12$	57.62

(3) 비유동비율(non-current ratio)

비유동비율은 자기자본이 비유동자산에 어느 정도 비중으로 운영되는가를 보여주는 지표이다. 비유동비율은 비유동자산을 자기자본으로 나눈 비율이다.

$$비유동비율(\%) = \frac{비유동자산}{자기자본} \times 100$$

비유동비율이 낮을수록 기업의 장기적 재무안정성이 좋은 것으로 평가된다. 일반적으로 비유동비율이 100% 이하인 것을 양호한 것으로 보고 있다. 그 이유는 비유동자산은 기업활동에서 계속 사용되는 자산이기 때문에 상환부담이 없는 자기자본으로 투자하는 것이 재무안정성 측면에서 바람직하다고 판단되기 때문이다. 비유동비율은 산업의 특성에 따라 크게 차이가 나는데, 거액의 시설 투자를 필요로 하는 자본집약적 산업에서 비유동자산의 비중이 매우 크기에 필요자금을 자기자본만으로 조달할 수 없다. 그렇기에 필요자금의 일부를 타인자본으로 조달하게 되며, 이때 비교적 상환기간이 긴 비유동부채를 사용한다면 재무안정성이 유지되고 있다고 할 수 있다. 이런 경우 비유동비율의 보완 비율인 비유동장기적합률을 사용할 수 있다.

비유동장기적합률(non-current assets to stockholders equity and non-current liabilities)은 자기자본과 비유동부채가 비유동자산에 어느 정도 투입되어 운용되는가를 나타내는 지표로서 비유동자산을 자기자본과 비유동부채의 합으로 나눈 비율이다.

$$비유동장기적합률(\%) = \frac{비유동자산}{자기자본 + 비유동부채} \times 100$$

분석전자의 비유동비율과 비유동장기적합률을 구하면 다음과 같다. 분석전자의 경우 비유동비율과 비유동장기적합률이 20X6, 20X7년 모두 산업평균보다 모두 낮게 나타나고 있어 재무안정성이 양호한 것으로 나타난다.

[분석전자의 비유동비율(%)]

연도	분석전자	산업평균
20X6년	$\dfrac{164,659,820}{247,753,177} \times 100 = 66.46$	104.39
20X7년	$\dfrac{171,179,237}{262,880,421} \times 100 = 65.11$	102.84

[분석전자의 비유동장기적합률(%)]

연도	분석전자	산업평균
20X6년	$\dfrac{164,659,820}{247,753,177 + 22,522,557} \times 100 = 60.92$	83.72
20X7년	$\dfrac{171,179,237}{262,880,421 + 25,901,312} \times 100 = 59.27$	82.47

(4) 이자보상비율(interest coverage ratio)

이자보상비율은 영업이익을 이자비용으로 나눈 비율로 계산된다.

$$이자보상비율(배) = \frac{영업이익}{이자비용}$$

이자보상비율은 이자지급에 필요한 수익을 창출할 수 있는 능력을 측정하기 위한 지표로서, 기업의 이자부담능력에 대한 판단 시 사용된다. 이자보상비율의 영업이익으로 이자비용의 몇 배까지 지급할 수 있는가를 측정하는 비율이기에 적정수준의 이상의 이자보상비율을 유지해야만 이자비용의 지급능력이 양호한 것으로 평가된다. 이자보상비율이 1보다 작을 경우 채권자들의 법적 대응으로 인해 기업이 파산할 수도 있다. 기업들은 이자비용 외에도 여러 가지 형태의 금융비용을 지출한다. 이와 같은 금융비용을 고정금융비용이라고 한다. 고정금융비용에는 이자비용 외에 리스료와 임차료 등이 있다. 고정금융비용을 포함하여 지급능력을 나타내는 비율을 고정금융비용보상비율(fixed charge coverage ratio)이라고 한다.

$$고정금융비용보상비율(배) = \frac{영업이익 + 리스료, 임차료 등}{이자비용 + 리스료, 임차료 등}$$

앞서 살펴보았던 부채비율, 자기자본비율, 비유동비율 등은 재무상태 항목에서 측정되는 정태적 비율이기에 장기부채의 상환에 필요한 현금흐름을 고려하지 못한다는 문제점이 있다. 그러나 이자보상비율과 고정금융비용보상비율은 동태적 비율로 현금흐름을 이용하여 기업의 장기채무지급능력을 파악할 수 있는 이점이 있다.

분석전자의 이자보상비율과 고정금융비용보상비율을 구하면 다음과 같다. 분석전자의 경우 이자보상비율과 고정금융비용보상비율이 20X6, 20X7년 모두 산업평균보다 모두 낮게 나타나고 있어 장기채무지급능력에서 산업평균보다 다소 좋지 못한 것으로 판단된다.

[분석전자의 이자보상비율]

연도	분석전자	산업평균
20X6년	$\dfrac{58,886,669}{8,608,896} = 6.84$	8.27
20X7년	$\dfrac{27,768,509}{8,274,871} = 3.35$	6.23

[분석전자의 고정금융비용보상비율]

연도	분석전자	산업평균
20X6년	$\dfrac{58,886,669 + 54,336}{8,608,896 + 54,336} = 6.80$	7.15
20X7년	$\dfrac{27,768,509 + 62,245}{8,274,871 + 62,245} = 3.33$	4.87

* 20X6년도와 20X7년도의 리스료 및 임차료 등은 각각 54,336백만 원, 62,245백만 원임

(5) 자본구조비율에 대한 평가

분석전자의 자본구조와 관련된 비율을 종합적으로 제시하면 다음과 같다. 분석전자의 경우 자본구조비율이 산업평균에 비해 높거나 낮은 것들이 혼재되어 있는 것으로 나타난다.

[분석전자의 자본구조비율]

재무비율	분석전자		산업평균	
	20X6	20X7	20X6	20X7
부채비율(%)	43.91	42.15	76.99	73.55
자기자본비율(%)	36.97	34.12	56.50	57.62
비유동비율(%)	66.46	65.11	104.39	102.84
비유동장기적합률(%)	60.92	59.27	83.72	82.47
이자보상비율(배)	6.84	3.35	8.27	6.23
고정금융비용보상비율(배)	6.80	3.33	7.15	4.87

3 효율성비율(efficiency ratio)

효율성비율은 자산의 효율적 이용도를 평가하는 데 사용되는 재무비율로서, 흔히 활동성비율 또는 자산관리비율이라 불린다. 수익의 발생원천이 매출액이기에 매출액을 기준으로 자산의 효율적 이용도를 측정할 수 있다. 효율성비율은 매출을 위하여 자산을 몇 번 회전시키고 있는가를 나타내는 재무비율로서, 매출액을 자산항목으로 나누어 계산한다.

$$회전율(회) = \frac{매출액}{자산항목}$$

회전율이 높다는 것은 투자자산에 비해 매출액이 상대적으로 높음을 의미하고 이는 적은 자산을 투입하여 많은 매출을 실현하고 있다는 것을 의미하기에 자산이 효율적으로 이용되고 있다는 의미이다.

(1) 매출채권회전율과 매출채권회수기간

매출채권회전율은 매출액을 매출채권으로 나눈 재무비율로서, 매출채권의 현금화 속도를 측정하는 데 사용되는 척도이다. 매출채권이 1년 동안 몇 번 회전되었는가를 나타내기 때문에 매출채권관리의 효율성을 측정하는 데 사용된다. 매출채권회전율이 높다는 것은 매출채권을 현금화하는 속도가 빠르다는 것을 의미한다. 그러나 과도한 신용판매의 확대, 고객의 지급불능 또는 매출채권의 회수 부진 등은 매출채권회전율을 떨어뜨리는 원인이 되기도 한다.

$$매출채권회전율(회) = \frac{매출액}{매출채권}$$

매출채권의 현금화 속도는 매출채권회수기간에 의해서 측정되는데, 매출채권회수기간은 매출채권을 회수하는데 걸리는 시간이며, 매출채권회전기간이라고도 불린다.

$$매출채권회수기간(일) = \frac{365}{매출채권회전율} = \frac{매출채권}{1일\ 평균매출액}$$

$$1일\ 평균매출액 = \frac{매출액}{365}$$

일반적으로 매출채권회수기간이 짧을수록 매출채권이 효율적으로 관리되고 있다고 본다. 그러나 객관적인 평가를 위해서는 기업의 목표 매출채권회수기간이나 판매조건 등을 함께 고려하는 것이 합리적이라 할 수 있다.

매입채무회전율은 매출액을 매입채무로 나눈 재무비율로, 매입채무가 얼마나 빨리 지급되는가를 나타내는 지표로서, 매입채무에 대한 지급능력을 판단할 수 있다.

$$\text{매입채무회전율(회)} = \frac{\text{매출액}}{\text{매입채무}}$$

한편, 매입채무지급기간은 기업이 매입채무를 지급하는 데 걸리는 기간으로 매입채무회전기간이라고도 하며, 매입채무회전율의 역수에 365를 곱하거나 매입채무를 1일 평균매출액으로 나누어 계산한다.

$$\text{매입채무지급기간(일)} = \frac{365}{\text{매입채무회전율}} = \frac{\text{매입채무}}{\text{1일 평균매출액}}$$

매입채무지급기간은 원재료공급자의 신용판매조건 등을 고려하여 평가하지만 일반적으로 원재료를 구입하는 기업의 입장에서는 그 기간이 길수록 현금지급을 늦출 수 있기 때문에 유리하다. 반면 원재료공급자의 측면에서는 거래기업의 매입채무지급기간이 짧을수록 매입채무에 대한 지급능력이 양호하다고 평가된다. 분석전자의 매출채권회전율을 구하면 다음과 같다. 분석전자의 경우 매출채권회전율이 20X6, 20X7년 모두 산업평균보다 높게 나타나고 있어 매출채권을 효율적으로 관리하고 있는 것으로 나타났다.

[분석전자의 매출채권회전율(회)]

연도	분석전자	산업평균
20X6년	$\dfrac{243,771,415}{(27,695,995 + 33,867,733) / 2} = 7.91$	6.11
20X7년	$\dfrac{230,400,881}{(33,867,733 + 35,131,343) / 2} = 6.67$	6.3

(2) 재고자산회전율과 재고기간

재고자산회전율은 매출액을 재고자산으로 나눈 재무비율로, 재고자산이 당좌자산으로 변화하는 속도를 의미하는 지표이다. 재고자산회전율이 낮다는 것은 매출액 대비 재고자산을 과다하게 보유하였다는 것을 의미하는 한편, 재고자산회전율이 높다는 것은 적은 재고자산으로 생산 및 판매활동을 효율적으로 수행하고 있다는 것을 의미한다. 그러나 재고자산회전율이 과도하게 높고 그 원인이 적정재고수준을 유지하지 못한 결과라면 재고부족으로 인해 기회비용이 문제가 될 수 있다.

$$\text{재고자산회전율(회)} = \frac{\text{매출액}}{\text{재고자산}}$$

재고자산회전율의 분석 시 다음과 같은 점을 유의해야 한다.

첫째, 재고자산은 원가로 측정되지만 매출액은 시장가치로 측정된다는 점이다. 그렇기에 두 항목을 동일기준으로 비교하는 것은 합리적이기 때문에 분자에 매출액 대신 매출원가를 사용하는 것이 적절할 수도 있다.

둘째, 재고자산회전율이 올바르게 평가되기 위해서는 원재료, 완제품, 제공품 등 재고자산의 주요 항목에 대한 회전율을 계산할 필요성이 있다. 또한 사업 부문별 회전율을 측정함으로써 재고자산에 대한 관리효율성에서 보다 유용한 정보를 얻을 수 있다.

재고기간은 재고자산을 판매하는 데 걸리는 기간으로서, 재고자산회전기간이라고도 불리며, 재고자산회전율의 역수에 365를 곱하거나 재고자산을 1일 평균매출액으로 나눈 값을 사용할 수도 있다.

$$\text{재고기간(일)} = \frac{365}{\text{재고자산회전율}} = \frac{\text{재고자산}}{\text{1일 평균매출액}}$$

분석전자의 재고자산회전율을 구하면 다음과 같다. 분석전자의 경우 매출채권회전율이 20X6, 20X7년 모두 산업평균보다 낮게 나타나고 있어 재고자산을 효율적으로 관리하고 있다고 보이지 않는다.

[분석전자의 재고자산회전율(회)]

연도	분석전자	산업평균
20X6년	$\dfrac{243{,}771{,}415}{(24{,}983{,}355 + 28{,}984{,}704) / 2} = 9.03$	10.28
20X7년	$\dfrac{230{,}400{,}881}{(28{,}984{,}704 + 26{,}766{,}464) / 2} = 8.26$	9.52

(3) 유형자산회전율(tangible assets turnover)

유형자산회전율은 유형자산이 1년 동안 몇 번 회전되어 매출을 실현하느냐를 측정하는 것으로, 매출액을 유형자산으로 나눈 값으로 계산된다.

$$\text{유형자산회전율(회)} = \frac{\text{매출액}}{\text{유형자산}}$$

유형자산회전율은 유형자산의 이용효율성을 측정하는 지표이며, 유형자산회전율이 높다는 것은 보유하고 있는 유형자산에 비해 높은 매출을 실현하고 있음을 의미하고 유형자산이 효율적으로 이용되고 있다는 것으로 볼 수 있다. 하지만 고정설비의 장기간 이용에 따른 과다한 감가상각 때문에 유형자산이 낮게 계산되어 유형자산회전율이 높게 나타날 수도 있기에 비율이 높은 원인이 무엇 때문인지를 검토 후 적절하게 평가하여야 한다.

분석전자의 유형자산회전율을 구하면 다음과 같다. 분석전자의 경우 유형자산회전율이 20X6, 20X7년 모두 산업평균보다 낮게 나타나고 있어 유형자산에 대한 투자 규모가 적정한지를 점검해 볼 필요가 있다.

[분석전자의 유형자산회전율(회)]

연도	분석전자	산업평균
20X6년	$\dfrac{243,771,415}{(111,665,648 + 115,416,724) / 2} = 2.14$	2.56
20X7년	$\dfrac{230,400,881}{(115,416,724 + 119,825,474) / 2} = 1.95$	2.52

(4) 총자산회전율(total assets turnover)

총자산회전율의 경우 매출액을 총자산으로 나눈 값으로서, 기업이 보유하고 있는 총자산의 효율적 이용도를 측정하는 지표이다.

$$총자산회전율(회) = \frac{매출액}{총자산}$$

총자산회전율이 높을수록 적은 총자산으로 상대적으로 높은 매출을 실현하고 있음을 의미하기에 총자산이 효율적으로 이용되고 있다는 것을 의미한다. 반면 총자산회전율이 낮을수록 자산규모에 비해 매출액이 상대적으로 낮다는 것을 의미하고 자산이 비효율적으로 이용되고 있음을 의미한다. 이런 경우 매출액을 증대시키는 방안을 모색하거나 또는 불필요한 자산을 매각하여 총자산 규모를 줄일 필요가 있다.

분석전자의 총자산회전율을 구하면 다음과 같다. 분석전자의 경우 총자산회전율이 20X6, 20X7년 모두 산업평균보다 낮게 나타나고 있어 유형자산에 대한 투자 규모가 적정한지를 점검해 볼 필요가 있다.

[분석전자의 총자산회전율(회)]

연도	분석전자	산업평균
20X6년	$\dfrac{243,771,415}{(301,752,090 + 339,357,244) / 2} = 0.76$	0.93
20X7년	$\dfrac{230,400,881}{(339,357,244 + 352,564,497) / 2} = 0.66$	0.92

(5) 효율성비율에 대한 평가

분석전자의 효율성비율을 종합적으로 제시하면 다음과 같다. 분석전자의 경우 유형자산 및 총자산에 대한 투자 규모 등에 대한 효율성 측면에서 적정한지를 점검해 볼 필요가 있다.

[분석전자의 효율성비율]

재무비율	분석전자		산업평균	
	20X6	20X7	20X6	20X7
매출채권회전율(회)	7.91	6.67	6.11	6.3
매출채권회수기간(일)	46.14	54.72	46.92	46.26
재고자산회전율(%)	9.03	8.26	10.28	9.52
재고기간(일)	40.42	44.18	17.88	16.33
유형자산회전율(%)	2.14	1.95	2.56	2.52
총자산회전율(%)	0.76	0.66	0.93	0.92

- 매출채권회수기간(20X6년) : $\dfrac{365}{7.91} = 46.14$

- 매출채권회수기간(20X7년) : $\dfrac{365}{6.67} = 54.72$

4 수익성비율(profitability ratio)

수익성비율은 기업의 이익창출능력을 나타내는 지표이며, 기업활동의 결과를 집약하여 경영성과를 측정하는 재무비율이다. 수익성비율은 기업이 주주와 채권자로부터 조달한 자본을 영업활동, 재무활동, 투자활동 등에 투자하여 얼마나 효율적으로 이용하였는가를 나타내므로 이해관계자들의 의사결정에 중요한 정보원으로 이용된다. 경영자는 사업 확장이나 신규사업진출에 대한 의사결정을 위한 정보로, 투자자는 투자종목 선택기준으로, 채권자는 기업의 장기적인 채무상환능력을 판단하는 기준으로, 종업원은 임금교섭의 기준으로, 세무당국의 경우 조세부담능력을 평가하는 기준으로 사용한다. 그러나 수익성비율은 손익계산서상의 회계이익에 기초하여 측정되기 때문에 기업의 실질적인 현금흐름에 관한 정보가 반영되지 않고 있다는 결점이 있다.

(1) 총자산순이익률(return on total asset)

총자산순이익률은 총자산을 수익창출에 얼마나 효율적으로 이용하고 있는가를 측정하는 재무비율로서, 순이익을 총자산으로 나누어 계산한다.

$$총자산순이익률(\%) = \frac{순이익}{총자산} \times 100$$

총자산순이익률은 총자산 이익창출능력을 측정하는 대표적인 지표로 사용되지만, 다음과 같은 유의점이 존재한다.

첫째, 보유하고 있는 자산의 가격이 상승한 경우 총자산순이익률이 실제보다 높게 나타난다. 분자항인 순이익은 현행원가로 측정되지만, 분모항인 자산은 현행원가보다 낮은 취득원가로 측정되기 때문이다. 따라서 현행원가와 취득원가의 차이가 큰 자산을 보유하고 있는 기업은 총자산이익률의 계산 시 이와 같은 점에 유의해야 한다.

둘째, 총자산(총자본)은 채권자와 주주들의 청구권인 반면 순이익은 주주들의 몫이기에 총자산과 순이익 사이에 논리적인 모순이 존재한다. 그렇기에 분자항이 순이익 대신에 주주 및 채권자에게 귀속되는 영업이익 또는 '순이익 + 이자비용 × (1 − 법인세율)'을 사용하는 것이 논리적으로 타당할 것이다. 이렇게 함으로써 자금조달 방법에 따른 영향을 배제하고 영업성과를 객관적으로 측정할 수 있다.

셋째, 총자산 중에서 비생산적인 자산(잉여자산, 건설중인 자산, 투자자산 등)은 차감되어야 한다는 주장이 있다. 이와 같은 맥락에서 보면 경영자들이 이런 비생산적인 자산으로부터 수익을 실현할 책임이 없다는 데 근거를 두고 있다. 그러나 경영자는 소유자와 채권자가 제공한 자본을 자유롭게 투자할 수 있는 재량권을 지니고 있다. 그렇기에 일정 기간 수익성이 없거나 수익성이 낮은 자산에 자본을 투자함으로써 장기적으로 기업에 이득이 된다면 자산이 생산적으로 이용되지 못하거나 현재수익을 실현하지 못하는 이유만으로 그런 자산을 차감할 이유가 없는 것이다.

분석전자의 총자산순이익률을 구하면 다음과 같다. 분석전자의 경우 총자산회전율은 20X7년에 큰 폭으로 감소하고 있으며, 20X7년 산업평균보다 낮은 총자산순이익률을 보여주고 있다. 20X6년의 경우 산업평균에 비해 총자산을 수익창출에 효율적으로 활용하고 있다고 판단해볼 수 있으나, 20X7년의 경우 총자산에 대한 수익창출에 대한 문제점을 파악해볼 필요가 있다.

[분석전자의 총자산순이익률(%)]

연도	분석전자	산업평균
20X6년	$\frac{32,815,127}{(301,752,090 + 339,357,244) / 2} \times 100 = 10.23$	5.82
20X7년	$\frac{15,353,323}{(339,357,244 + 352,564,497) / 2} \times 100 = 4.43$	5.01

(2) 자기자본순이익률(return on equity)

자기자본순이익률은 자기자본의 성과를 나타내는 재무비율로, 순이익을 자기자본(자본총계)으로 나누어 계산한다.

$$자기자본순이익률(\%) = \frac{순이익}{자기자본} \times 100$$

자기자본순이익률은 자기자본의 투자성과를 의미하기에 자기자본순이익률이 높아졌다는 것은 자기자본이 효율적으로 운용되고 있음을 의미한다. 만약 자기자본순이익률이 주주들의 기대에 미치지 못할 때 주주들이 자금을 더 이상 기업에 투자하지 않을 것이다. 그렇기에 경영활동이 위축되어 주가를 하락시키는 원인이 되기도 하기에 자기자본순이익률은 경영자는 물론 주주의 입장에서 수익성을 측정하는 중요한 지표라 할 수 있다. 분석전자의 자기자본순이익률을 구하면 다음과 같다. 분석전자의 경우 자기자본순이익률이 20X6년에는 산업평균보다 높았으나 20X7년에는 산업평균비율에 비해서 감소한 것으로 나타났다.

[분석전자의 자기자본순이익률(%)]

연도	분석전자	산업평균
20X6년	$\dfrac{32,815,127}{(214,491,428 + 247,753,177) / 2} \times 100 = 14.19$	10.41
20X7년	$\dfrac{15,353,323}{(247,753,177 + 262,880,421) / 2} \times 100 = 6.01$	8.79

(3) 매출액이익률(return on sales)

매출액이익률은 매출로부터 얼마만큼의 이익을 얻고 있느냐를 나타내는 비율이며, 분자항에 매출총이익, 영업이익과 순이익 중 어떤 이익항목을 이용하느냐에 따라 매출액총이익률, 매출액영업이익률, 매출액순이익률 등으로 구분될 수 있다.

매출액총이익률의 경우 매출액에 대한 매출총이익의 비율로 생산효율성을 나타내는 지표이다. 매출액총이익률의 변동원인에 대한 분석은 판매량과 판매가격, 제조원가 등의 자료가 필요하기에 통상적으로 내부분석자에 의해서만 분석이 가능하다. 기업이 여러 가지 제품을 판매하는 경우에는 제품별로 상세한 자료를 이용하여 변동원인을 분석할 수 있기 때문이다. 예를 들어 매출액총이익률의 감소가 과잉생산에 따른 가격인하 경쟁으로 인한 것이라면 경영자가 통제할 수 없는 심각한 상황이지만, 매출액총이익률의 감소가 원가상승에 기인하는 것으로 파악되는 경우에는 원가절감 등을 통해 충분히 통제할 수 있는 상황이기 때문에 개선책을 강구해야 한다.

$$매출액총이익률(\%) = \frac{매출총이익}{매출액} \times 100$$

매출액영업이익률(operating margin on sales)은 영업효율성을 측정하는 척도로, 영업이익을 매출액으로 나누어 계산한다. 매출액영업이익률은 매출총이익의 변동, 판매비와 관리비의 변동 등에 영향을 미치는 요인에 대한 철저한 분석을 통해 올바르게 해석될 수 있다.

$$\text{매출액영업이익률(\%)} = \frac{\text{영업이익}}{\text{매출액}} \times 100$$

매출순이익률(net margin on sales)은 순이익과 매출액의 관계를 나타내는 것으로, 순이익을 매출액으로 나눈 값으로 측정된다.

$$\text{매출액순이익률(\%)} = \frac{\text{순이익}}{\text{매출액}} \times 100$$

분석전자의 매출총이익률, 매출액영업이익률 그리고 매출액순이익률을 구하면 다음과 같다. 분석전자의 경우 20X6년과 20X7년 모두 높게 나타나 경영성과가 양호한 것으로 판단된다.

[분석전자의 매출총이익률(%)]

연도	분석전자	산업평균
20X6년	$\frac{111,377,004}{243,771,415} \times 100 = 45.68$	7.94
20X7년	$\frac{83,161,332}{230,400,881} \times 100 = 36.09$	7.32

[분석전자의 매출액영업이익률(%)]

연도	분석전자	산업평균
20X6년	$\frac{58,886,669}{243,771,415} \times 100 = 24.15$	7.59
20X7년	$\frac{27,768,509}{230,400,881} \times 100 = 12.05$	7.28

[분석전자의 매출액순이익률(%)]

연도	분석전자	산업평균
20X6년	$\frac{32,815,127}{243,771,415} \times 100 = 13.46$	6.26
20X7년	$\frac{15,353,323}{230,400,881} \times 100 = 6.66$	5.46

(4) 수익성비율에 대한 평가

분석전자의 수익성비율을 종합적으로 제시하면 다음과 같다. 분석전자의 경우 산업평균비율에 비하면 상대적으로 수익성에서 양호한 측면을 알 수 있다.

[분석전자의 수익성비율]

재무비율	분석전자		산업평균	
	20X6	20X7	20X6	20X7
총자산순이익률(%)	10.23	4.43	5.82	5.01
자기자본순이익률(%)	14.19	6.01	10.41	8.79
매출액총이익률(%)	45.68	36.09	7.94	7.32
매출액영업이익률(%)	24.15	12.05	7.59	7.28
매출액순이익률(%)	13.46	6.66	6.26	5.46

5 성장성비율(growth ratio)

성장성비율은 기업의 경영규모와 영업성과가 얼마나 증대되었는지를 나타내는 재무비율로, 성장률을 측정하는 대표적인 항목으로는 총자산, 매출액 그리고 순이익 등이 있다. 산업의 성장률은 그 산업이 성장산업인지 사양산업인지에 대한 통찰력을 제공하고, 기업의 외형적 성장과 실질적 성장에 관한 정보는 산업 내의 상대적 지위와 경쟁력을 나타낸다. 성장성비율을 분석할 때 주의해야 할 것은 물가상승 시에는 명목성장률보다 실질성장률이 더 의미가 있고, 일반적으로 성장성이 높은 기업은 유동성이 부족하기에 성장성과 유동성의 상반관계를 적절하게 고려해야 한다는 점이다.

(1) 총자산증가율(growth rate of total assets)

총자산증가율은 일정 기간 동안 총자산이 얼마나 증가하였는가를 나타내는 재무비율로서, 기업규모의 성장정도를 측정하는 지표이다.

$$총자산증가율(\%) = \frac{기말총자산 - 기초총자산}{기초총자산} \times 100$$

총자산증가율이 높다는 것은 투자활동이 적극적으로 이루어짐에 따라 기업규모가 빠른 속도로 증가하고 있음을 보여준다. 그러나 자산의 재평가가 이루어진 경우 새로운 자산의 취득 없이도 자산규모가 증가한다는 사실을 유의해야 한다.

분석전자의 총자산증가율을 구하면 다음과 같다. 분석전자의 경우 20X7년의 총자산증가율은 20X6년에 비해 상대적으로 낮아졌음을 알 수 있으며, 20X7년의 경우 산업평균보다도 낮음을 알 수 있다. 20X7년 분석전자의 성장성은 20X6년에 비해 둔화됨을 알 수 있으며, 산업평균보다는 여전히 개선이 필요하다는 것을 보여준다.

[분석전자의 총자산증가율(%)]

연도	분석전자	산업평균
20X6년	$\dfrac{339,357,244 - 301,752,090}{301,752,090} \times 100 = 12.46$	6.49
20X7년	$\dfrac{352,564,497 - 339,357,244}{339,357,244} \times 100 = 3.89$	5.13

(2) 매출액증가율(growth rate of sales)

매출액증가율은 일정 기간 동안 매출액이 얼마나 증가하였는가를 나타내는 재무비율로서, 기업의 외형적인 성장도를 나타내는 대표적인 지표이다.

$$매출액증가율(\%) = \frac{당기매출액 - 전기매출액}{전기매출액} \times 100$$

판매가격의 인상이나 판매량의 증가에 따라 매출액이 증가하기에 증가원인에 대한 분석을 필요로 하고, 매출액이 증가하여도 순이익이 감소하는 경우가 있기에 실질적인 성장지표인 순이익증가율에 대한 분석이 병행되어야 한다.

분석전자의 매출액증가율을 구하면 다음과 같다. 분석전자의 경우 20X7년 매출액증가율이 대폭 낮아졌고 산업평균 대비 낮은 수준을 보인다. 따라서 분석전자의 외형적인 신장세는 양호하지 못하다고 판단된다.

[분석전자의 매출액증가율(%)]

연도	분석전자	산업평균
20X6년	$\dfrac{243,771,415 - 239,575,376}{239,575,376} \times 100 = 1.75$	9.01
20X7년	$\dfrac{230,400,881 - 243,771,415}{243,771,415} \times 100 = -5.48$	4.00

(3) 순이익증가율(growth rate of net income)

순이익증가율은 일정 기간 동안 순이익이 얼마나 증가하였는가를 나타내는 재무비율로서, 실질적인 성장의 지표이다. 그러나 일정 기간 동안 자본금의 변화가 있는 경우에는 순이익증가율이 왜곡될 수 있기에 주주에게 귀속되는 주당순이익의 증가율이 더 바람직한 실질적인 성장지표라 할 수 있다.

$$순이익증가율(\%) = \frac{당기순이익 - 전기순이익}{전기순이익} \times 100$$

$$주당순이익증가율(\%) = \frac{당기주당순이익 - 전기주당순이익}{전기주당순이익} \times 100$$

분석전자의 순이익증가율을 구하면 다음과 같다. 국내외 경기침체로 인해 분석전자의 순이익은 20X6년 소폭의 상승 이후 20X7년 감소하는 모습이다. 순이익증가율의 경우 산업평균에 비해 20X6년에는 조금 좋지 않으나, 20X7년에는 산업평균 대비 양호한 것으로 나타난다. 하지만 분석전자의 경우 순이익의 변동성이 상당히 크기에 보다 안정적인 성장을 유지하기 위해서는 사업 포트폴리오를 검토해야 할 필요성이 있어 보인다.

[분석전자의 순이익증가율(%)]

연도	분석전자	산업평균
20X6년	$\frac{32,815,127 - 28,800,837}{28,800,837} \times 100 = 13.93$	16.26
20X7년	$\frac{15,353,323 - 32,815,127}{32,815,127} \times 100 = -53.21$	-55.53

(4) 성장성비율에 대한 평가

분석전자의 성장성비율을 종합적으로 제시하면 다음과 같다. 분석전자의 경우 총자산증가율, 매출액증가율 그리고 순이익증가율에 있어서 총자산증가율 20X6년을 제외하고 산업평균 대비 낮거나 변동성이 큰 것을 알 수 있다. 이와 같은 측면에서 성장성이 다소 불투명하게 나타나는데 이는 외부환경의 침체로 인한 것으로 판단된다.

[분석전자의 성장성비율]

재무비율	분석전자		산업평균	
	20X6	20X7	20X6	20X7
총자산증가율(%)	12.46	3.89	6.49	5.13
매출액증가율(%)	1.75	-5.48	9.01	4.00
순이익증가율(%)	13.93	-53.21	16.26	-55.53

6 생산성비율(productivity ratio)

생산성비율은 기업활동의 성과 및 효율을 측정하여 개별 생산요소의 기여 및 성과배분의 합리성 여부를 평가하는 지표이다. 그러므로 생산성에 관한 지표는 **경영합리화의 척도**라 할 수 있으며, 생산성 향상으로 얻은 성과에 대한 분배기준이 된다. 생산성이란 투입량에 대한 산출량의 정도를 의미하는 것으로 기업의 자본, 노동, 경영의 생산요소를 결합하는 방법에 따라 산출량이 어느 정도 달성되었는지 측정하는 데 도움이 된다. 생산성을 측정하는 지표로는 매출액에 대한 부가가치비율을 나타내는 부가가치율과 생산요소별 생산성을 측정하는 노동생산성, 자본생산성 등이 있다. 생산성비율 분석 시 주의점은 부가가치율이 증가한 경우에도 이익은 변하지 않고 임금, 금융비용, 감가상각비 등이 더 증가하였다면 생산성의 증가로 기업의 성과가 향상되었다고 해석하기 어려우며, 수익성과 연계하여 생산성에 연계한 분석을 통해 보다 명확한 평가가 가능하다는 점이다.

(1) 부가가치의 개념

부가가치는 최종생산자가 중간생산자로부터 구입한 원재료에 자본과 노동 등의 생산요소를 투입하여 새롭게 창출되는 가치로서 기업이 생산 및 판매한 총가치에서 **생산을 위하여 투입한 외부구입가치를 차감한 순생산액**을 의미한다. 그렇기에 부가가치는 기업 외부에서 구입한 가치가 아닌 기업 내부에서 창출된 가치라 할 수 있다. 부가가치 산출방법에는 가산법과 감산법 두 가지가 있다.

가산법은 기업의 외부가치를 각 생산요소에 대한 분배측면에서 파악한 것으로써 손익계산서와 제조원가명세서상의 해당 항목을 합산하여 산출한다. 가산법은 계산이 간편하며 부가가치의 구성을 쉽게 파악할 수 있고 기업 간의 비교가 용이하다는 장점이 있다. 반면, 매출액이나 생산액을 근거로 하지 않기 때문에 경영활동의 종합적인 파악이 어렵고 생산 및 유통단계별 부가가치의 창출과정을 분석하지 못한다는 단점이 있다. 그뿐만 아니라 인건비나 경비의 지출 증가도 부가가치를 증가시킨다는 모순이 생길 수 있다.

> 부가가치 = 영업이익 + 인건비 + 이자비용 + 세금과공과 + 감가상각비

감산법은 매출액에서 중간투입액을 차감하여 산출한 것으로서, 생산측면에서 파악한 것이며, 부가가치가 기업이 창출한 실질가치라는 점에서 출발한다. 감산법은 매출액 또는 생산액에서 외부구입가치가 차지하는 비중을 줄임으로써 부가가치를 증대시킬 수 있다는 맥락의 경영목표와 부합한다. 따라서 목표관리 또는 경영계획에 활용가능성이 높고 이론적으로 부가가치의 개념에 근접한 방법이지만, 중간투입항목이 정확히 구분되지 않기에 실질적인 계산이 어렵다는 문제점이 있다.

> 부가가치 = 매출액 − 중간투입액
> = 매출액 − (원재료비 + 연료비 + 구입품비 + 외주가공비 + 구입용역비 + …)

[분석전자의 부가가치계산을 위한 필요계정]

(단위 : 백만 원)

구성항목	20X6년	20X7년
급여	62,917	65,734
퇴직급여	3,967	4,041
복리후생비	9,206	9,018
감가상각비	1,414	2,531
세금과공과금	1,229	1,203
대손상각비	11	17

(2) 부가가치율(value added ratio)

부가가치율은 일정 기간 동안 기업이 창출한 부가가치를 매출액으로 나눈 비율로서, 매출액 중에서 생산활동에 투입된 생산요소에 귀속되는 소득의 비율을 나타내기에 일반적으로 소득률이라 한다.

$$\text{부가가치율(\%)} = \frac{\text{부가가치}}{\text{매출액}} \times 100$$

분석전자의 부가가치율을 구하면 다음과 같다. 분석전자의 경우 20X6년, 20X7년 모두 부가가치율이 산업평균에 비해 낮게 나타났고, 특히 20X7년의 경우 부가가치 창출능력이 현저하게 낮음을 알 수 있다.

[분석전자의 부가가치율(%)]

연도	분석전자	산업평균
20X6년	$\dfrac{58,965,402}{243,771,415} \times 100 = 24.18$	26.53
20X7년	$\dfrac{27,851,036}{230,400,881} \times 100 = 12.08$	26.16

(3) 노동생산성(productivity of labor)

노동생산성은 노동력의 단위당 성과를 나타내는 지표로, 종업원 1인당 부가가치를 의미한다. 노동생산성이 높다는 것은 노동력이 효율적으로 이용되어 부가가치를 보다 많이 창출했다는 것을 의미한다.

$$\text{노동생산성} = \frac{\text{부가가치}}{\text{종업원 수}}$$

종업원 1인당 보유하는 자본액을 나타내는 자본집약도와 기업에 투자된 총자본이 어느 정도의 부가가치를 창출하였는가를 나타내는 총자본투자효율로 분해될 수 있다.

$$노동생산성 = \frac{총자본}{종업원수} \times \frac{부가가치}{총자본}$$

$$= 자본집약도 \times 총자본투자효율$$

분석전자의 노동생산성을 구하면 다음과 같다. 분석전자의 경우 산업평균에 비해 매우 높게 나타나기에 노동생산성은 매우 우수하다고 할 수 있다.

[분석전자의 노동생산성]

연도	분석전자	산업평균
20X6년	$\frac{58,965,402}{143,600} = 410.62$	83.23
20X7년	$\frac{27,851,036}{157,685} = 176.62$	72.12

(4) 자본생산성(productivity of capital)

자본생산성은 생산요소의 하나인 자본의 단위당 투자효율을 나타내는 것으로서, 가장 대표적인 자본생산성 비율은 총자본투자효율이다. 총자본투자효율은 기업에 투자된 총자본이 1년 동안 어느 정도 부가가치를 창출하였는지를 나타내는 비율로서, 부가가치를 총자본으로 나눈 값으로 계산된다.

$$총자본투자효율(\%) = \frac{부가가치}{총자본} \times 100$$

자본생산성이 높다는 것은 총자본이 효율적으로 운영되었음을 의미하며 이런 경우 노동생산성도 높게 나타난다. 자본생산성(총자본투자효율)은 부가가치율과 총자산회전율로 구성된다.

$$총자본투자효율(\%) = \frac{부가가치}{매출액} \times \frac{매출액}{총자본} = 부가가치율 \times 총자산회전율$$

분석전자의 총자본투자효율을 구하면 다음과 같다. 분석전자의 경우 산업평균에 비해 20X6년과 20X7년 모두 낮게 나타나고 있다. 그러므로 분석전자의 자본생산성은 양호하지 못하다고 평가할 수 있다.

[분석전자의 총자본투자효율(%)]

연도	분석전자	산업평균
20X6년	$\dfrac{58,965,402}{301,752,090 + 339,357,244} \times 100 = 9.19$	20.88
20X7년	$\dfrac{27,851,036}{339,357,244 + 352,564,497} \times 100 = 4.02$	20.50

(5) 생산성비율에 대한 평가

분석전자의 생산성비율을 종합적으로 제시하면 다음과 같다. 분석전자의 경우 노동생산성을 제외하고 부가가치율과 총자본투자효율에 있어서 산업평균 대비 낮거나 변동성이 큰 것을 알 수 있다. 생산성 향상에 대한 문제를 파악해볼 필요가 있어 보인다.

[분석전자의 생산성비율]

재무비율	분석전자		산업평균	
	20X6	20X7	20X6	20X7
부가가치율(%)	24.18	12.08	26.53	26.16
노동생산성	410.62	176.62	83.23	72.12
총자본투자효율(%)	9.19	4.02	20.88	20.50

7 시장가치비율(market value ratio)

시장가치비율은 기업의 시장가치를 나타내는 주가와 주당순이익 또는 장부가치 등의 관계를 나타내는 재무비율을 말한다. 시장에서 특정 기업의 과거성과 및 미래전망이 어떻게 평가되고 있는지를 보여주는 지표이다. 기업의 유동성, 안정성, 효율성, 성장성, 수익성 등에 대한 과거 성과가 양호하다면 시장가치비율도 높아지기 때문에 주가상승과 더불어 기업가치도 높아질 것으로 기대할 수 있다.

(1) 주가수익비율(PER ; Price Earning Ratio)

주가수익비율은 주가를 주당순이익으로 나눈 것으로 P/E라고도 한다. PER은 주가가 주당순이익의 몇 배가 되는지를 나타내는 것으로서, 기업의 주당순이익 1원에 대한 질적인 가치 또는 시장 평가를 의미한다. 일반적으로 PER은 성장성이 높거나 위험이 낮을수록 높아지는데 회계처리 방법에 의해서도 영향을 받을 수 있다. 회계이익을 가능한 적게 계산하려는 보수적인 회계처리를 하는 기업은 PER이 높게 나타날 수 있다.

$$\text{주가수익비율} = \frac{\text{주가}}{\text{주당순이익}}$$

(2) 주가장부가치비율(PBR ; Price Book-value Ratio)

주가장부가치비율은 주가를 주당순자산으로 나눈 비율로서, 흔히 주가순자산비율이라고 한다.

$$\text{주가장부가치비율} = \frac{\text{주가}}{\text{주당순자산}}$$

기업의 미래수익전망이 밝고 경영이 효율적일수록 주식의 장부가치와 시장가치 사이의 차이가 커져서 주가장부가치비율이 높아진다. 따라서 주식의 장부가치보다 시장가치가 훨씬 높게 평가되고 있는 기업은 시장에서 그 기업의 성장 전망이 클 것으로 기대하고 있다고 볼 수 있다. 그러나 물가상승으로 인해 장부가치가 낮게 평가되어 있는 경우에도 이 비율이 커질 가능성이 있다.

(3) 토빈의 q비율(Tobin's q ratio)

토빈의 q비율은 기업이 보유하고 있는 자산의 시장가치를 그 자산에 대한 대체원가로 나눈 비율을 말한다.

$$\text{q비율} = \frac{\text{자산의 시장가치}}{\text{자산의 대체원가}}$$

토빈의 q비율은 주가장부가치비율과 유사하다. 그러나 q비율의 경우 분자가 주식과 부채 모두를 시장가격으로 평가한 가격이며, 분모는 그 기업의 보유자산을 장부상의 취득원가가 아닌 대체원가로 측정한 것이기에 주가장부가치비율과 다르다. 인플레이션을 고려한다면 대체원가가 취득원가를 초과하기 때문에 대체원가를 추정하는 것이 중요하게 된다. 일반적으로 q비율이 1보다 큰 경우에는 자본설비의 시장가치가 대체원가보다 큰 가치를 가지므로 기업들이 투자하려는 유인을 갖게 되고, q비율이 1보다 작으면 투자유인이 없다고 할 수 있다. 이는 사실 q비율을 투자결정기준으로 활용할 수 있음을 보여주는 것이고, 또한 인수합병에서도 q비율이 매우 중요시되며 인수대상기업의 선정 시 기준으로 활용되기도 한다.

제3절 ┃ 비율분석의 유용성과 한계

1 비율분석의 유용성과 한계점

비율분석은 재무제표를 이용하여 기업의 이해관계자들이 합리적 의사결정을 내리는 데 유용한 정보를 제공하기에 가장 널리 사용되는 분석방법이다. 재무비율은 사용하는 이용자의 목적에 따라 재무제표상의 두 항목을 선택하여 다양한 종류의 비율구성이 가능하다. 그리고 분석 자료로 이용되는 재무제표는 수집이 용이하고 계산방법과 이해가 쉽다는 장점이 있다. 반면 재무비율분석은 몇 가지 한계점 또한 지니는데 다음과 같다.

(1) 미래에도 지속될 것이라는 가정의 한계

비율분석은 역사적 자료인 재무제표를 근거로 하기에 일정 기간의 영업성과와 재무상태가 미래에도 지속될 것이라는 가정에서 분석된다. 경영분석의 실질적인 목적은 정책수행의 결과로 나타나는 미래의 재무상태와 경영성과를 예측하는 데 있지만, 미래상황이 불확실할 뿐만 아니라 경영환경이 빠른 속도로 변화하기 때문에 과거 자료를 이용하여 미래를 예측하는 데 여러 가지 한계가 있다.

(2) 기계적인 사용으로 인한 한계

비율분석은 재무제표를 근간으로 하여 분석되는데, 이 중 재무상태표는 일정 시점을 기준으로 작성되고 계절적 변동에 따른 영향이 큰 산업에 대한 고려뿐만 아니라 인플레이션에 의한 가치변동 등이 반영되지 않기 때문에 이를 기계적으로 적용한다면 비율분석이 왜곡될 수 있다.

(3) 일반화의 한계

특정한 재무비율이 양호한지 또는 불량한지의 여부를 일반화하기가 어렵다. 예를 들어 해당 기업의 유동비율이 높다는 것은 유동성 측면에서 양호한 상태로 평가받을 수 있지만, 과도한 현금의 보유는 수익성 측면에서 오히려 비효율적일 수도 있다. 마찬가지로 자산회전율이 높다는 것은 그 기업이 자산을 효율적으로 사용한다는 것을 의미하지만, 한편으로는 자산에 대한 추가적인 투자가 어려운 기업임을 의미하기도 한다.

(4) 처리방식 차이로 인한 한계

개별기업마다 운영방법과 회계처리방법이 다르기에 비율분석을 통해 재무비율을 상호 비교하는 것만으로 충분하지 않을 수가 있다. 비교기업 간에 감가상각법 및 재고자산평가방법이 다르게 적용되는 경우에는 정확한 정보를 획득하기 어렵다.

(5) 종합적 판단의 어려움

특정 기업에 있어서 일부 재무비율이 양호하고 다른 재무비율은 불량한 경우 그 결과를 종합적으로 판단하기 어렵다. 이런 경우 재무비율들의 순효과(net effects)를 분석하기 위해서 다른 추가적인 분석방법을 이용하여야만 한다.

(6) 상대적 평가의 필요성

대부분의 기업이 산업평균보다 양호한 비율을 갖고자 하므로 단지 평균성과를 얻고 있는 데 만족하지 않는다. 따라서 높은 수준의 성과에 대한 목표로서 동일 산업의 선두그룹에 속한 재무비율을 사용하는 것이 보다 합리적일 수 있다.

(7) 분석방법에 따른 차이

비율분석에서 비교기준이 되는 표준비율로 어느 것을 선택하느냐에 따라 평가가 달라질 수 있다. 선택된 표준비율이 특정 기업에 가장 적합한 최선의 비교기준이라고 판단할 근거가 없기 때문이다. 또한 서로 다른 산업에 속하는 사업부를 운영하는 기업의 경우에는 특정 산업의 평균비율을 적용할 수 없기 때문에 이에 적합한 산업평균값을 산출하기 어렵다.

(8) 정성적 판단의 어려움

기업의 유동성, 수익성, 안정성, 생산성, 성장성 이외에도 기업 가치평가에 영향을 미치는 요인으로 경영자의 자질, 조직의 효율성, 시장점유율, 기업의 신용, 종업원의 기술정도 등을 들 수 있다. 이와 같은 요인들은 재무제표상에 수치화될 수 없으므로 비율분석만으로 기업을 정확히 평가한다는 것에 한계가 있다.

제4절 　비율분석의 보완

1 듀퐁시스템(du-pont system)

(1) 듀퐁시스템의 개념

① 듀퐁시스템의 정의

재무비율의 분석 시 기업의 수익성을 살피기 위해서는 다양한 지표들을 분석할 수 있다. 그러나 그 중 대표적으로 살펴보는 분석 방법인 듀퐁시스템은 대차대조표나 손익계산서상의 항목들을 체계적으로 연관시킴으로써 기업의 재무적 성과를 효과적으로 요약함과 동시에 기업의 수익성 저하요인을 찾아내어 분석하는 재무분석 체계를 말한다.

대표적으로 사용되는 지표인 총자산순이익률(ROA)을 대리인의 입장에서 총자산에 대한 투자수익률이라고 본다면, 또 다른 대표적인 지표의 하나인 자기자본순이익률(ROE)은 주주의 입장에서 자기자본에 대한 수익성을 살펴보는 비율이라 할 수 있다. 왜냐하면 ROE는 해당 지분의 투자에 대한 효율성을 나타내기 때문이다. 이와 같이 수익성에 대한 분석일지라도 적합성에 따라 사용되는 지표가 달라진다. 최근 기업지배구조와 관련한 연구들에서 ROE를 통한 분석의 접근 빈도가 높아지고 있다. ROE는 주주를 중요하게 여기는 오늘의 경영환경에 있어서 대표적인 관리 지표가 될 수 있기 때문이다. 또한 기업의 지속가능성장을 예측하는 대표적인 성장률 지표로 ROE가 자주 사용된다. ROE를 통해 측정하는 지속가능한 성장률은 ROA를 통해 도출한 내부적인 성장률과 대조된다. 일반적으로 ROA와 ROE의 비율 간의 차이는 재무레버리지 효과를 반영한 것이라 볼 수 있다. 부채를 부담하는 것으로 인해 수익의 변화 폭이 증가하여, 결과적으로 이익의 큰 변화를 가져오는 것이라 할 수 있다. ROE라는 수익성의 결과를 다른 두 가지 측면의 요소들로 함께 설명한 것이 바로 듀퐁의 항등식이라 할 수 있다. ROE의 공식은 다음과 같다.

$$ROE = \frac{순이익}{자기자본} = \frac{순이익}{자기자본} \times \frac{총자산}{총자산} = \frac{순이익}{총자산} \times \frac{총자산}{자기자본} = ROA \times EM$$

상기 식에 다시 분모와 분자에 매출액을 곱하면 다음과 같이 나타낼 수 있으며, 결과적으로 매출액 순이익률(PM), 총자산회전율(TAT)과 자기자본승수(EM)의 곱으로 분해된다.

$$ROE = \frac{순이익}{매출액} \times \frac{매출액}{총자산} \times \frac{총자산}{자기자본} = PM \times TAT \times EM$$

이처럼 ROE라는 대표적인 수익성 지표를 세 가지 변수로 도해한 수익성 분석 방법을 듀퐁시스템이라 한다.

(2) 듀퐁시스템의 장단점

① 듀퐁시스템의 장점

  ㉠ 기업의 활동성과 수익성을 결합한 지표이기 때문에 활동성과 수익성을 모두 동시에 충족시킨다.

  ㉡ 비율분석을 종합적으로 나타내는 분석이다.

  ㉢ 경영자나 종업원의 업적에 대한 평가와 통제에 있어서 매우 효과적이고, 관리자나 종업원들에게 해당 부서의 업무와 기업목표 간의 관계를 인식시키고 구체적인 관리목표를 제시함으로써 각 부문의 활동과 기업의 목표를 연동시킬 수 있다.

② 듀퐁시스템의 단점

  ㉠ 회계자료를 기초로 한 분석이라 기업 간 회계처리방식의 차이에 따라 영향을 받을 수 있다.

  ㉡ 수익성 결정을 하는 비재무적 요소인 경영의 질적 요소와 전략적 요소에 대한 반영이 이루어지지 않고 있다.

  ㉢ 화폐의 시간가치를 고려하지 않고 있다. 경영학에서 화폐의 시간적 가치는 아주 중요한 요소이다. 시간이 지남에 따라 화폐 가치는 변화할 수 있기 때문이다. 그러나 듀퐁시스템은 과거 자료를 사용하므로 화폐의 시간적 가치를 정확하게 반영할 수 없다.

2 지수법(index method)

(1) 지수법의 개념

① 지수법

  지수법이란 여러 가지 재무비율을 동시에 고려하여 기업의 재무상태와 경영성과를 종합적으로 평가하는 방법을 말한다. 각각의 재무비율에 가중치를 부여하여 지수를 산출하기에 가중비율총합(weighted ratio method)이라고 부르기도 한다. 이와 같은 지수법은 개별적인 비율분석이 지닌 문제점을 해결하기 위하여 도입되었다. 개별분석 결과에서 도출된 값들 중에서 분석의 목적에 맞춰 몇 개의 비율을 선택하여 이들을 이용하고, 분석에 사용되는 비율 값들을 이용하여 표준비율과의 관계에서 지수를 산출한 후에 이들의 합계를 구하여 기준점수 100과 비교하여 종합적인 재무상황을 판단하는 것이다.

② **지수법의 적용 절차**

　　㉠ 1단계 : 분석 목적에 맞는 주요 비율을 선정한다.

　　㉡ 2단계 : 각 비율별 중요성 평가를 한 후 가중치를 부여한다.

　　㉢ 3단계 : 개별비율을 표준비율과 비교하여 관계비율을 산출한다.

　　㉣ 4단계 : 가중치와 관계비율을 곱하여 평점을 산출한다.

(2) 지수법의 유용성 및 한계점

① **지수법의 유용성**

재무자료를 통해 비율분석 또는 양적 분석과정에서 기업의 경영성과를 분석하는 것은 분석의 적용이나 분석의 분야에 따라 상이한 결과를 초래할 수 있다. 그렇기에 단일 분야에서도 분석 요인에 따라 다른 결과가 도출될 수 있다. 이와 같은 문제점을 해결하고 기업에 대한 종합적인 판단을 가능하게 하는 것이 지수법이다. 지수법은 일부 비율이 표준 이상이고 다른 비율이 표준 이하일 경우에 종합적인 판단이 매우 용이하고 효과적으로 적용이 가능하다는 장점을 지닌다. 또한 기간의 비교를 통한 응용방법으로, 기업의 경영성과에 대한 시계열적인 결과 도출이 가능하다는 장점도 지닌다.

② **지수법의 한계점**

　　㉠ 주요 재무비율의 선정과 가중치 부여가 임의적이고 특히 수익성 등의 요인들이 고려되지 않는다.

　　㉡ 평가기준이 되는 표준비율의 선정이 임의적이다.

　　㉢ 분석대상의 비율이 한정적이다.

○✕로 점검하자 | 제2장

※ 다음 지문의 내용이 맞으면 ○, 틀리면 ✕를 체크하시오. [1~10]

01 재무상태표를 통해 직접적으로 의사결정에 필요한 정보를 파악하기는 쉽다. (　　)

02 재무비율은 경제적 의미나 논리적 관계가 분명한 재무제표의 한 항목을 다른 항목에 대하여 비율로 나타낸 것을 말한다. (　　)

03 재무비율은 비교가능성과 일관성이 확보되어야 한다. (　　)

04 재무비율의 측정 시 분자항에 영향을 미치는 변수는 분모항에는 영향을 미치지 않는다.
(　　)

05 산업평균비율은 표준산업분류와 같은 일정한 기준에 따라 산업을 분류하여 해당 산업에 속해 있는 모든 기업의 재무비율의 평균값을 말한다. (　　)

06 특정 산업 내의 재무비율을 도출하기 어려울 경우, 경쟁기업의 재무비율 또는 산업 내의 대표적인 기업의 재무비율을 표준비율로 이용할 수 있다. (　　)

정답과 해설 01 ✕ 02 ○ 03 ○ 04 ✕ 05 ○ 06 ○

01 재무상태표를 통해 직접 필요 정보를 획득하는 것이 어렵기에 고안된 것이 재무비율이다.
02 비율분석이란 재무비율의 경제적 의미를 분석하여 기업의 재무상태와 경영성과를 평가하는 기법이라 할 수 있겠다.
03 재무비율의 비교가능성(comparability)과 일관성(consistency)의 결여는 비율분석의 결과를 해석하는 데 오류를 가져다주기도 한다.
04 재무비율은 분자항에 영향을 미치는 변수가 분모항에도 영향을 미치기에 재무비율 분석에 유의해야 한다.
05 산업평균비율은 재무비율의 비교기준인 표준비율로 가장 널리 사용되고, 산업평균비율을 표준비율로 이용하는 경우에는 재무비율을 산업평균비율과 비교함으로써 재무상태와 경영성과가 양호한지 또는 불량한지를 평가할 수 있다.
06 다양한 업종의 사업부를 운영하고 있는 기업의 재무비율 분석을 시행할 때는 특정 산업의 평균비율을 표준비율로 이용하는데 어려움이 존재하기에, 산업평균비율보다는 영업활동의 특성 또는 규모면에서 유사한 경쟁업체 재무비율을 표준비율로 사용한다.

07 단기채무의 상환능력을 측정하는 재무비율은 유동성비율이다. ( )

08 자본구조비율은 기업의 장기채무지급능력을 나타내는 비율을 말한다. ( )

09 부채비율은 자기자본을 유동부채로 나눈 비율로 측정된다. ( )

10 재무제표를 통한 비율분석은 계절적 변동에 따른 영향과 인플레이션에 의한 가치변동 등을 반영하지 못한다는 한계점을 지닌다. ( )

---

07 유동성비율은 단기채무를 상환할 수 있는 능력을 측정하는 재무비율로서, 일반적으로 단기채무지급능력비율이라고도 한다.

08 자본구조비율은 기업의 장기채무지급능력을 나타내는 비율로서, 타인자본 의존도에 의해 측정된다. 부채를 이용하는 것을 레버리지라고 하기에 레버리지비율이라고 부르기도 한다.

09 부채비율은 장기채무지급능력을 판단하는 근거로서, 현금 및 현금성자산을 유동부채로 나눈 비율로 사용된다.

10 비율분석은 환경적 변화, 산업변화, 경기변동, 회계처리방법의 상이함 등에서 오는 한계점을 지닌다.

제 2 장 | 실전예상문제

01 재무제표의 내용은 매우 복잡하기에 재무제표를 직접적으로 분석하여 의사결정에 필요한 정보를 쉽게 파악하는 것은 어렵기에, 재무제표에 포함된 정보를 쉽게 파악할 수 있는 수단이 필요하며, 이를 위해 고안된 것이 재무비율이다.

01 다음 중 재무비율에 대한 설명으로 옳지 <u>않은</u> 것은?

① 기업의 재무상태와 경영성과를 파악할 수 있다.
② 재무비율로는 재무제표에 포함된 필요정보를 쉽게 파악할 수 없다.
③ 경영성과 파악 시 재무상태표, 손익계산서, 현금흐름표를 분석한다.
④ 경제적 의미를 분석하는 것이다.

02 여러 기업의 재무비율을 상호 비교하거나 또는 한 기업의 재무비율을 기간별로 상호 비교하는 데 있어서 비교가능성과 일관성이 확보되어야 올바른 결과 해석이 가능하다.

02 다음 빈칸에 적합한 말로 옳은 것은?

> 재무비율의 _____과 일관성(consistency)의 결여는 비율분석의 결과를 해석하는 데 오류를 주기도 한다.

① 성장성
② 비교가능성
③ 가변성
④ 변동성

03 재무비율은 전반적인 경제상황이나, 산업 내 위치, 경영정책과 회계처리방법 등에 따라 영향을 받는다. 비율분석의 오류를 줄이기 위해서는 비교가능성과 일관성이 확보되어야 한다. 대체제의 위협은 비율분석보다는 산업의 매력도를 측정할 때 사용되는 개념이다.

03 다음 중 재무비율에 영향을 미치는 요인으로 옳지 <u>않은</u> 것은?

① 경제상황
② 산업 내 위치
③ 경영정책 및 회계처리방법
④ 대체제의 위협

정답 (01 ② 02 ② 03 ④)

04 다음 중 재무비율의 분류와 경제적 의미의 연결로 옳지 <u>않은</u> 것은?

① 유동성비율 – 단기채무지급능력
② 자본구조비율 – 장기채무지급능력
③ 효율성비율 – 자산의 이용효율성
④ 생산성비율 – 기업의 성장가능성

05 재무비율에 대한 옳은 설명을 모두 고른 것은?

⊙ 재무비율은 기업의 재무적 건강상태에 대한 신호이다.
© 기업의 경영상태가 건실한가를 과학적으로 진단하는 것을 말한다.
© 재무비율 분석을 통해 탐지하기 어려운 기업의 재무적 건강상태를 파악 가능하다.
② 재무제표를 직접적으로 해석하는 것을 말한다.

① ⊙, ©, ©
② ⊙, ©, ②
③ ©, ©, ②
④ ⊙, ©, ©, ②

06 다음 빈칸에 공통으로 들어갈 말로 옳은 것은?

재무비율을 이용하여 기업의 재무상태와 성과를 평가할 때 기준이 되는 재무비율을 _____이라 한다. _____로 이용되는 재무비율은 산업평균비율, 경쟁기업의 재무비율, 경험적 재무비율, 과거평균비율 등이 있다.

① 징태직 비율
② 표준비율
③ 동태적 비율
④ 효율성비율

04 생산성비율은 기업이 투입하는 생산요소에 대한 성과를 측정하는 것으로서 대표적으로 부가가치율, 노동생산성, 자본생산성이 있다. 기업의 성장가능성을 측정하는 비율은 성장성비율로서 총자산증가율, 매출액증가율, 순이익증가율 등이 있다.

05 재무제표(재무상태표, 손익계산서, 현금흐름표)의 내용은 매우 복잡하기에 재무제표를 직접적으로 분석하여 의사결정에 필요한 정보를 쉽게 파악하는 것은 어렵다. 그렇기에 재무제표에 포함된 정보를 쉽게 파악할 수 있는 수단이 필요하며, 이를 위해 고안된 것이 재무비율이다.

06 분석자료에 의한 분류에 따라 정태적 비율과 동태적 비율로 구분된다. 효율성비율은 보유자산의 이용효율성을 나타내는 비율을 말한다.

정답 04 ④ 05 ① 06 ②

07 경쟁기업의 재무비율, 경험적 재무비율, 과거평균비율, 산업평균비율은 모두 표준비율에 속한다. 이 중 동일한 산업의 재무비율의 평균값을 나타내는 것은 산업평균비율이다.

07 표준산업분류와 같은 일정한 기준에 따라서 산업을 분류하여 해당 산업에 속해 있는 모든 기업의 재무비율의 평균값을 말하는 것은 무엇인가?

① 경쟁기업의 재무비율

② 경험적 재무비율

③ 산업평균비율

④ 과거평균비율

08 해당 내용들은 모두 경험적 재무비율에 대한 설명이다. 경험적 재무비율이란 오랜 기간에 걸쳐 체험적으로 터득된 이상적인 재무비율을 의미한다.

08 표준비율 중 경험적 재무비율에 대한 옳은 설명을 모두 고른 것은?

> ㉠ 오랜 기간 체험적으로 습득된 이상적인 재무비율을 말한다.
> ㉡ 특정 국가의 정치 및 경제적 특성, 사회문화적 특성, 금융환경 그리고 기업이 속한 국가의 산업과 기업규모 등에 따라 달라질 수 있다.
> ㉢ 분석자에 따라 경험적 재무비율의 수준이 다를 수 있기 때문에 절대적인 기준에 따라 경험적 재무비율을 설정하는 것이 무조건 옳다고 할 수 없다.

① ㉠, ㉡   ② ㉡, ㉢

③ ㉠, ㉢   ④ ㉠, ㉡, ㉢

09 단기채무지급능력을 측정하는 유동성 비율에는 유동비율, 당좌비율, 순운전자본구성비율, 현금비율 등이 있다.
부채비율은 장기채무지급능력을 측정하는 자본구조비율이다.

09 다음 중 유동성비율로 옳지 <u>않은</u> 것은?

① 당좌비율

② 현금비율

③ 부채비율

④ 순운전자본구성비율

정답   07 ③   08 ④   09 ③

10 다음 중 수익성비율에 해당하는 것을 모두 고른 것은?

> ㉠ 총자산증가율
> ㉡ 총자산순이익률
> ㉢ 매출액총이익률
> ㉣ 매출액증가율

① ㉠, ㉢, ㉣
② ㉡, ㉢
③ ㉠, ㉡, ㉣
④ ㉠, ㉡, ㉢

10 매출 또는 투자에 대한 수익성을 나타내는 것으로 경영의 효율성을 나타내는 비율인 수익성비율에는 총자산순이익률, 자기자본순이익률, 매출액총이익률, 매출액영업이익률, 매출액순이익률이 있다.

11 기업이 재고자산의 처분을 고려하지 않은 상황에서 단기채무지급능력을 측정하기에 적합한 재무비율로 옳은 것은?

① 유동비율
② 당좌비율
③ 현금비율
④ 순운전자본구성비율

11 당좌비율은 재고자산의 처분을 고려하지 않은 상황에서 단기채무를 상환할 수 있는 단기채무지급능력을 측정하는 비율이기에, 유동비율보다 유동성 측면을 더 강조하는 비율이다. 당좌비율이 높을수록 단기채무지급능력이 좋다는 것을 의미하며, 일반적으로 당좌비율이 100% 이상이어야 바람직하다 평가된다.

12 다음 빈칸에 들어갈 말로 옳은 것은?

> 유동자산 중에 유동성이 가장 높은 자산은 현금 및 현금성자산이다. _____은 유동부채에 대한 현금 및 현금성자산의 비율로서 현금 및 현금성자산으로 유동부채를 상환할 수 있는 초단기적 채무지급능력을 파악하는 자료로 사용된다.

① 비유동비율
② 현금비율
③ 당좌비율
④ 유동비율

12 현금비율이 높다는 것은 유동성이 높다는 것이다. 현금 및 현금성자산은 청산 시 가격하락의 위험이 거의 없고 즉시 현금화가 가능하다는 특징이 있다.

정답 10 ② 11 ② 12 ②

13 부가가치계산을 위한 필요 계정으로는 급여, 퇴직급여, 복리후생비, 감가상각비, 세금과공과금, 대손상각비가 있다.

13 다음 중 부가가치계산을 위해 필요계정으로 옳은 것은?

① 급여 – 퇴직급여 – 복리후생비 – 감가상각비 – 세금과공과금 – 대손상각비

② 급여 – 퇴직급여 – 복리후생비 – 감가상각비 – 세금과공과금 – 당기순이익

③ 급여 – 퇴직급여 – 복리후생비 – 감가상각비 – 영업이익 – 대손상각비

④ 급여 – 퇴직급여 – 복리후생비 – 매출총이익 – 세금과공과금 – 대손상각비

14 일반적으로 유동비율이 200% 이상일 경우 바람직하다고 평가한다.

14 다음 중 유동비율에 대한 설명으로 옳지 **않은** 것은?

① 기업의 단기채무지급능력을 측정하는 재무비율이다.

② 유동비율은 일반적으로 은행가비율(banker's ratio)이라 불린다.

③ 유동비율이 높을수록 단기채무지급능력이 양호하다는 의미이다.

④ 유동비율이 100% 이상일 경우 바람직하다고 평가한다.

정답 13 ① 14 ④

15 다음은 분석전자의 재무상태표이다. 20X7년의 부채비율로 옳은 것은?

(단위 : 백만 원)

구분	20X7년	20X6년
자산		
유동자산	181,385	174,697
현금 및 현금성자산	28,885	30,340
단기금융상품	76,252	65,893
부채		
유동부채	63,782	69,081
매입채무	8,718	8,479
단기차입금	14,393	13,586
미지급금	12,002	10,711
선급금	1,420	1,361

① 43.22%

② 53.36%

③ 45.28%

④ 32.40%

16 다음 중 효율성비율에 대한 설명으로 옳지 않은 것은?

① 효율성비율은 자산의 효율적 이용도를 평가하는 데 사용된다.

② 일반적으로 활동성비율 또는 자산관리비율이라 불린다.

③ 수익의 발생원천이 매출액이기에 매출액을 기준으로 자산의 효율적 이용도를 측정할 수 있다.

④ 효율성비율은 매출을 위하여 자산을 몇 번 회전시키고 있는가를 나타내는 재무비율로서, 매출액을 자기자본으로 나누어 계산한다.

---

15 부채비율(%)

$$= \frac{\text{현금 및 현금성자산}}{\text{유동부채}} \times 100$$

$$= \frac{28,885}{63,782} \times 100$$

$$= 45.28\%$$

16 효율성비율은 자산의 효율적 이용도를 평가하는 비율로서, 매출액을 자산항목으로 나누어 계산한다.

정답 15 ③　16 ④

17 수익성비율은 손익계산서상의 회계 이익에 기초하여 측정되기 때문에 기업의 실질적인 현금흐름에 관한 정보가 반영되지 않고 있다는 결점이 있다.

17 다음 중 수익성비율에 대한 설명으로 옳지 <u>않은</u> 것은?

① 기업의 이익창출능력을 나타내는 지표이다.

② 기업활동의 결과를 집약하여 경영성과를 측정하는 재무비율이다.

③ 조달한 자본을 영업활동, 재무활동, 투자활동 등에 투자하여 얼마나 효율적으로 이용하였는가를 나타낸다.

④ 실질적인 현금흐름에 대한 정보가 반영되어 있다.

18 성장비율은 기업의 경영규모와 영업성과가 얼마나 증대되었는지를 나타내고, 기업의 외형적 성장과 실질적 성장에 관한 정보는 산업 내의 상대적 지위와 경쟁력을 나타낸다.

18 다음 중 성장성비율에 대한 설명으로 옳지 <u>않은</u> 것은?

① 성장비율은 기업의 경영규모와 영업성과가 얼마나 증대되었는지를 나타낸다.

② 재무비율로 성장률을 측정하는 대표적인 항목으로 총자산, 매출액 그리고 순이익 등이 있다.

③ 기업의 외형적 성장과 실질적 성장에 관한 정보는 산업 내의 절대적 지위와 경쟁력을 나타낸다.

④ 성장성이 높은 기업은 유동성이 부족하기에 성장성과 유동성의 상반관계를 적절하게 고려해야 한다.

19 비유동비율(%)

$$= \frac{비유동자산}{자기자본} \times 100$$

$$= \frac{50,000}{80,000} \times 100$$

$$= 62.5\%$$

19 20X7년 분석전자는 비유동자산 50,000(백만 원), 자기자본인 80,000(백만 원)인 것으로 나타났다. 20X7년 비유동비율로 옳은 것은?

① 53.5%

② 80%

③ 160%

④ 62.5%

정답 (17 ④ 18 ③ 19 ④)

20 비율분석의 한계점에 대한 옳은 설명을 모두 고른 것은?

> ⊙ 미래상황이 불확실할 뿐만 아니라 경영환경이 빠른 속도로 변화하기 때문에 과거 자료를 이용하여 미래를 예측하는 데 한계가 있다.
> ⓒ 인플레이션에 의한 가치변동 등이 반영되지 않기 때문에 이를 기계적으로 적용한다면 비율분석이 왜곡될 수 있다.
> ⓒ 특정한 재무비율이 양호한지 또는 불량한지의 여부를 일반화하기가 어렵다.

① ⊙, ⓒ, ⓒ
② ⓒ, ⓒ
③ ⊙, ⓒ
④ ⊙, ⓒ

20 해당 내용들은 비율분석의 한계점들이다. 과거 실적만으로 미래를 예측하는 측면과 계절적 변동을 고려하지 못하는 측면 그리고 회계처리방법의 상이함에서 오는 한계점이 존재한다.

주관식 문제

01 경제적 의미에 따른 재무비율의 종류를 쓰시오.

01
정답 유동성비율, 자본구조비율, 효율성비율, 수익성비율, 성장성비율, 생산성비율, 시장가치비율

해설 기업의 재무상태와 경영성과를 분석하는데 비율분석의 목적이 있기 때문에 재무비율을 분석할 때에는 각 재무비율이 어떤 경제적 의미를 지니는지 먼저 파악해야 한다. 대표적인 재무비율에는 유동성비율, 자본구조비율, 효율성비율, 수익성비율, 성장성비율, 생산성비율, 시장가치비율이 있다.

정답 20 ①

02

정답 ㉠ 산업평균비율
㉡ 과거평균비율

해설 재무성과를 평가할 때 기준이 되는 표준비율로는 산업평균비율, 경험적 재무비율, 과거평균비율 등이 있다.

02 다음 빈칸에 들어갈 적합한 말을 쓰시오.

> 재무비율을 이용하여 기업의 재무상태와 성과를 평가할 때 기준이 되는 재무비율을 표준비율(standard ratio)이라 한다. 표준비율로 이용되는 재무비율은 ☐ ㉠ ☐, 경쟁기업의 재무비율, 경험적 재무비율, ☐ ㉡ ☐ 등이 있다.

03

정답 ㉠ 비교가능성 ㉡ 일관성

해설 재무비율의 비교가능성과 일관성의 확보는 분석결과 해석 시 오류를 줄여준다.

03 다음 빈칸에 들어갈 적합한 말을 쓰시오.

> 여러 기업의 재무비율을 상호 비교하거나 또는 한 기업의 재무비율을 기간별로 상호 비교하는 것 또한 쉽지 않다. 재무비율의 ☐ ㉠ ☐과 ☐ ㉡ ☐의 결여는 비율분석의 결과를 해석하는 데 오류를 주기도 한다.

04 유동성비율의 의의에 대해 쓰시오.

정답 유동성비율은 단기채무를 상환할 수 있는 능력을 재무비율로 나타낸 것으로, 단기채무지급능력비율이라고도 한다.

05 다음 빈칸에 들어갈 적합한 말을 쓰시오.

정답 ㉠ 재무상태표 ㉡ 손익계산서

해설 재무상태표, 손익계산서 그리고 현금흐름표를 통해 재무제표를 분석하여 기업의 재무상태를 파악할 수 있다.

> ┌─㉠─┐, ┌─㉡─┐, 현금흐름표 등과 같은 재무제표를 분석하여 기업 재무상태와 경영성과를 파악할 수 있다. 그러나 재무제표의 내용은 매우 복잡하기에 재무제표에 포함된 정보를 쉽게 파악할 수 있는 수단이 필요하며, 이를 위해 고안된 것이 재무비율이다.

06

정답 총자산증가율, 매출액증가율, 순이
익증가율

해설 성장성비율은 기업의 경영규모와 영
업성과가 얼마나 증대되었는지를 나
타내는 재무비율로, 성장률을 측정
하는 대표적인 비율로는 총자산증가
율, 매출액증가율, 순이익증가율 등
이 있다.

07

정답 수익성비율은 기업이 주주와 채권자
로부터 조달한 자본을 영업활동, 재
무활동, 투자활동 등에 투자하여 얼
마나 효율적으로 이용하였는가를 나
타내므로, 이해관계자들의 의사결정
에 중요한 정보로서 가치를 지닌다.

08

정답 비율분석은 의사결정 시 필요한 정보
를 쉽게 사용하고 이해할 수 있다는
점에서 유용하다. 또한 이용자의 목
적에 따라 재무제표의 두 항목을 선
택하여 다양한 종류의 비율구성이 가
능하고, 분석 자료로 이용되는 재무
제표는 수집이 용이하고 계산방법과
이해가 쉽다는 장점이 있다.

06 대표적인 성장성비율 세 가지를 쓰시오.

07 수익성비율의 의의에 대해 설명하시오.

08 비율분석의 유용성에 대해 설명하시오.

09 성장성비율의 의의에 대해 설명하시오.

09

정답 성장성비율은 산업이 성장산업인지 사양산업인지에 대한 통찰력을 제공하고 기업의 외형적 성장과 실질적 성장에 관한 정보는 산업 내의 상대적 지위와 경쟁력을 나타낸다.

10 시장가치비율이 지니는 의미를 쓰시오.

10

정답 시장가치비율은 기업의 시장가치를 나타내는 주가와 주당순이익 또는 장부가치 등의 관계를 나타내는 재무비율을 말하며, 시장에서 특정 기업의 과거성과 및 미래전망이 어떻게 평가되고 있는지를 보여주는 지표이다.

SD에듀와 함께, 합격을 향해 떠나는 여행

제 3 장

기업손익 분석

제1절 손익분기점 분석

제2절 레버리지 분석

실전예상문제

우리 인생의 가장 큰 영광은 결코 넘어지지 않는 데 있는 것이 아니라
넘어질 때마다 일어서는 데 있다.

– 넬슨 만델라 –

제3장 | 기업손익 분석

제1절 손익분기점 분석

1 손익분기점 분석의 의의와 영업비용

(1) 손익분기점 분석의 의의

① 손익분기점 분석의 개념

손익분기점(BEP ; Break Even Point)은 기업이 생산능력 범위 내에서 영업비용을 회수하는 데 필요한 최소한의 조업도(판매량, 매출액)를 의미한다. 즉, 영업이익이 0원이 되는 판매량이나 매출액을 의미하는 것이다. 손익분기점을 분석함으로써 판매량의 변화에 따른 수익, 영업비용과 영업이익의 관계를 파악할 수 있기 때문에 손익분기점 분석은 흔히 CVP(Cost-Volume-Profit) 분석이라고 불린다.

② 손익분기점 분석의 가정

손익분기점 분석은 **영업활동의 수행과정에서 발생하는 영업비용을 고정영업비용과 변동영업비용으로 구분할 수 있다고 가정**한다. 이 경우 생산능력의 범위 내에서 판매량이 증가할 때는 영업비용 중에서 고정영업비용의 비중이 높아질수록 영업이익이 매출액의 증가율보다 더 큰 폭으로 증가하게 된다. 그러나 반대로 판매량이 줄어들 경우에는 영업이익이 매출액의 감소율보다 더 큰 폭으로 감소하게 된다. 이와 같이 고정영업비용이 지렛대 작용을 하기 때문에 영업비용의 구조가 영업이익의 크기와 질에 영향을 미친다. 그렇기에 기업의 수익성과 영업위험에 미치는 영향을 고려하여 적정한 수준에서 영업비용 구조를 결정해야만 한다.

(2) 영업비용의 구조

① 영업비용의 특징

많은 자금을 비유동자산에 투자할수록 감가상각비 등과 같은 고정영업비용의 부담이 증가하기에 영업비용의 구조가 달라지게 된다. 이와 같은 **영업비용의 구조적인 변화가 영업이익의 크기와 질에 영향을 미치게 된다.** 예를 들어 설비투자가 증가할수록 생산능력이 증가하게 되며, 생산능력이 증가할수록 더 많은 제품을 생산 및 판매할 수 있기 때문에 영업이익이 증가하지만, 다른 한편에서는 고정영업비용의 비중이 높아지기에 매출액이 줄어들 때 영업이익이 크게 감소할 가능성이 높아진다. 그러므로 설비 등과 같은 수익성 자산에 대한 투자를 많이 할수록 영업이익이 증가하지만 영업이익의 질이 떨어진다. 영업이익의 질이 떨어진다는 것은 영업위험이 증가한다는 의미이다. 영업비용은 고정영업비용과 변동영업비용으로 구성된다.

> 영업비용 = 고정영업비용 + 변동영업비용

② **고정영업비용(fixed operating cost)**

고정영업비용은 생산능력의 범위 안에서 조업도의 변화와 상관없이 일정하게 발생하는 영업비용을 말한다. 감가상각비, 재산세, 임차료, 사무직의 급료 및 광고비 등이 고정영업비용에 해당한다. 생산능력을 증대시키기 위해서 기업이 추가로 시설투자를 하는 경우 고정영업비용이 증가하게 된다. 따라서 고정영업비용이 일정하다는 의미는 생산능력의 범위 내에서만 적용된다.

③ **변동영업비용(variable operating cost)**

변동영업비용은 조업도의 변화에 따라 비례적으로 변동하는 영업비용을 말한다. 직접재료비, 직접노무비, 판매수수료, 판매원의 성과급 등이 변동영업비용에 속한다. 변동영업비용에는 조업도의 변화에 따라 체증적으로 변동하는 체증적 변동영업비용 또는 체감적으로 변동하는 변동영업비용이 있을 수 있는데, 예를 들어 일정한 수준 이상으로 조업도가 증가함에 따라 노동력의 부족으로 미숙련 근로자를 채용해야 하는 경우 변동영업비용이 체증적으로 증가한다. 기술 수준의 향상이나 대량구매의 할인혜택 등으로 인해 규모의 경제가 이루어지기 때문에 조업도의 증가에 따라 변동영업비용이 체감적으로 증가한다.

(3) 고정영업비용과 변동영업비용의 분류

손익분기점 분석은 영업비용을 고정영업비용과 변동영업비용으로 명확하게 구분할 수 있다는 것을 가정한다. 그러나 영업비용의 성격이 명확하지 않기에 고정영업비용이나 변동성비용으로 분류하기가 어려운 항목들도 있다. 예를 들어 연료비, 전기료, 수도료 등의 영업비용은 조업도가 0일 때도 일정하게 발생하는 고정비적인 특성을 지니고 있을 뿐만 아니라 조업도의 증가에 따라 비례적으로 증가하는 변동비적인 성격을 동시에 지닌다. 이와 같은 영업비용을 분석하는데 사용되는 방법에는 회계적 방법과 통계적 방법 등이 있다.

① **회계적 방법(accounting method)**

회계적 방법은 회계담당자가 주관적인 판단에 따라 각 계정과목의 성격을 분석하여 고정영업비용과 변동영업비용으로 분류하는 방법이다. 따라서 회계적 방법을 흔히 계정분류법 또는 개별법이라고 부른다. 예를 들어 감가상각비, 임차료 등의 관리운영비는 판매량과 관계없이 지출되기 때문에 고정비적인 성격을 지닌 영업비용으로 구분되고, 판매원에 대한 판매수당은 판매량에 따라서 지급되기에 변동비적인 성격을 갖는 영업비용으로 구분된다.

② **고저법(high low method)**

고저법은 준변동비의 성격을 지니고 있기에 고정영업비용이나 변동영업비용으로 분류하기가 모호한 영업비용의 항목을 이용할 때 사용되는 방법이다. 고저법은 영업비용증가액을 매출액증가액으로 나누어 변동영업비용률을 추정한다.

$$변동영업비용률 = \frac{영업비용증가액}{매출액증가액}$$

또한 변동영업비용률에 조업도(매출액)를 곱하여 변동영업비용을 계산하고, 영업비용에서 변동영업비용을 공제하여 고정영업비용을 계산한다.

> - 변동영업비용 = 변동영업비용률 × 매출액
> - 고정영업비용 = 영업비용 − 변동영업비용

③ **통계적 방법(statistical method)**

통계적 방법은 과거의 회계자료에 기초하여 영업비용을 종속변수로, 판매량을 독립변수로 하여 단순회귀
분석함으로써 단위당 변동영업비용을 추정한 후 영업비용을 고정영업비용과 변동영업비용으로 분해하는
방법이다.

> $$Y_t = a + \beta X_t + \epsilon_t$$
>
> - Y_t : t기의 영업비용
> - X_t : t기의 조업도(판매량)
> - a : 절편 값
> - β : 회귀계수(단위당 변동영업이용)
> - ϵ : 잔차

위 방정식에서 β 는 회귀계수로서, 단위당 변동영업비용을 의미한다. 따라서 다음 식을 이용하여 영업비
용을 변동영업비용과 고정영업비용으로 분류할 수 있다.

> - 변동영업비용 = β × 판매량
> - 고정영업비용 = 영업비용 − 변동영업비용

(4) 고정영업비용과 변동영업비용의 특성

영업비용의 구조가 영업이익의 크기와 질에 영향을 미치는 이유는 고정영업비용과 변동영업비용의 특성에
기인한다.

① **고정영업비용의 특성**

고정영업비용은 판매량의 변화와 관계없이 일정하나 단위당 고정영업비용은 판매량이 증가함에 따라 감
소하는 특성을 지닌다. (a)와 같이 고정영업비용은 판매량의 변화와 관계없이 일정하나, 단위당 고정영업
비용은 (b)와 같이 판매량이 증가함에 따라 감소한다. 단위당 고정영업비용은 판매량의 증가에 따라 감소
하며, 이와 같은 특성은 영업이익의 질에 영향을 미친다. 영업비용 중에서 고정영업비용의 비중이 높을수
록 판매량이 증가할 때 영업이익이 그보다 높은 비율로 증가하나, 판매량이 감소하는 경우엔 영업이익이
그보다 높은 비율로 감소하게 된다. 결과적으로 고정영업비용의 비중이 높을수록 영업이익의 변동 폭이
커지게 된다.

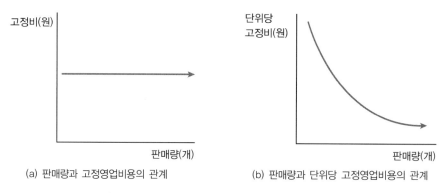

(a) 판매량과 고정영업비용의 관계　　　　(b) 판매량과 단위당 고정영업비용의 관계

[판매량과 고정영업비용, 단위당 고정영업비용의 관계]

② 변동영업비용의 특징

단위당 변동영업비용은 판매량의 변화와 상관없이 일정하나, 변동영업비용은 판매량의 변화에 따라서 비례적으로 변동하는 특성을 보인다. 변동영업비용은 판매량의 증가에 따라 (a)와 같이 비례적으로 증가하지만, 단위당 변동영업비용은 (b)와 같이 일정함을 알 수 있다.

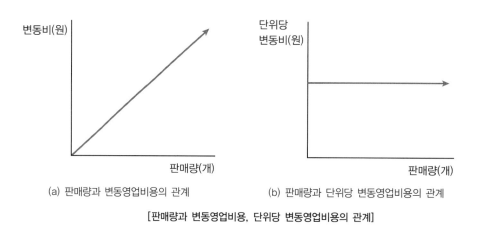

(a) 판매량과 변동영업비용의 관계　　　　(b) 판매량과 단위당 변동영업비용의 관계

[판매량과 변동영업비용, 단위당 변동영업비용의 관계]

2 손익분기점의 도출

(1) 손익분기점 분석의 가정

① 손익분기점 분석의 접근

영업비용을 고정영업비용과 변동영업비용으로 구분할 수 있다면, 매출액과 영업비용이 일치하여 영업이익은 0원이 되는 손익분기점 판매량이 추정 가능하다. 손익분기점 판매량은 이익계획의 수립에서 중요한 정보로 이용되는데, 손익분기점 분석과 레버리지 분석을 병행함으로써 투자정책과 자본조달정책이 기업의 수익력, 영업위험 그리고 재무위험에 미치는 영향을 평가할 수 있기 때문이다.

② **손익분기점 분석의 단순화 가정**

손익분기점 모델에서는 분석의 단순화를 위해 다음과 같은 가정을 한다.

㉠ 모든 영업비용은 고정영업비용과 변동영업비용으로 구분할 수 있음
㉡ 생산능력의 범위 내에서 고정영업비용과 단위당 변동영업비용은 일정함
㉢ 수익과 영업비용을 판매량에 대한 1차 함수로 나타낼 수 있음
㉣ 모든 기업은 단일 제품만을 생산함
㉤ 생산제품은 즉시 판매가 가능함
㉥ 판매가격과 원재료의 구입가격이 각각 일정함

(2) 손익분기점과 손익분기도표

① 손익분기점

영업비용은 고정영업비용과 변동영업비용으로 구성되나, 손익분기점 판매량에서는 수익(매출액)과 영업비용이 일치하기에 식(3-1)의 관계가 성립된다.

$$P \times Q^* = FC + V + Q^* \quad \text{························ 식(3-1)}$$

- P : 단위당 판매가격
- Q^* : 손익분기점 판매량
- FC : 고정영업비용
- V : 단위당 변동영업비용

식(3-1)를 Q^*에 대해 정리하면 아래 식(3-2)와 같다.

$$Q^* = \frac{FC}{P - V} \quad \text{······················· 식(3-2)}$$

식(3-2)는 조업도를 판매량으로 정의하는 경우 손익분기점이며, 식(3-2)에서 Q^*는 손익분기점 판매량을, 분모인 $(P - V)$는 단위당 공헌이익을 의미한다. 단위당 공헌이익(contribution margin per unit)은 제품을 1단위 판매 시 고정영업비용이 회수되거나 영업이익에 기여하는 금액을 의미하기에 손익분기점 판매량 내에서 공헌이익이 고정영업비용을 회수하는 역할과 그 이상에서는 영업이익에 기여하는 역할을 하게 된다. 한편 손익분기점 매출액($R^* = P \times Q^*$)을 구하기 위해서는 식(3-2)의 양변에 단위당 판매가격(P)을 곱하며, 정리된 식은 식(3-3)과 같다.

$$R^* = \frac{FC}{1 - \dfrac{V}{P}} \quad \text{······················· 식(3-3)}$$

식(3-3)은 조업도를 매출액으로 정의 시에 손익분기점이다. 식(3-3)에서 $(1 - \dfrac{V}{P})$ 는 공헌이익률이고 매출액이 1원 증가할 때 고정영업비용이 회수되거나 영업이익에 기여하는 금액인 비율을 의미한다.

② 손익분기도표

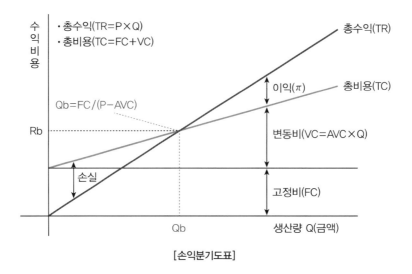

[손익분기도표]

일정한 영업비용의 구조 하에서 수익(매출액)의 변화에 따라 영업이익이 어떻게 달라지는지의 관계를 나타내는 손익분기도표는 위 그림과 같다. 그림과 같이 손익분기점에서는 매출액과 영업비용이 일치하기에 영업이익은 0이 된다. 그렇기에 손익분기점을 초과하는 매출액에서는 영업이익을 얻을 수 있으나, 손익분기점보다 적은 매출액에서는 영업손실이 발생한다.

3 손익분기점의 활용

수익과 영업비용의 관계를 이용하여 판매량의 변화에 따른 손익관계를 분석함으로써 재무정책 결정에서 요구되는 다양한 정보를 획득할 수 있다. 예를 들어 손익분기점 모델을 활용하여 시설확장투자로부터 최소한의 영업이익을 확보할 수 있는 판매량을 추정한다거나, 영업비용의 구조를 어느 수준으로 유지해야만 목표영업이익을 달성할 수 있는지를 파악할 수 있다. 손익분기점 분석이 적용되는 분야를 살펴보면 다음과 같다.

(1) 수익성의 안전도 측정

① 수익성 안전도의 의미

수익성의 안전도는 영업이익이 실현되는 확실성을 의미한다. 그렇기에 예상매출액이 손익분기점 매출액보다 높을수록 수익성의 안전도가 높다고 말할 수 있고, 수익성의 안전율을 계산함으로써 측정할 수 있다.

② **안전율의 계산**

안전율은 예상매출액과 손익분기점 매출액의 차이를 예상매출액으로 나누어 계산된다.
안전율의 식은 식(3-4)와 같다.

$$안전율 = \frac{E(R_1) - R^*}{E(R_1)} \qquad \cdots\cdots\cdots\cdots\cdots\cdots 식(3-4)$$

- $E(R_1)$: 다음 연도의 예상매출액
- R^* : 손익분기점 매출액

(2) 목표영업이익 실현을 위한 판매량

① 목표영업이익 실현을 위한 판매량의 의미

손익분기점 분석을 활용함으로써 어느 정도의 판매량을 확보해야만 목표방법과 이익을 달성할 수 있는가를 분석할 수 있다. 이런 경우 목표영업이익이 달성되는 판매량에서 실현되는 수익은 영업비용과 목표영업이익을 더한 것과 같아진다.

② 목표영업이익 실현을 위한 판매량 계산식

목표영업이익 실현을 위한 판매량을 도출하는 식은 식(3-5)와 같다.

$$PB \times Q = FC + V \times Q_\pi + \pi \qquad \cdots\cdots\cdots\cdots\cdots\cdots 식(3-5)$$

- Q_π : 목표영업이익을 확보하는 데 필요한 판매량
- π : 목표영업이익

(3) 영업비용의 구조조정과 손익분기점 분석

① 영업비용의 구조조정에 따른 손익분기점 판매량

주어진 영업비용에서 목표영업이익을 달성하기 위해서는 판매량을 증가시켜야 하지만, 판매량을 증가시키는 것이 어려운 경우에는 투자정책을 조정하고 고정영업비용을 변동영업비용으로 대체하거나 변동영업비용을 고정영업이용으로 대체하는 등 영업비용의 구조조정을 통하여 목표영업이익을 확보할 수 있다. 영업비용의 구조조정에 따른 손익분기점 판매량의 변화를 정리하면 다음과 같다.

㉠ 고정영업비용을 조정하는 경우 : $Q^* = \dfrac{FC \pm \triangle FC}{P - V}$

㉡ 단위당 변동영업비용을 조정하는 경우 : $Q^* = \dfrac{FC}{[P - (V \pm \triangle V)]}$

㉢ 판매가격을 조정하는 경우 : $Q^* = \dfrac{FC}{[(P \pm \triangle P) - V]}$

㉣ 고정영업비용과 단위당 변동영업비용을 조정하는 경우 : $Q^* = \dfrac{FC \pm \triangle FC}{[P - (V \pm \triangle V)]}$

② **고정비용의 조정**

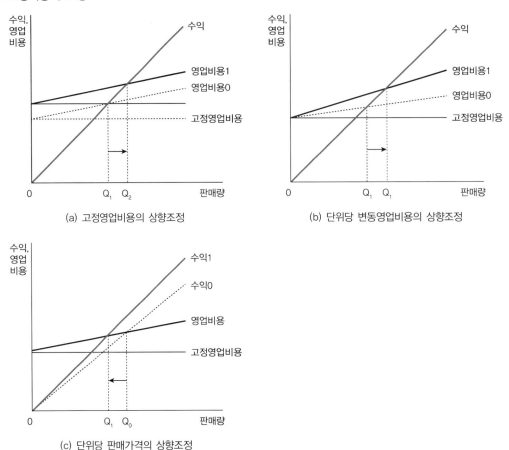

(a) 고정영업비용의 상향조정

(b) 단위당 변동영업비용의 상향조정

(c) 단위당 판매가격의 상향조정

[영업비용의 구조조정과 손익분기점]

고정영업비용을 조정하는 경우, 단위당 변동영업비용을 조정하는 경우, 판매가격을 조정하는 경우를 그림으로 나타내면 위와 같다. 그림에서 볼 수 있듯이 고정영업비용, 단위당 영업비용 등이 상향조정됨에 따라 손익분기점 판매량이 증가하지만 단위당 판매가격이 상향조정되는 경우에는 오히려 손익분기점 판매량이 줄어들고 있다. 그러나 영업비용의 구조가 이처럼 단순한 것은 아니다. 예를 들어 영업비용에서 고정영업비용의 비중이 높아질수록 단위당 변동영업비용이 줄어들며, 또한 단위당 변동영업비용 이외에 판매가격에도 영향을 미치는 경우에는 영업비용의 구조적 변화 또한 복잡해진다. 따라서 손익분기점 모형을 이용할 때는 민감도 또는 시뮬레이션 분석 등을 통해 대체적인 경영환경에서 영업비용의 구조조정이 손익분기점 판매량에 미치는 영향을 분석해야 한다.

4 손익분기점 분석의 응용 및 한계점

(1) 다품종 생산기업의 손익분기점 분석

손익분기점 분석에서는 기업이 하나의 제품만을 생산 및 판매한다고 가정하고 있으나 하나의 제품만을 생산하는 기업을 실제 기업들에서 보기 힘들고 여러 제품을 생산하거나 판매하는 경우가 대부분을 차지한다. 기업이 여러 가지 제품을 생산 및 판매하는 경우에는 영업비용을 제품별로 변동영업비용과 고정영업비용으로 분류하여 손익분기점 판매량을 추정해야 한다. 그러나 고정영업비용과 변동영업비용을 제품별로 할당하는 것은 쉬운 일이 아니다. 예를 들어 보험료, 임대료, 감가상각비, 전기료 등을 제품별로 할당하는 문제는 현실적으로 어렵다. 실제 기업들이 여러 제품을 생산하고 판매하는 것이 대부분이기에 다품종 생산기업의 손익분기점 분석이 적절하다. 다품종 생산기업의 손익분기점 분석으로는 가중평균 공헌이익률법과 개별법 등이 있다.

① 가중평균 공헌이익률법

각 제품의 매출액 구성비율이 시간의 흐름에 상관없이 일정하며, 변동영업비용을 제품별로 정확하게 할당시킬 수 있다는 가정을 하는 계산법을 **가중평균 공헌이익률법**이라 한다. 가중평균 공헌이익률법은 다음과 같은 과정으로 손익분기점 매출액을 산출한다.

ⓐ 각 제품의 공헌이익률을 계산한다.
ⓑ 각 제품의 공헌이익률에 매출액 구성비율을 곱한 후 이를 합산하여 가중평균 공헌이익률을 계산한다.
ⓒ 기업 전체의 고정영업비용을 가중평균 공헌이익률로 나누어 기업 전체의 손익분기점 매출액을 계산한다.
ⓓ 기업 전체의 손익분기점 매출액을 매출액 구성비율에 따라 각 제품에 배분하여 제품별 손익분기점 매출액을 도출한다.

② 개별법

개별법은 공헌이익률이 높은 순서로 제품을 판매한다는 가정에서 다음과 같은 절차로 손익분기점 매출액을 산출한다.

ⓐ 제품별 공헌이익률을 이용하여 제품별 공헌이익을 구한다. 제품별 공헌이익은 예상매출액에 각 제품의 공헌이익을 곱하여 계산한다.
ⓑ 각 제품의 공헌이익을 합하여 누적공헌이익을 구한다.
ⓒ 누적공헌이익이 고정영업비용과 일치하는 손익분기점 매출액을 구한다.

(2) 손익분기점 분석의 한계

손익분기점 모형은 이해하기 쉬울 뿐만 아니라 간편하다는 장점을 지니지만 다음과 같은 한계점이 있다. 첫째, 단위당 판매가격과 단위당 변동영업비용이 일정하다고 가정하고 있지만, 실제로 판매량이 변동함에 따라 단위당 판매가격이나 단위당 변동영입비용이 변동한다. 예를 들어 기술 수준이 향상되거나 근로자들의 숙련도가 개선됨에 따라 생산성이 향상될 뿐만 아니라 규모의 경제효과를 얻을 수 있기 때문에 이와 같은 경우 단위당 변동영업비용이 체감하는 현상이 나타난다. 그러나 판매량이 일정한 수준 이상으로 증가하면 원재료의 공급 부족이나 노동력의 부족 등에 따라 단위당 변동영업비용이 체증하는 양상을 보일 수 있다. 판매량의 증가에 따른 단위당 변동영업비용의 하락효과와 상승효과의 상호관계에 따라 단위당 변동영업비용이 변동하기 때문에 실제로 다음에 나오는 그림과 같은 곡선의 형태로 나타날 것이다.

둘째, 손익분기점 모형에서 모든 영업비용을 고정영업비용과 변동영업비용으로 구분할 수 있다고 가정하나 고정영업비용과 변동영업비용으로 분류하기는 매우 어렵다. 왜냐하면 일부 항목에서 영업비용은 고정비적 성격과 변동비적 성격을 동시에 지니기 때문이다.

셋째, 모든 기업이 단일 제품만을 생산한다고 가정하고 있으나 현실적으로 단일 제품만을 생산하는 기업이 거의 없다. 대부분의 기업에서는 여러 제품을 생산하고 있는데, 이와 같은 기업에서의 여러 제품을 생산하는 데 공통적으로 지출된 영업비용을 제품별로 어떻게 할당할 것인가 하는 문제가 발생된다.

넷째, 손익분기점 모형에서는 일정한 경영환경을 가정하나 시간의 경과에 따라 경영환경이 달라지며, 경영환경의 변화에 따라 영업비용의 구조가 변화하기에 손익분기점 판매량이 변화하게 된다.

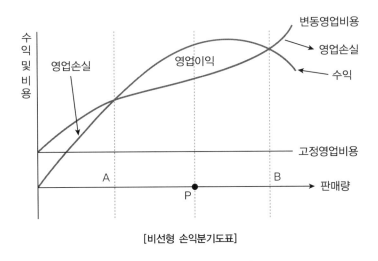

[비선형 손익분기도표]

제2절 레버리지 분석

1 레버리지와 레버리지 효과

(1) 레버리지의 의의

① 레버리지의 개념

레버리지(leverage)란 지레장치 또는 지렛대 작용을 의미하는데, 지레장치는 힘들이지 않고 무거운 물건을 끌어올리는 데 이용되는 도구로서, 우리말로 번역하면 지렛대의 힘이 된다. 즉, 지레장치를 이용하여 무거운 물건을 힘들이지 않고 쉽게 들어 올리는 원리를 지렛대의 원리라고 부르며, 이러한 지렛대의 원리가 기업 경영에 적용되는 것이다. 레버리지 비율이 높다는 것은 기업의 경영에 있어서 타인의 자본을 많이 사용한다는 것을 의미한다. 기업경영에서 지레장치의 역할을 하는 것은 고정영업비용과 고정재무비용이다. 이처럼 고정영업비용과 고정재무비용이 지렛대 작용을 하기 때문에 판매량이 낮은 비율로 변화하더라도 영업이익이나 주당순이익이 그보다 높은 비율로 변동하는 효과를 얻을 수 있는데, 이를 레버리지 효과라고 부른다.

② 레버리지의 구성

기업경영에서 말하는 레버리지란 고정영업비용을 발생시키는 비유동자산과 고정재무비용을 발생시키는 부채를 이용하는 것을 말한다. 따라서 레버리지는 영업레버리지와 재무레버리지의 합으로서, 다음과 같이 나타낼 수 있다.

> 레버리지 = 영업레버리지 + 재무레버리지

영업레버리지란 고정영업비용을 발생시키는 비유동자산을 이용하는 것을 의미하며, 이는 총비용 중에서 고정영업비용이 차지하는 비중을 의미한다. 한편 재무레버리지는 고정재무비용을 발생시키는 부채를 이용하는 것으로, 총비용에서 고정재무비용이 차지하는 비율을 의미한다.

(2) 레버리지 효과의 기업위험

기업이 실물자산에 투자하는 목적은 기업의 수익력을 개선시키는 데 있으나, 수익력을 높이고자 할 때에는 예상하지 못한 상황의 변화로 인해 판매량이 줄어드는 경우 큰 영업손실을 가져다 줄 수 있는 위험도 감수해야 한다. 그렇기에 기업은 자체 역량으로 부담할 수 있는 적절한 위험수준을 미리 설정하여 그 범위 내에서 수익력을 개선시킬 수 있는 정책결정을 해야 한다.

① 레버리지 효과

기업은 시설확장을 위하여 기계 설비를 구입하거나, 신제품을 생산하기 위해 공장을 건설하고자 할 때 보통주나 부채를 통해 투자소요자금을 조달한다. 부채를 발생시켜 투자소요자금을 조달하는 경우에는 고정재무비용(이자비용)을 부담해야 한다. 그러므로 신규투자정책과 자본조달정책을 수립하는 경우에는 이와 같은 재무정책결정이 기업의 비용구조에 어떠한 영향을 미치는가를 검토해야 한다. 앞서 언급한 바와 같이 고정비가 증가할수록 판매량이나 매출액의 변동에 따라 영업이익과 순이익의 변동성이 확대되는 효과가 나타나게 되는데 이를 레버리지 효과(leverage effect)라고 한다. 손익계산서의 항목을 이용하여 레버리지 효과를 구분하면 다음과 같다.

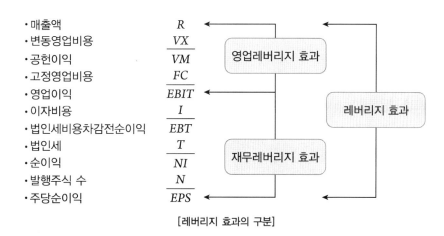

[레버리지 효과의 구분]

다음에 나오는 영업레버리지 효과에서 보이는 것처럼 실물자산에 대한 투자가 증가할수록 고정영업비용의 부담이 증가하며, 이 경우 고정영업비용이 지렛대 작용을 하기 때문에 판매량이나 매출액이 변동할 때 영업이익의 변화율이 확대되는 효과를 통해 영업레버리지 효과(operating leverage effect)가 존재한다는 것을 알 수 있다. 따라서 영업레버리지 분석을 통해 영업비용의 구조변화가 영업이익의 크기(수익성)와 질(영업위험)에 미치는 영향을 분석할 수 있다.

다른 한편으로 재무레버리지 효과에서 보여주는 것처럼 부채로 자금을 조달하는 경우에는 이자비용을 부담해야 하며, 이런 경우 이자비용이 지렛대 작용을 하기 때문에 영업이익이 변화할 때 주당순이익의 변화율이 확대되는 효과, 즉 재무레버리지 효과(financial leverage effect)가 존재한다는 것을 알 수 있다. 그렇기에 재무레버리지 분석을 통해 이자비용이 주당순이익의 크기(수익성)와 질(재무위험)에 미치는 영향을 파악할 수 있다.

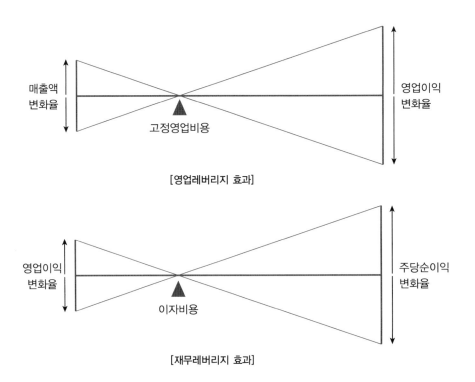

[영업레버리지 효과]

[재무레버리지 효과]

② **기업위험의 구분**

앞서 설명한 것처럼 기업이 경영활동을 수행하는 과정에서 부담해야하는 **기업위험**은 **영업위험**(operating risk)과 **재무위험**(financial risk)으로 구분된다.

기업위험 = 영업위험 + 재무위험

영업위험은 경제환경의 변화에 따라 예상 밖으로 영업이익이 줄어들 수 있는 가능성을 의미한다. 영업위험은 영업이익의 변동성으로 정의되는 한편 판매량의 확률분포가 정규분포를 이루는 경우 영업이익 또한 정규분포를 보이기 때문에 정규분포의 모수인 영업이익의 기댓값과 표준편차를 이용하여 영업이익의 크기와 영업위험의 질을 측정 가능하다. 영업위험을 결정하는 가장 중요한 요인은 영업비용 중에서 고정영업비용이 차지하는 비중이다. 투자정책이나 영업정책을 통해 고정영업이용의 비중을 높일수록 판매량의 변화에 따른 영업이익의 변동성이 커지기 때문이다. 영업위험은 영업비용의 구조에 의해서 결정되는데, 자동차, 철강, 석유화학 등의 장치산업은 자본집약적인 산업으로서, 비유동자산의 비중이 높기 때문에 영업위험이 높은 특성을 보인다.

자본조달정책 결정에서 이자비용을 발생시키는 부채의존도가 높을수록 이자비용의 비중이 증가하기 때문에 영업이익이 감소할 때 주당순이익이 그보다 높은 비율로 줄어드는 재무위험을 수반하게 된다. 그렇기에 업종에 관계없이 부채를 많이 사용하는 기업일수록 재무위험이 높아진다는 것을 알 수 있다. 투자정책과 자본조달정책이 기업의 수익력과 위험에 미치는 영향을 분석하는 일은 매우 중요한 일로서, 이와 같은 분석을 레버리지 분석이라고 한다.

2 영업레버리지 분석

(1) 영업레버리지의 의미

영업레버리지(operating leverage)는 영업비용 중에서 고정영업비용이 차지하는 비중을 의미한다. 총자산 중에서 비유동자산의 비중이 높아질수록 고정영업비용의 부담이 증가하기 때문에 매출액이 변화할 때 영업이익이 그보다 높은 비율로 변하는 영업레버리지 효과가 나타나게 된다. 따라서 기계설비, 공장 등과 같은 비유동자산에 투자할 경우 이러한 비용구조의 변화가 영업이익과 영업위험에 어느 정도 영향을 미치는지를 분석해야 한다. 즉, 판매량과 영업이익의 관계를 살펴보아야 한다.

(2) 영업레버리지도의 계산식

영업레버리지도(DOL ; Degree of Operating Leverage)는 매출액이나 판매량이 변동할 때 영업이익이 어느 정도 변동하느냐를 나타내는 값으로 영업레버리지 효과의 정도를 의미한다. 영업레버리지도는 영업이익 변화율을 매출액 또는 판매량의 변화율로 나눈 것으로 식(3-6)과 같다.

$$DOL = \frac{\text{영업이익 변화율}}{\text{매출액 변화율}} = \frac{\dfrac{\triangle EBIT}{EBIT}}{\dfrac{P \times \triangle Q}{P \times Q}} = \frac{\dfrac{\triangle EBIT}{EBIT}}{\dfrac{\triangle Q}{Q}} \qquad \text{............ 식(3-6)}$$

- $EBIT$: 현재 영업이익
- $\triangle EBIT$: 영업이익 변화액
- P : 단위당 판매가격
- Q : 현재 판매량
- $\triangle Q$: 판매량 변화량

식(3-6)에서 영업이익은 매출액에서 변동영업비용과 고정영업비용을 공제한 차이를 말한다. 따라서 영업이익을 식(3-7)과 같이 나타낼 수 있다.

$$EBIT = Q(P - V) - FC \qquad \text{............ 식(3-7)}$$

- V : 단위당 변동영업비용
- FC : 고정영업비용

영업이익변화액은 식(3-8)과 같다.

$$\triangle EBIT = \triangle Q(P - V) \qquad \text{............ 식(3-8)}$$

그러므로 식(3-7)과 식(3-8)에 대입하여 정리하면 영업레버리지도의 관계식인 식(3-9)를 도출할 수 있다.

$$DOL = \frac{\dfrac{\triangle Q(P - V)}{Q(P - V) - FC}}{\dfrac{\triangle Q}{Q}} = \frac{Q(P - V)}{Q(P - V) - FC} = \frac{\text{공헌이익}}{\text{영업이익}} \qquad \text{............ 식(3-9)}$$

식(3-9)에서 볼 수 있는 바와 같이 고정영업비용(FC)이 클수록, DOL이 크게 나타난다는 것을 알 수 있다. 즉, 고정영업비용에 의해 매출액의 변화율보다 영업이익의 변화율이 커진다는 것을 의미한다. 한편 매출액이 증가할수록 영업레버리지도는 감소하게 된다. 이는 매출액이 증가할수록 고정영업비용의 영향이 점차 줄어들어 영업레버리지 효과가 감소하기 때문이다.

3 재무레버리지 분석

(1) 재무레버리지 분석

① 재무레버리지 분석의 의미

재무레버리지는 총비용 중에서 고정재무비용(이자비용)이 차지하는 비중 또는 총자본 중에서 부채가 차지하는 비중을 의미한다. 부채의존도가 높을수록 이자비용의 부담이 증가하기 때문에 영업이익이 변화할 때 주당순이익이 그보다 높은 비율로 변화하는 재무레버리지 효과가 나타나게 된다. 재무레버리지 효과를 측정하는 척도는 재무레버리지도(DFL ; Degree of Financial Leverage)이다.

② 재무레버리지도의 계산식

재무레버리지도는 영업이익이 변동할 때 주당순이익이 어느 정도 변동할 것인가를 나타내는 값으로 재무레버리지 효과의 정도를 의미한다. 재무레버리지도는 주당순이익 변화율을 영업이익 변화율로 나눈 것으로 식(3-10)과 같다.

$$DFL = \frac{\text{주당순이익 변화율}}{\text{영업이익 변화율}} = \frac{\frac{\triangle EPS}{EPS}}{\frac{\triangle EBIT}{EBIT}} \quad \cdots\cdots\cdots\cdots\cdots\cdots \text{식(3-10)}$$

- EPS : 현재 주당순이익
- $\triangle EPS$: 주당순이익 변화액
- $EBIT$: 현재 영업이익
- $\triangle EBIT$: 영업이익 변화액

식(3-10)에서 주당순이익과 주당순이익 변화액은 식(3-11)과 식(3-12)와 같이 나타낼 수 있다.

$$EPS = \frac{(EBIT - I)(1 - t_c)}{N} \quad \cdots\cdots\cdots\cdots\cdots\cdots \text{식(3-11)}$$

$$\triangle EPS = \frac{\triangle EBIT(1 - t_c)}{N} \quad \cdots\cdots\cdots\cdots\cdots\cdots \text{식(3-12)}$$

- I : 이자비용
- t_c : 법인세율
- N : 발행주식 수

식(3-11)과 식(3-12)를 식(3-10)에 대입하면 식(3-13)과 같은 재무레버리지도의 관계식을 도출할 수 있다.

$$DFL = \frac{\frac{\triangle EPS}{EPS}}{\frac{\triangle EBIT}{EBIT}} = \frac{Q(P-V)-FC}{Q(P-V)-FC-I} = \frac{EBIT}{EBT} \qquad \text{식(3-13)}$$

EBT : 법인세비용차감전순이익

식(3-13)에서 기업의 이자비용인 I가 많을수록 DFL은 증가한다는 것을 알 수 있다. 이는 이자비용이 클 때 영업이익의 변화에 따른 주당순이익의 변동 폭이 크게 확대된다는 것을 의미한다. 한편 영업이익이 증가할수록 재무레버리지도는 감소하게 되는데 이는 영업이익이 증가할수록 이자비용의 영향이 점차 줄어들어 재무레버리지 효과가 감소하기 때문이다.

(2) 자본조달분기점 분석

① 자본조달분기점의 의미

자본조달분기점(break-even point of financing)은 투자소요자금의 조달방법에 관계없이 동일한 주당순이익을 얻을 수 있는 영업이익을 의미하는 것으로 이는 다음과 같은 식(3-14)로 표현된다.

$$\frac{(EBIT^* - I_1)(1-t_c)}{N_1} = \frac{(EBIT^* - I_2)(1-t_c)}{N_2} \qquad \text{식(3-14)}$$

- $EBIT^*$: 자금조달분기점
- I_1, I_2 : 각각의 자본조달계획(제1안 또는 제2안)에서의 이자비용
- N_1, N_2 : 각각의 자본조달계획(제1안 또는 제2안)에서의 발행주식 수

식(3-14)를 이용하여 자본조달분기점을 도출하면 식(3-15)와 같다.

② 자금조달분기점의 계산식

$$EBIT^* = \frac{N_1 \times I_2 - N_2 \times I_1}{N_1 - N_2} \qquad \text{식(3-15)}$$

자본조달분기점을 분석함으로써 투자소요자금을 부채와 자기자본 중 어느 원천으로부터 조달해야 하는가를 판단할 수 있다.

4 결합레버리지 분석

(1) 결합레버리지(combined leverage)

① 결합레버리지의 의미

투자결정에 따른 영업레버리지와 부채조달에 따른 재무레버리지를 통합한 것을 결합레버리지(combined leverage)라고 한다. 결합레버리지는 영업레버리지와 재무레버리지를 통합한 개념으로서, 일반적으로 레버리지라고 부르기도 한다. 그렇기에 총비용 중에서 고정영업비용과 이자비용이 차지하는 비중으로 결합레버리지를 측정할 수 있다. 결합레버리지 효과에서 볼 수 있듯이 결합레버리지가 높을수록 고정영업비용과 이자비용이 지렛대 역할을 하기에 매출액이 변화할 때 주당순이익이 그보다 높은 비율로 변화하는 결합레버리지 효과(combined leverage effect)를 기대할 수 있다. 결합레버리지 효과는 결합레버리지도(DCL ; Degree of Combined Leverage)로 측정할 수 있다.

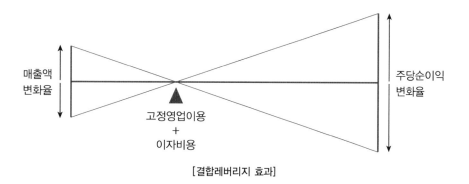

[결합레버리지 효과]

② 결합레버리지도의 계산식

결합레버리지도는 매출액 변화율(또는 판매량 변화율)에 대한 주당순이익 변화율의 비율로서, 식(3-16)과 같이 나타낼 수 있다.

$$DCL = \frac{\text{주당순이익 변화율}}{\text{매출액 변화율}} \quad \cdots\cdots\cdots\cdots\cdots \text{식(3-16)}$$

한편 결합레버리지도는 영업레버리지도와 재무레버리지도를 통합한 것으로, 식(3-17)과 같은 결합레버리지도의 관계식을 얻을 수 있다.

$$DCL = DOL \times DFL \quad \cdots\cdots\cdots\cdots\cdots \text{식(3-17)}$$

식(3-9)와 식(3-13)을 식(3-17)에 대입하여 식(3-18)과 같은 결합레버리지도의 관계식을 얻을 수 있다.

$$DCL = \frac{Q(P-V)}{Q(P-V)-FC} \times \frac{Q(P-V)-FC}{Q(P-V)-FC-I} = \frac{Q(P-V)}{Q(P-V)-FC-I} \quad \cdots\cdots \text{식(3-18)}$$

식(3-18)에서 볼 수 있는 것처럼 기업의 고정영업비용 또는 이자비용이 증가할수록 결합레버리지도(DCL)가 증가함을 알 수 있다.

5 레버리지와 기업의 위험

(1) 영업레버리지와 영업위험

① 영업이익의 변화율에 대한 관계식

영업위험은 매출액 또는 판매량의 변동에 따른 영업이익의 변동성을 검토함으로써 측정된다. 기업의 판매활동에 영향을 미치는 외적 환경요인으로서 전체 경제활동에 영향을 미치는 경제정책, 산업에 대한 정부의 지원, 신제품 또는 대체품의 출현가능성, 원자재 공급의 불확실성 등은 기업의 통제 불가능 요인이다. 그러나 영업비용의 구조는 기업이 자체적으로 적절하게 통제할 수 있는 재무요인이라고 할 수 있다. 따라서 기업이 자체적으로 통제할 수 있는 영업비용의 구조를 조정함으로써 영업위험을 낮추는 방안을 검토해야 한다. 영업레버리지도를 나타내는 식(3-6)을 영업이익의 변화율에 대한 관계식으로 정리하면 식(3-19)와 같다.

$$\frac{\triangle EBIT}{EBIT} = DOL \times \frac{\triangle Q}{Q} \quad \cdots\cdots\cdots\cdots\cdots \text{식(3-19)}$$

② 영업레버리지도의 영향

판매량의 확률분포가 정규분포를 보이는 경우 영업이익의 확률분포도 정규분포를 보이기 때문에, 영업이익 변화율의 표준편차로 영업위험을 측정할 수 있다. 식(3-19)에 표준편차를 취하면, 식(3-20)과 같다.

$$\sigma\left(\frac{\triangle EBIT}{EBIT}\right) = DOL \times \sigma\left(\frac{\triangle Q}{Q}\right) \quad \cdots\cdots\cdots\cdots \text{식(3-20)}$$

식(3-20)에서 볼 수 있는 것처럼 영업위험은 판매량의 변동성과 영업레버리지도에 따라 좌우된다. 그러므로 판매량에 영향을 미치는 기업 외적 환경요인과 기업의 영업비용구조가 영업위험에 영향을 미친다는 사실을 알 수 있다. 따라서 판매량에 영향을 미치는 외적 환경요인이 일정할 때 영업레버리지도가 높을수록 영업위험이 증가한다는 사실을 알 수 있다. 즉, 영업비용의 구조가 영업위험에 영향을 미친다는 사실을 알 수 있다.

(2) 재무레버리지와 재무위험

① 주당순이익 변화율에 대한 관계식

재무위험은 영업이익의 변화에 따른 주당순이익의 변동성으로 정의되며, 기업의 부채의존도에 의해 영향을 받는다. 부채의존도가 높을수록 영업이익이 감소할 때는 이자비용을 지급할 수 없는 가능성이 높아지는 반면에, 영업이익이 증가할 때는 주당순이익이 더 높은 비율로 증가하기 때문이다. 재무레버리지도를 나타내는 식(3-10)을 주당순이익 변화율에 대한 관계식으로 정리하면 식(3-21)과 같다.

$$\frac{\triangle EPS}{EPS} = DFL \times \frac{\triangle EBIT}{EBIT} \quad \text{·················· 식(3-21)}$$

② 재무위험의 증가

영업이익의 확률분포가 정규분포를 보이는 경우 주당순이익의 확률분포도 정규분포를 보이기 때문에, 주당순이익 변화율의 표준편차를 이용하여 재무위험을 측정할 수 있다. 식(3-21)에 표준편차를 취하면 식(3-22)와 같다.

$$\sigma\left(\frac{\triangle EPS}{EPS}\right) = DFL \times \sigma\left(\frac{\triangle EBIT}{EBIT}\right) \quad \text{·················· 식(3-22)}$$

식(3-22)에서 볼 수 있듯이 영업위험을 일정한 수준으로 통제하는 경우 재무레버리지도가 높을수록 재무위험이 증가한다는 것을 알 수 있다.

(3) 결합레버리지와 기업위험

① 주당순이익 변화율에 대한 관계식

기업위험은 영업위험과 재무위험으로 구분된다. 영업위험은 매출액 또는 판매량의 변동에 따라 영업이익의 변동성으로 측정되고, 재무위험은 영업이익의 변동에 따른 주당순이익의 변동성으로 측정된다. 따라서 판매량의 변화에 따른 주당순이익의 변동성을 분석함으로써 기업위험을 측정할 수 있다. 결합레버리지도의 관계식을 나타내는 식(3-16)을 주당순이익 변화율에 대한 관계식으로 정리하면 식(3-23)과 같다.

$$\frac{\triangle EPS}{EPS} = DCL \times \frac{\triangle Q}{Q} \quad \text{·················· 식(3-23)}$$

② **기업위험의 요인**

식(3-23)의 양변에 표준편차를 취하면 식(3-24)와 같다.

$$\sigma\left(\frac{\triangle EPS}{EPS}\right) = DOL \times DFL \times \sigma\left(\frac{\triangle Q}{Q}\right) \quad \text{················· 식(3-24)}$$

식(3-24)에서 알 수 있듯이 기업위험은 영업레버리지도와 재무레버리지도에 의해서 좌우된다. 이상에서 설명한 바와 같이 레버리지 분석을 통해 투자정책과 자금조달정책이 기업위험에 어느 정도 영향을 미치는가를 검토할 수 있다.

○✕로 점검하자 | 제3장

※ 다음 지문의 내용이 맞으면 ○, 틀리면 ✕를 체크하시오. [1~10]

01 손익분기점은 기업이 생산능력 범위 내에서 영업비용을 회수하는 데 필요한 최소한의 조업도를 의미한다. (   )

02 손익분기점 분석은 영업활동에서 영업비용을 고정영업비용과 변동영업비용으로 구분한다고 가정한다. (   )

03 설비 등과 같은 수익성 자산에 대한 투자를 많이 할수록 영업이익이 증가하지만 영업이익의 질에는 변화가 없다. (   )

04 영업비용은 고정영업비용과 변동영업비용으로 구성된다. (   )

05 변동영업비용은 생산능력의 범위 안에서 조업도의 변화와 상관없이 일정하게 발생하는 영업비용이다. (   )

06 영업비용을 분석하는 데 사용하는 방법에는 회계적 방법, 고저법, 통계적 방법 등이 있다.
(   )

정답과 해설 01 ○ 02 ○ 03 ✕ 04 ○ 05 ✕ 06 ○

01 손익분기점은 영업이익이 0원이 되는 판매량이나 매출액을 의미한다.

02 생산능력의 범위 내에서 판매량이 증가할 때는 영업비용 중에서 고정영업비용의 비중이 높아질수록 영업이익이 매출액의 증가율보다 더 큰 폭으로 증가하게 된다.

03 설비투자가 증가할수록 생산능력이 증가하게 되며, 생산능력이 증가할수록 더 많은 제품을 생산 및 판매할 수 있기 때문에 영업이익이 증가하지만, 다른 한편에서는 고정영업비용의 비중이 높아지기에 매출액이 줄어들 때 영업이익이 크게 감소할 가능성이 높아진다.

04 영업비용 = 고정영업비용 + 변동영업비용

05 조업도의 변화와 상관없이 일정하게 발생하는 영업비용은 고정영업비용이며, 변동영업비용은 조업도의 변화에 따라 비례적으로 변동하는 영업비용을 말한다.

06 영업비용은 조업도가 0일 때도 일정하게 발생하는 고정비적인 특성을 지니고 있을 뿐만 아니라 조업도의 증가에 따라 비례적으로 증가하는 변동비적인 성격을 동시에 지닌다. 영업비용을 분석하는 방법으로는 회계적 방법, 고저법, 통계적 방법 등이 있다.

07 고정영업비용의 비중이 높을수록 영업이익의 변동 폭이 작아지게 된다. (　　)

08 손익분기점 모형에서는 모든 영업비용을 고정영업비용과 변동영업비용으로 구분할 수 있다고 가정하는데, 고정영업비용과 변동영업비용으로 분류하기는 것은 매우 쉽다. (　　)

09 레버리지는 영업레버리지와 재무레버리지로 구성된다. (　　)

10 기업이 경영활동을 수행하는 과정에서 부담해야 하는 기업위험은 영업위험(operating risk)과 재무위험(financial risk)으로 구분된다. (　　)

정답과 해설　　07 ×　08 ×　09 ○　10 ○

07　영업비용 중에서 고정영업비용의 비중이 높을수록 판매량이 증가할 때 영업이익이 그보다 높은 비율로 증가하나, 판매량이 감소하는 경우엔 영업이익이 그보다 높은 비율로 감소하게 된다. 따라서 고정영업비용의 비중이 높을수록 영업이익의 변동 폭이 커지게 된다.

08　손익분기점 모형에서는 모든 영업비용을 고정영업비용과 변동영업비용으로 구분할 수 있다고 가정하나 고정영업비용과 변동영업비용으로 분류하기는 매우 어렵다. 왜냐하면 일부 항목에서 영업비용은 고정비적 성격과 변동비적 성격을 동시에 지니기 때문이다.

09　레버리지 = 영업레버리지 + 재무레버리지

10　기업위험은 경제환경의 변화에 따라 예상 밖으로 영업이익이 줄어들 수 있는 가능성을 의미하는 영업위험과, 자본조달정책 결정에서 이자비용을 발생시키는 부채의존도가 높을수록 이자비용의 비중이 증가하기 때문에 영업이익이 감소할 때 주당순이익이 그보다 높은 비율로 줄어드는 재무위험으로 구성된다.

01 손익분기점 분석에 대한 설명으로 옳지 <u>않은</u> 것은?

① 영업활동에서 발생하는 영업비용은 구분이 불가하다.

② 손익분기점은 기업이 생산능력 범위 내에서 영업비용을 회수하는 데 필요한 최소한의 조업도를 의미한다.

③ 영업이익이 0원이 되는 판매량이나 매출액을 의미한다.

④ 고정영업비용이 지렛대 작용을 하기 때문에 영업비용의 구조가 영업이익의 크기와 질에 영향을 미친다.

02 다음 중 영업비용 구조에 대한 설명으로 옳지 <u>않은</u> 것은?

① 많은 자금을 비유동자산에 투입할수록 감가상각비 등과 같은 고정영업비용의 부담이 증가하기에 영업비용의 구조가 달라진다.

② 영업비용의 구조적인 변화가 영업이익의 크기와 질에 영향을 미친다.

③ 고정영업비용의 비중이 낮을수록 영업이익의 변동폭이 높다.

④ 설비 등과 같은 수익성 자산에 대한 투자를 많이 할수록 영업이익이 증가하지만 영업이익의 질이 떨어진다.

03 다음 중 생산범위 내에서 비용과 수익이 일치하여 0이 되는 조업도를 일컫는 말로 옳은 것은?

① 레버리지

② 영업이익

③ 공헌이익

④ 손익분기점

01 손익분기점 분석은 영업활동의 수행 과정에서 발생하는 영업비용을 고정영업비용과 변동영업비용으로 구분할 수 있다고 가정한다.

02 투자정책이나 영업정책을 통해 고정영업비용의 비중을 높일수록 판매량의 변화에 따른 영업이익의 변동성이 커지기 때문에 매출액이 줄어들 때 영업이익이 크게 감소할 가능성이 높아진다.

03 손익분기점은 기업이 생산능력 범위 내에서 영업비용을 회수하는 데 필요한 최소한의 조업도(판매량, 매출액)를 의미하며, 영업이익이 0원이 되는 판매량이나 매출액을 의미하는 것이다.

정답 (01 ① 02 ③ 03 ④)

※ ㈜분석전자는 가전제품을 제조하고 있다. 전자저울의 판매가격은 20,000원, 고정영업비용은 2,000만원, 변동영업비용은 15,000원이다. [04~06]

04 04 다음 중 ㈜분석전자의 손익분기점 판매량으로 옳은 것은?

$Q^* = \dfrac{FC}{P-V}$

$= \dfrac{20,000,000}{20,000 - 15,000}$

$= 4,000$개

① 3,000개

② 4,000개

③ 5,000개

④ 6,000개

05 영업이익

= 매출액 − 영업비용

= 매출액 − (고정영업비용 + 변동영업비용)

= 20,000원 × 5,000개 − (20,000,000원 + 15,000원 × 5,000개)

= 5,000,000원

05 만약 판매량이 5,000개일 때 영업이익으로 옳은 것은?

① 4,000,000원

② 5,000,000원

③ 6,000,000원

④ 7,000,000원

06 영업이익

= 매출액 − 영업비용

= 매출액 − (고정영업비용 + 변동영업비용)

= 20,000원 × 3,000개 − (20,000,000원 + 15,000원 × 3,000개)

= −5,000,000원

06 만약 판매량이 3,000개일 때 영업이익으로 옳은 것은?

① −5,000,000원

② −6,000,000원

③ 5,000,000원

④ 6,000,000원

정답 (04 ② 05 ② 06 ①)

07 다음 중 레버리지 분석에 대한 설명으로 옳지 **않은** 것은?

① 기업경영에서 말하는 레버리지란 고정영업비용을 발생시키는 비유동자산과 고정재무비용을 발생시키는 부채를 이용하는 것을 말한다.

② 레버리지는 영업레버리지와 재무레버리지로 구분된다.

③ 영업레버리지란 고정영업비용을 발생시키는 비유동자산을 이용하는 것을 의미한다.

④ 총비용 중에서 고정영업비용이 차지하는 비중을 재무레버리지라고 한다.

08 결합레버리지 분석에 대한 옳은 설명을 모두 고른 것은?

> ㉠ 투자결정에 따른 영업레버리지와 부채조달에 따른 재무레버리지를 통합한 것을 결합레버리지(combined leverage)라고 한다.
> ㉡ 매출액의 변동이 주당 이익에 미치는 변화율을 의미한다.
> ㉢ 총비용 중에서 고정영업비용과 이자비용이 차지하는 비중으로 결합레버리지를 측정할 수 있다.

① ㉠, ㉢

② ㉡, ㉢

③ ㉠, ㉡

④ ㉠, ㉡, ㉢

정답 07 ④ 08 ④

09 빈칸에 들어갈 말은 고정영업비용이다. 고정영업비용은 판매량의 변화에 관계없이 일정하나, 단위당 고정영업비용은 판매량이 증가함에 따라 감소하는 특성을 지닌다.

09 다음 빈칸에 공통으로 들어갈 말로 옳은 것은?

> 단위당 _____은/는 판매량의 증가에 따라 감소하며, 이와 같은 특성은 영업이익의 질에 영향을 미친다. 영업비용 중에서 _____의 비중이 높을수록 판매량이 증가할 때 영업이익이 그보다 높은 비율로 증가하나 판매량이 감소하는 경우엔 영업이익이 그보다 높은 비율로 감소하게 된다.

① 영업레버리지
② 고정영업비용
③ 변동영업비용
④ 재무레버리지

10 고정영업비용으로는 감가상각비, 재산세, 임차료, 사무직의 급료, 광고비 등이 있다.
변동영업비용으로는 직접재료비, 직접노무비, 판매수수료, 판매원의 성과급 등이 있다.

10 다음 중 고정영업비용으로 옳은 것을 모두 고르시오.

> ㉠ 재산세   ㉡ 임차료
> ㉢ 감가상각비   ㉣ 직접재료비

① ㉠, ㉡, ㉢
② ㉡, ㉢, ㉣
③ ㉠, ㉡, ㉣
④ ㉠, ㉢, ㉣

11 손익분기점은 수익과 영업비용을 판매량에 대한 1차 함수로 나타낼 수 있다고 가정한다. 또한 생산제품은 즉시 판매가 가능하며, 생산능력의 범위 내에서 고정영업비용과 단위당 변동영업비용은 일정하다고 가정한다.

11 다음 중 손익분기점에 대한 가정으로 옳지 <u>않은</u> 것은?

① 모든 영업비용은 고정영업비용과 변동영업비용으로 구분할 수 있다.
② 수익과 영업비용을 판매량에 대한 2차 함수로 나타낼 수 있다.
③ 모든 기업은 단일 제품만을 생산한다.
④ 판매가격과 원재료의 구입가격이 각각 일정하다.

정답 09 ② 10 ① 11 ②

12 다음 중 영업레버리지에 대한 설명으로 옳지 <u>않은</u> 것은?

① 고정영업비용을 발생시키는 비유동자산을 이용하는 것을 의미한다.

② 총비용 중에서 고정영업비용이 차지하는 비중을 의미한다.

③ 실물자산에 대한 투자가 증가할수록 고정영업비용의 부담이 감소한다.

④ 판매량이나 매출액이 변동할 때 영업이익의 변화율이 확대되는 효과를 영업레버리지 효과라 한다.

12 실물자산에 대한 투자가 증가할수록 고정영업비용의 부담이 증가한다. 고정영업비용이 지렛대 작용을 하기 때문에 판매량이나 매출액이 변동할 때 영업이익의 변화율이 확대되는 효과를 통해 영업레버리지 효과가 존재한다는 것을 알 수 있다.

13 결합레버리지와 기업위험에 대한 설명으로 옳은 것은?

① 영업위험은 매출액 또는 판매량의 변동에 따라 영업이익의 변동성으로 측정된다.

② 기업위험은 영업위험으로 구성된다.

③ 기업위험은 영업레버리지도와 재무레버리지도에 의해서 좌우되지 않는다.

④ 자본의 변화에 따른 주당순이익의 변동성을 분석함으로써 기업위험을 측정할 수 있다.

13 기업위험은 영업위험과 재무위험으로 구분되며, 영업레버리지도와 재무레버리지도에 의해서 좌우된다. 또한 매출액의 변화에 따른 주당순이익의 변동성을 분석함으로써 기업위험을 측정할 수 있다.

14 분석전자의 DFL은 3이고 DCL은 6이다. 분석전자의 매출액이 1% 증가하면 영업이익은 어떻게 변화하는가?

① 2% 증가

② 2% 감소

③ 0.5% 감소

④ 0.5% 증가

14 $DOL = \dfrac{DCL}{DFL} = \dfrac{6}{3} = 2(\%)$
따라서 영업이익은 2% 증가한다 볼 수 있다.

정답 (12 ③ 13 ① 14 ①)

15 변동영업비용은 조업도의 변화에 따라 비례적으로 변동하는 영업비용을 말하며, 직접재료비, 직접노무비, 판매수수료, 판매원의 성과급 등이 변동영업비용에 속한다.

15 다음 중 변동영업비용으로 옳은 것을 모두 고르시오.

> ㉠ 직접노무비
> ㉡ 판매수수료
> ㉢ 직접재료비

① ㉠, ㉢
② ㉠, ㉡, ㉢
③ ㉡, ㉣
④ ㉠, ㉡

주관식 문제

01
정답 고정영업비용, 변동영업비용
해설 손익분기점 분석은 영업활동의 수행과정에서 발생하는 영업비용을 고정영업비용과 변동영업비용으로 구분할 수 있다고 가정한다.

01 손익분기점 분석에서는 영업활동 수행과정에서 발생하는 영업비용을 두 가지로 구분할 수 있다고 가정하는데, 이 두 가지가 무엇인지 쓰시오.

정답 (15 ②)

※ 분석전자의 경우 가전제품을 제조하고 있다. 분석전자의 제품별 재무자료는 다음과 같다. [02~04]

제품명	매출액 (백만 원)	변동영업 비용 (백만 원)	매출액 구성비율(%)	변동영업 비용률(%)	공헌 이익률(%)
A	300	90	60	30	70
B	150	60	30	40	60
C	50	25	10	50	50

02 분석전자의 가중평균 공헌이익률의 계산식과 정답을 쓰시오.

03 분석전자의 고정영업비용이 350백만 원일 경우 회사 전체의 손익분기점 매출액의 계산식과 정답을 쓰시오.

02

정답 가중평균 공헌이익률
= (공헌이익률 × 매출액 구성비율)
의 합계
= $(0.7 \times 0.6) + (0.6 \times 0.3) + (0.5 \times 0.1)$
= 0.65

03

정답 회사 전체의 손익분기점 매출액
= 고정영업비용 / 가중평균 공헌
이익률
= 350백만 원 / 0.65
= 538백만 원

04

정답 • A 제품 : 322백만 원
    • B 제품 : 161백만 원
    • C 제품 : 53백만 원

해설 • A 제품 : 538백만 원 × 0.6
                = 322백만 원
    • B 제품 : 538백만 원 × 0.3
                = 161백만 원
    • C 제품 : 538백만 원 × 0.1
                = 53백만 원

04 분석전자의 제품별 손익분기점 매출액을 계산하시오.

05

정답 ㉠ 영업위험(operating risk)
    ㉡ 재무위험(financial risk)

해설 영업위험은 경제환경의 변화에 따라 예상 밖으로 영업이익이 줄어들 수 있는 가능성을 의미한다.
재무위험은 자본조달정책 결정에서 이자비용을 발생시키는 부채의존도가 높을수록 이자비용의 비중이 증가하기 때문에 영업이익이 감소할 때 주당순이익이 그보다 높은 비율로 줄어드는 가능성을 의미한다.

05 다음 빈칸에 들어갈 적합한 말을 쓰시오.

기업이 경영활동을 수행하는 과정에서 부담해야 하는 기업위험은 ┌ ㉠ ┐ 과 ┌ ㉡ ┐ 으로 구분된다.

06 다음 빈칸에 들어갈 적합한 말을 쓰시오.

각 제품의 ⑦ 이 시간의 흐름에 상관없이 일정하며, 변동영업비용을 제품별로 정확하게 할당시킬 수 있다는 가정을 하는 계산법을 ⓒ 이라 한다.

06

정답 ⑦ 매출액 구성비율
ⓒ 가중평균 공헌이익률법

해설 가중평균 공헌이익률법은 각 제품의 매출액 구성비율이 시간의 흐름에 상관없이 일정하며, 변동영업비용을 제품별로 정확하게 할당시킬 수 있다는 가정을 하는 계산법을 말한다.

07 영업비용을 분석하는 세 가지 방법이 무엇인지 쓰시오.

07

정답 회계적 방법, 고저법, 통계적 방법

해설 회계적 방법은 회계담당자가 주관적인 판단에 따라 각 계정과목의 성격을 분석하여 고정영업비용과 변동영업비용으로 분류하는 방법이다.
고저법은 고정영업비용이나 변동영업비용으로 분류하기가 모호한 영업비용의 항목을 이용할 때 사용되는 방법이다.
통계적 방법은 과거의 회계자료에 기초하여 영업비용을 종속변수로, 판매량을 독립변수로 하여 단순회귀분석함으로써 단위당 변동영업비용을 추정한 후, 영업비용을 고정영업비용과 변동영업비용으로 분류하는 방법이다.

08 손익분기점의 의의를 간략히 쓰시오.

08

정답 손익분기점은 기업이 생산능력 범위 내에서 영업비용을 회수하는데 필요한 최소한의 조업도(판매량, 매출액)를 의미한다. 영업이익이 0원이 되는 판매량이나 매출액을 의미하는 것이다. 손익분기점을 분석함으로써 판매량의 변화에 따른 수익, 영업비용과 영업이익의 관계를 파악할 수 있다.

09

정답 영업레버리지도(DOL)는 매출액이나 판매량이 변동할 때 영업이익이 어느 정도 변동하느냐를 나타내는 값이다. 영업레버리지 효과의 정도를 의미하며, 영업이익 변화율을 매출액 변화율로 나눈 값을 말한다.

$$DOL = \frac{영업이익\ 변화율}{매출액\ 변화율}$$

$$= \frac{\dfrac{\triangle EBIT}{EBIT}}{\dfrac{P \times \triangle Q}{P \times Q}}$$

$$= \frac{\dfrac{\triangle EBIT}{EBIT}}{\dfrac{\triangle Q}{Q}}$$

10

정답 ㉠ 결합레버리지 (combined leverage)
㉡ 결합레버리지도(DCL)

해설 총비용 중에서 고정영업비용과 이자비용이 차지하는 비중으로 결합레버리지를 측정할 수 있다.
결합레버리지도는 매출액 변화율(또는 판매량 변화율)에 대한 주당순이익 변화율의 비율로 다음과 같다.

$$DCL = \frac{주당순이익\ 변화율}{매출액\ 변화율}$$

---

09 영업레버리지도의 의미와 계산식을 쓰시오.

10 다음 빈칸에 들어갈 적합한 말을 쓰시오.

투자결정에 따른 영업레버리지와 부채조달에 따른 재무레버리지를 통합한 것을 ☐ ㉠ ☐라고 한다. ☐ ㉠ ☐는 영업레버리지와 재무레버리지를 통합한 개념으로서, 일반적으로 레버리지라고 부르기도 한다. ☐ ㉠ ☐는 ☐ ㉡ ☐로 측정할 수 있다.

제 4 장

부실기업 분석

제1절   기업부실의 개요
제2절   우리나라의 부실기업 정리제도
제3절   부실기업의 예측방법
실전예상문제

얼마나 많은 사람들이 책 한 권을 읽음으로써 인생에 새로운 전기를 맞이했던가.

– 헨리 데이비드 소로 –

제**4**장 | 부실기업 분석

제1절 기업부실의 개요

1 기업부실의 의미

(1) 기업부실화의 의미

① **기업부실화의 상태**

기업부실화는 기업이 재무적 의무를 다하지 못하는 상태를 의미한다. 그렇기에 기업부실화가 악화되면 궁극적으로 기업이 파산할 가능성이 높아진다. 기업부실화와 관련된 용어로는 경영실패, 채무불이행, 지급불능, 파산 등이 있다. 이와 같은 용어는 경우에 따라서 상호 중복적으로 사용되고 있으나 엄격하게 구분이 되는 것은 아니다.

② **기업부실화의 영향**

기업부실화는 기업의 이해관계자는 물론 사회경제적으로도 큰 손실을 초래하게 된다. 기업부실화의 영향은 다음과 같다.

㉠ 기업부실은 채권자와 주주의 부를 감소시킨다. 기업부실화에 따라 순자산가치가 음(−)의 값을 보이는 경우 채권자는 원리금의 일부를 회수하지 못하게 되며 주주 또한 투자자원금을 거의 상실하게 된다.

㉡ 기업부실화가 지속되는 경우 기업은 운영을 중단할 수 밖에 없으며, 운영중단에 따라 종업원들이 일자리를 잃게 되어 실업 증가에 따른 사회적 불안을 야기시키는 요인이 된다.

㉢ 운영중단에 따라 생산량이 감소하면서 경제발전을 둔화시키는 결과를 가져오게 된다.

㉣ 기업파산이 빈번하게 발생될 경우 신용거래의 위축 등으로 인해 경제활동에 위축을 가져올 수 있다.

(2) 기업부실화와 관련된 용어

기업부실화는 경영실패, 지급불능, 채무불이행, 파산 등을 모두 포함하는 의미를 지니는데 이와 같은 용어의 의미는 다음과 같다.

① **경영실패**

경영실패(failure)는 기업의 수익성이 감소함으로 인해 나타나는 부실화의 현상을 의미한다. 수익성이 감소한다는 것은 구체적으로 수익이 비용보다 작거나 또는 투자 수익률이 자본비용보다 낮은 상태를 의미한다. 지속적인 수익성의 감소에 따라 경영실패는 결국 지급불능이나 파산 상태로 이어질 수 있으나, 경영실패가 반드시 파산으로 이어지는 것은 아니다. 경영실패가 수년간 누적되더라도 법적 지급 의무를 갖는 부채가 없는 경우에는 경영을 계속 이어갈 수 있기 때문이다.

② **지급불능**

지급불능(insolvency)은 기술적 지급불능과 파산 상태의 지급불능으로 구분된다. 기술적 지급불능의 경우 일시적인 유동성의 부족으로 인해 만기가 된 채무를 상환하지 못하는 상태를 의미한다. 기술적 지급불능은 일시적인 유동성 부족에 따라서 나타나는 현상이지만 유동성 부족 현상이 지속되는 경우에는 파산의 직접적인 원인이 되기도 한다. 한편 파산 상태의 지급불능은 총부채가 총자산가치를 초과하여 순자산가치가 음(−)의 값을 보이는 상태로서, 실질적인 파산을 의미한다. 파산 상태의 지급불능은 만성적 수익성의 저하 또는 유동성 부족을 가져오기에 실질적인 파산을 의미한다.

③ **채무불이행과 파산**

채무불이행(default)은 채무자가 채권자와의 계약을 위반하거나 원리금을 제때 상환하지 못하여 법적 처리의 근거가 된 상태를 말하지만, 채무불이행 상태에 처한 경우일지라도 채권자와의 합의에 따른 구조조정을 통해 기업을 재편성함으로써 영업활동을 지속할 수 있다. 또한 법적으로 파산 신청에 들어갈지라도 사전에 채권자와의 협상을 통해 채무의 재조정이 가능하다.

파산(bankruptcy)은 파산 상태의 지급불능 또는 법원에 의해 공식적으로 선고된 파산 상태를 말한다. 우리나라 법에 의하면 기업의 자산총액이 부채총액에 미치지 못할 경우 법원이 파산선고를 내릴 수 있으며, 법원의 파산선고에 따라서 기업이 해산되는데 이러한 상태를 파산이라고 정의한다.

(3) 부실기업의 정리방법

① **부실기업의 인식**

IMF 외환위기 이후 다수의 기업들이 부실화되면서 기업경영의 투명성과 건전성의 중요성에 대한 인식이 널리 확산되었다. 부실기업의 정리는 워크아웃(기업개선작업), 사적화의 및 법정관리를 통해 기업을 회생시키는 경우와 제3자 매각 또는 파산을 통해 기업을 퇴출시키는 경우로 구분된다.

② **부실기업의 정리방법 구분**

첫째, **워크아웃**(workout)은 외환위기 이후 시장안정화를 위해 1998년 6월 기업구조조정협약에 따라 부실기업을 회생시키기 위해 금융기관이 자율적으로 해당 부실기업을 지원하는 제도이다. 즉, 금융기관들이 한자리에 모여 협약을 체결한 다음 그에 따라 채권을 출자로 전환하거나, 원리금 상환을 유예시키거나 또는 신규 자금을 지원하여 기업을 회생시키는 제도를 말한다.

둘째, **사적화의**는 워크아웃과 비슷한 개념의 기업회생제도로서, 지급불능상태에 있는 기업이 법원에 요청하여 채무감면을 받는 제도이며, 법원이 중간에서 다리를 놓아주는 워크아웃의 성격을 지닌다. 사적화의는 워크아웃과 몇 가지 차이가 있다. 워크아웃은 주로 대기업을 대상으로 하는 한편, 사적화의는 중소기업을 대상으로 하는 기업회생제도이다. 또한 워크아웃은 기본협약과 기업개선의 과정이 정해져 있지만, 사적화의는 채권금융기관의 협의를 통해 그 내용이 결정된다.

셋째, **법정관리**는 실무적으로 사용되는 용어로서, 실정법상으로는 회사정리를 의미한다. 법정관리는 지급불능상태에 있는 기업을 법원의 감독 아래 채권자와 주주들의 이해관계를 조정하여 기업을 회생시키는 제도를 말한다. 법정관리에 들어가면 진성어음을 포함한 모든 채무관계가 동결되기에 회생가능성이 높아진다. 법정관리와 워크아웃의 주요 차이점은 워크아웃에서는 금융기관의 채권만 동결되지만, 법정관리에서는 금융기관의 채권은 물론 진성어음까지도 동결되는 포괄적인 채권감면이 가능해진다는 것이다. 그렇기에 워크아웃 중인 기업이 신규 자금의 지원을 받지 못하는 경우 법정관리를 신청하는 경우가 많다.

넷째, **기업 퇴출**은 부실기업을 제3자에게 매각하거나 파산절차를 통해 기업을 청산하는 것을 말한다. 지난 1999년 제1차 기업퇴출에서는 대기업 계열을 중심으로 한 재무건전성에 중점을 두고 이루어졌으나, 2000년 제2차 기업퇴출에서는 중견기업을 중심으로 유동성에 중점을 둔 퇴출이 진행되었다. 기업퇴출 판정은 다음 표에 나와 있다.

[기업퇴출의 판정비교]

구분	1차(1999년 6월 17일)	2차(2000년 11월 3일)
대상 업체	313개	287개
퇴출기업 수	55개(17.6%)	50개(17.4%)
처리기준	부채비율 등 재무건전성 위주	현금유동성 위주
분류방식	정상, 회생 불가	정상, 일시적 유동성 위기, 구조적 유동성 위기, 정리대상
초리대상	대기업 계열 중심 (5대 계열 20개, 6~64대 계열 32개)	중견기업 중심 (기존 워크아웃, 법정관리 기업 중심)
처리방식	청산(26), 매각(11), 합병(8), 법정관리(7)	매각(20), 청산(19), 법정관리(10), 합병(3)

2 기업부실의 원인 및 징후

(1) 부실화 예측 및 정보원천

① 부실화의 예측

기업의 부실화는 상당한 기간을 거쳐 부실화의 원인과 징후가 누적되는 결과로 나타난다. 부실화를 초래하는 징후는 재무적 징후 이외에 재무제표를 통해서도 파악할 수 없는 비재무적 징후가 있기 때문에 부실화를 예측하는 방법 또한 다양하다.

② 부실화의 정보원천

일반적으로 다음과 같은 다양한 정보원천을 이용함으로써 기업부실의 가능성을 사전에 예측할 수 있다. 기업이 지속적으로 충분한 현금흐름을 창출하지 못하는 경우에는 궁극적으로 부실화로 연결될 수 밖에 없다. 그렇기에 기업의 현재 및 미래현금흐름을 면밀히 분석함으로써 부실화의 가능성에 대한 정보를 획득할 수 있다.

부실화의 원인은 기업의 경쟁력, 상대적인 원가구조, 원가상승에 대한 흡수능력, 산업의 성장잠재력, 경영자의 자질, 경제 환경 변화에 대한 대응력 등 다양한 영역에서 찾을 수 있다. 또한 기업부실화의 원인은 환경변화에 대응하기 위한 기업의 전략을 분석함으로써 파악이 가능하다. 기업이 속한 산업에 대한 분석을 통해서 부실화의 가능성을 예측할 수 있는 정보를 얻을 수 있다.

부실화의 경험이 있는 기업과 부실화의 경험이 없는 기업의 재무제표를 비교분석함으로써 부실화의 가능성을 예측할 수 있는 정보를 얻을 수 있다. 개별 또는 다수의 재무요인들을 비교함으로써 정상기업과 부실기업을 판단하는 통계적인 분석은 부실화의 가능성을 예측하는 데 유용한 척도가 된다.

주가수익률 또는 채권등급 등과 같은 시장정보를 분석함으로써 부실화의 가능성에 대한 정보를 얻을 수 있다. 부실화의 징후는 부실화가 시작되기 이전 수개월 전부터 주가수익률이 지속적으로 하락하거나 채권등급이 하향 조정되는 것으로 나타난다. 기업부실화가 예상되는 기업의 경우 그 정보가 주가 또는 채권등급 등에 즉각적으로 반영되기 때문이다.

(2) 기업부실화의 원인

기업부실화의 원인은 아주 다양하지만 경영실패에 기인한다고 볼 수 있다. 대부분의 경우 단 한 번의 잘못된 의사결정의 결과로서 경영실패가 나타나는 것이 아닌 여러 번의 잘못된 의사결정의 결과로 나타나기 때문이다. 이러한 연속적 의사결정의 실패는 기업의 재무상태를 악화시키고 결국에는 파산에 이르게 하는 원인이 된다. 흔히 부실화의 원인으로서 매출액의 감소에 따른 수익성 저하, 경영자의 능력부족, 지배구조의 불합리성, 환경변화에 대한 부적절한 대응, 타인자본에 의한 과다한 설비확장 등이 거론된다. 부실화의 원인은 다음과 같다.

① 제품개발의 실패와 무리한 사업확장

신제품 개발이 실패로 끝나는 이유는 단순하다. 신제품 개발에 앞서 사전조사가 불충분하였기 때문인데, 제품을 개발하여 시장에 내놓고 나서야 시장성이 없다는 것을 알게 된 경우에는 투자비용을 회수할 수밖에 없다. 또한 시장성이 없기에 시장에서 제품이 팔리지 않을 것이며, 결국 창고에 재고가 엄청난 속도로 증가하게 된다. 무리하게 매출을 증대하기 위해 신용매출을 증가시킬수록 자금부족이 누적되어 결국 신제품 개발을 위한 투자가 큰 부담으로 남게 된다. 과도한 설비투자로 인해 기업의 영업레버리지도가 높아지게 되어 영업위험이 급격하게 증가하게 되며, 게다가 시설투자에 필요한 자금을 타인자본으로 조달한 경우에는 문제의 심각성이 더욱 커진다. 타인자본에 의한 무모한 기업규모의 확대는 결과적으로 기업이 지급불능상태로 빠지게 한다. 이러한 과정은 다음 그림과 같다.

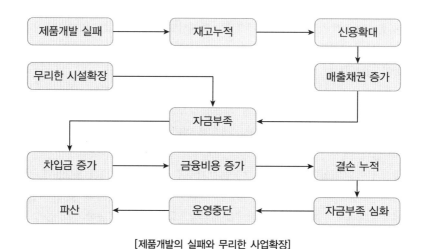

[제품개발의 실패와 무리한 사업확장]

② **경기침체에 따른 판매여건의 악화**

불황기에는 경기변동에 민감한 기업일수록 매출이 급격하게 감소한다. 경기침체에 따른 매출 감소는 기업에게 악영향을 미친다. 매출 감소를 우려하여 무리하게 매출을 증대시키려는 정책을 추진하는 최고경영진도 많다. 예를 들어 제품판매가 어려워 파격적인 신용조건을 제시하면서 매출을 늘리고자 하는 경우 당장엔 제품이 잘 팔리는 것처럼 보이지만 쌓이는 것은 매출채권뿐이다. 이런 경우 신용매출은 창고에 있는 재고자산을 다른 장소로 옮겨놓는 것에 불과하기 때문이다. 매출이 증가하였는데도 자금은 내내 묶여 있는 셈이다. 예를 들어 경기침체 말기에서 두드러진 자금경색 현상들이 발생하는 이유가 여기에 있다. 자금경색이 심화될수록 직원의 사기가 날로 저하되고 생산성도 떨어지게 된다. 자사제품, 시장, 경쟁회사 등에서 어떤 변화가 발생하는지를 따져 효과적인 대처를 하지 못하는 경우에는 결국 파산에 이르게 되는데, 이러한 과정을 그림으로 나타내면 다음과 같다.

[경기침체에 따른 판매여건의 악화]

③ **만성적 자금난과 자금부족**

기업이 지나치게 많은 자금을 타인자본으로 조달할수록 부실화의 가능성이 높아질 수밖에 없다. 시설자금은 물론 운영자금까지 과도하게 타인자본으로 충당하는 경우 사소한 시중의 자금사정 변화에도 견뎌내지 못하고 흔들리게 된다. 시중의 자금사정이 조금만 경색되더라도 자금조달이 어려워지기에 원재료를 제때에 구입하지 못하게 되어 생산 활동이 위축될 뿐만 아니라 노후화된 시설을 교체하지 못하여 제품의 불량률이 증가하게 된다. 불량률의 증가로 인한 매출 감소의 악순환이 계속되다 보면 기업은 결과적으로 파산상태에 빠지게 된다. 이러한 과정은 다음과 같다.

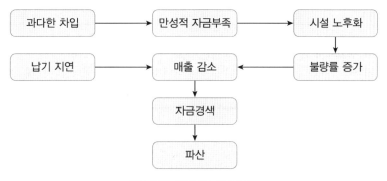

[만성적인 자금난과 자금 부족]

④ **연쇄적인 파산**

기업 자체에 직접적인 원인이 되는 것이 아닌 거래관계상 전방기업이나 후방기업에 문제가 생겨 그 파급 효과로 인하여 파산하거나, 계열사 간의 상호 지급보증에 의해 한 회사가 부도를 내면 다른 회사의 부도 에도 영향을 미친다. 이와 같은 과정은 다음과 같다.

[연쇄적인 파산]

(3) 기업부실화의 징후

① **재무적 부실화의 징후**

기업부실화가 오랜 기간에 걸쳐 진행될수록 그 과정에서 여러 가지 재무적 징후는 물론 비재무적 징후들 이 나타나게 된다. 재무적인 징후는 재무제표 분석을 통해서 파악될 수 있다. 재무제표는 누구든지 쉽게 이용할 수 있기에 재무제표 분석을 통해 부실화의 징후를 파악하는 방법이 가장 많이 사용되고 있다. 그 러나 재무제표에는 비재무적 정보가 반영되어 있지 않으며, 부실화의 시점과 상당한 시차를 두고 재무제 표가 발표된다는 점에서 한계가 있다. 재무제표 분석을 통해 파악할 수 있는 재무적 부실화의 징후는 다 음과 같다.

[재무적 부실징후]

재무상태표	손익계산서	현금흐름표
• 현금예금 절대부족 • 매출채권, 재고자산의 급증 • 비유동자산 과대투자 • 단기차입금 등 유동부채 증가 • 차입조건이나 금리측면에서 불리한 　신규차입금 증가 • 타인자본 의존도 심화 • 자본잠식	• 매출액의 지속적 감소 • 매출원가 및 판매비와 관리비 급증, 　과다한 금융비용 • 이익률의 현저한 감소 • 결손의 확대 및 지속	• 영업활동으로 인한 현금흐름의 부족 • 단기차입금에 의한 장기부채상환 증가 • 과다한 배당금 지급

② **비재무적 부실화의 징후**

비재무적 부실화 징후는 부실기업이나 그 기업이 속한 산업에 따라 다양한 형태로 나타난다. ㈜한국신용 평가에서는 비재무적 징후를 통하여 기업부실을 예측할 수 있는 항목으로 다음과 같은 30개 항목을 제시 한다.

• 회사의 수위실이나 화장실이 지저분하다. • 사내의 기강이 해이해졌다. • 어음거래가 불량하다. • 높은 이자의 어음이 나돈다. • 회의가 빈번하고 장시간이다.	• 이상한 바겐세일을 한다. • 갑작스럽게 부동산을 처분한다. • 거래처가 자주 바뀐다. • 상품가격이 터무니없이 오른다. • 경기추세와 수요를 무시한다.

• 경영자가 분에 넘치는 호화생활을 한다.	• 주거래은행 등 거래금융기관이 변경된다.
• 사무실에 비해 사장실이 호화스럽다.	• 비상식적인 임원이동을 한다.
• 경영자의 여성관계 소문이 그치지 않는다.	• 간부와 사원의 퇴사가 잦다.
• 무리하게 본사 사옥을 늘렸다.	• 경리장부가 아주 복잡하고 정리가 안 되어 있다.
• 회사게시판에 부착된 내용들이 부정적이다.	• 간판이 쓰러져 있거나 쇼윈도가 지저분하다.
• 노사 간의 대립이 첨예화되어 있다.	• 경영자의 성격이 내성적으로 바뀐다.
• 사원들의 출근율이 저조하다.	• 낯선 사람들이 드나들기 시작한다.
• 대주주의 지분변동이 불안하다.	• 악성 루머가 그치지 않고 떠돈다.
• 후계자의 계승을 둘러싼 분쟁이 있다.	• 경영자가 정치 같은 일에 너무 관심을 쏟는다.
• 사장과 경리사원의 부재가 잦다.	• 경영자가 공과 사를 혼동하고 있다.

한국신용평가의 '부실기업의 자가진단법'에 의하면 30개 징후 중에서 10개 이상에 해당하는 경우 부도 가능성이 있다고 판단한다. 또한 15개 이상이 해당될 경우에는 '부도 요주의', 20개 이상이 해당될 경우에는 '부도 위험', 25개 이상이 해당되는 경우에는 '부도 확실'로 판단한다.

제2절 　우리나라의 부실기업 정리제도

아시아 금융위기 이전에는 사실상 우리나라에서는 기업 퇴출시장이 존재했다고 보기 어렵다. 기업의 도산절차에 대한 정부개입은 산업정책의 일환인 경제개발계획과 산업합리화조치에 의한다. 정부는 부실기업이나 부실산업을 선택하여 존속과 퇴출 여부를 정하고 부채원리금의 유예, 감면, 구제금융 그리고 조세혜택 등을 선택적으로 지원하였다. 이와 같은 정부 주도의 부실기업 정리가 기업 퇴출의 유일한 작동체계였으며, 관련법이나 제도 또한 구체적으로 정비되어 있지 않았던 시기로 볼 수 있다. 그렇기에 부실기업의 구조조정을 위한 인수합병, 분할, 고용조정, 퇴출 등의 한계를 겪을 수 밖에 없었다.
1997년 아시아 금융위기를 겪으면서 부실기업에 대한 정리가 필수적인 과제로 부각되었고 이와 같이 원칙 없는 기업 퇴출 체계의 문제점이 노출되었다. 이러한 상황에서 정부는 법과 제도의 정비 필요성을 인식하고 구조조정의 다양한 수단과 방법을 강구하였으며, 이후 부실기업에 대한 정리제도를 개정하였다.

1 회사정리제도

회사정리제도는 재정적 궁핍으로 파탄에 직면하였지만, 경제적으로 갱생의 가치를 지닌 주식회사에 대하여 법원의 감독 하에서 채권자, 주주, 기타 이해관계인의 이해를 조정하며 회사의 정리재건을 도모하는 것을 목적으로 한다. 회사정리법은 1962년 12월 12일 법률 제1214호로 제정되었다. 본래 기업이 도산에 이른 경우 자본주의 경제 체제하에서는 기업을 해체시키는 것이 원칙이지만, 기업을 재건하는 회사정리절차는 도산처리절차 중에서 예외적인 제도라 할 수 있다.

이와 같은 제도를 두게 된 이유는 기업이 해체되고 파산절차에 들어가게 되면 채권자의 일부만이 채권을 추심할 수 있거나 때로는 전혀 보호받지 못하는 경우가 발생하고, 주주나 종업원들에게 큰 피해를 입힐 뿐 아니라 특히 자금난으로 도산한 경우인 소위 흑자도산의 경우, 기업체에게도 큰 피해가 발생한다. 따라서 경제적으로 미치는 피해를 최소화하기 위해 경제적 갱생의 가치를 지닌 기업이라 판단될 경우 기업을 해체하지 않고 법원의 감독 하에서 채권자나 주주의 이해를 조정시키면서 기업을 갱생하는 제도를 말한다.

회사정리법에 의한 정리절차는 절차개시 전의 원인에 의하여 생긴 회사에 대한 채권을 정리채권으로 하여 채권의 개별적인 행사를 금하며, 정리채권에 대한 감면이나 기한 유예, 대주주의 주식에 대한 무상소각, 주식 또는 사채발행 등 권리변경을 내용으로 하는 정리계획을 수립하여 정리계획상 인정되지 아니하는 권리는 원칙적으로는 실권되도록 한다. 또한 회사로 하여금 경영을 계속하여 수익을 올리면서 유휴자산 등을 매각하여 변제자금을 마련하게 함으로써 회사를 갱생시키는 절차를 회사정리제도라 한다.

2 화의제도

금융위기 이후 대기업의 잇따른 부도사태로 인해 부도기업들과 관련된 하청업체 및 중견기업과 중소기업들의 부도로 인해 경제가 매우 어려운 상태에서 재계순위 상위권의 기업들마저 부도유예신청을 함으로써 사회적으로 큰 충격을 주었다. 화의제도에는 화의법에 의한 화의와 파산법에 근거한 파산절차 진행 중에 파산을 종결하기 위한 강제적 화의가 있는데, 파산 상태에 있는 회사가 이용할 수 있는 제도인 화의법상 화의에 대해 공부해 보도록 한다.

화의법상 화의는 채무자에게 파산의 원인이 발생함으로써 파산선고를 받아야 하는 상태에 놓인 경우 법원, 정리위원, 화의관재인의 보조 및 감독 하에서 채무자와 채권자들 사이의 협정을 체결하여 채무의 변제방법(화의조건)을 설정하고 이에 의해 파산선고를 면하게 하는 제도이다. 채무자는 파산을 면할 수 있으며, 채권자는 파산 시보다 유리한 변제를 받을 수 있다. 이와 같이 화의제도는 파산적 청산을 예방하고 기업을 유지하는 목적으로 한다. 파산 상태에 있는 채무자가 파산을 모면하기 위해 각 채권자들과 개별적인 유예 합의를 하는 것은 어려운 일이며, 경우에 따라 대다수의 채권자와 변제조건에 대한 의견조정이 있었음에도 불구하고 소수의 채권자들의 무리한 요구에 따라 최종적인 합의가 이루어지지 못할 수도 있다. 이와 같은 경우 법원이나 기타 공적인 기관의 보조 및 감독 하에서 법정 요건 이상의 채권자들의 동의를 통해 채무변제조건에 관한 합의가 이루어진 것으로 간주되어 이와 같은 합의에 의해서 모든 채권자들을 구속하는 제도가 화의제도이다. 그렇기에 화의제도는 채무자와 채권자들로부터 상당한 신뢰를 얻을 때 성립이 가능한 제도로써 비록 채무자가 현재는 파산 상태에 있지만 채무자가 제시한 화의조건대로 이자를 일부 감면하고 변제기를 유예해 준다면 채무자가 화의조건을 성실하게 이행할 것이라는 신뢰를 채권자들에게 받아야만 성립될 수 있는 제도이다.

3 워크아웃제도

워크아웃제도는 강도 높은 구조조정을 통한 기업의 체질개선 작업을 일컫는다. **워크아웃제도는 경제적 회생가능성은 존재하지만 재무적으로 어려움에 처한 기업이 주 대상이다.** 법원에 의한 강제적 절차에 앞서 채권자인 채권금융기관들과 채무자인 대상기업 간의 협상과 조정과정을 통한 채무조건 완화라는 사적화의의 성격을 지닌다. 그렇기에 워크아웃은 채무부담의 경감을 위해 채무기업이 채권금융기관들을 설득하는 과정이라고 할 수 있다.

이러한 모든 과정이 법원 밖에서 이루어지는 사적화의인 만큼 워크아웃의 성공과 실패는 주요 채권금융기관들이 대상기업이 제시한 채무상환계획에 대해 얼마나 적극적인 동의를 하느냐에 따라 달라진다. 일반적으로 대상기업이 워크아웃을 성공적으로 수행하기 위해서는 워크아웃 계획을 적절하게 수립해야 한다. 워크아웃의 내용은 주력사업의 특성, 경영실패의 원인 및 문제해결을 위한 방안 등에 따라 달라진다. 대상기업이 채무상환 조건을 완화하기 위해서는 워크아웃 계획에 대한 채권금융기관들의 신뢰를 얻는 것이 중요하다. 즉, 대상기업은 채권금융기간들을 설득할 수 있거나 또는 채권금융기관들의 타당한 의견을 반영하는 워크아웃 계획안을 제출해야 한다.

워크아웃 계획이 성공적으로 실행되기 위해서는 실현가능성(feasibility), 형평성(fairness) 그리고 다른 대안보다 우월성(better than the other alternative) 등이 있다. 다른 대안보다 우월하다는 것은 법정관리나 청산 등에 비해 워크아웃 계획이 채권금융기관에 대해 채권자 조별로 월등한 채권회수율을 보장한다는 것을 의미한다. 워크아웃제도의 경우 법적인 강제성에 의존하지 않고 순전히 채권금융기관들의 경제적 이해관계에 따른 자율적 동의에 기초하기 때문에, 워크아웃 계획은 실현가능성과 이해관계자 간 손실부담의 형평성이 필수 불가결하다. 즉, 워크아웃제도는 부실기업의 정리과정에서 정부의 영향력을 최대한 차단하고 효율적인 기업재건을 위하여 채권금융기관들이 주도적으로 부실 징후를 보이는 기업을 발견하고 기업과 긴밀한 협의와 정리개선을 사적으로 도모하는 것으로써 법적 정리절차보다 나은 대안으로 대두된다.

4 기업구조조정

기업구조조정은 기업의 생존과 성장을 동시에 획득하는 것이다. 기업이 생존하고 성장하기 위해서는 진정한 의미에서의 부가가치를 지속적으로 창출할 수 있어야 한다. 일반적인 의미에서 **기업구조조정(corporate restructuring)은 급변하는 경제 환경 변화에 적응하고 기업의 가치를 극대화하기 위하여 사업 부문 개편, 재무구조 개성, 소유지배구조의 조정 및 조직 변경 등 경영의 각 부문을 혁신하고 조정하는 모든 활동을 말한다.** 우리나라의 경우 금융권 및 경제계에서 사용되는 기업구조조정이라는 말은 외환위기 이후 기업의 개선작업 또는 워크아웃이라 불리며, 재무적인 곤경에 처했으나 경제적으로 회생 가능성이 있는 기업을 대상으로 채권단과 기업이 협력하여 재무구조와 사업구조를 조정함으로써 기업의 회생 및 채권 회수 증대를 도모하는 일련의 과정을 말한다.

5 파산

파산 또는 도산은 채무자가 변제상황에 있는 채무를 일반적인 방법으로 변제할 수 없게 된 상태를 말한다. 법적인 의미로는 경제적 파탄인 상태를 재판상 처리하는 절차 내지는 제도라는 의미로 사용된다. 파산법은 1998년 2월 도산 관련 사건을 원활하고 합리적으로 처리할 수 있도록 개정되었다.

[도산처리제도에 관련한 법]

구분	종전 규율	현행 규율
청산형 절차	파산법	파산절차
회생형 절차	회사정리제도	회생절차
	화의제도	
	개인채무회생법	개인회생절차

제3절 부실기업의 예측방법

기업부실화의 가능성을 예측하는 방법은 다양하다. 그 이유는 기업부실화의 원인이 다양하기 때문이다. 예를 들어 재무제표를 분석하거나 경영전략을 분석할 때 현금흐름을 분석함으로써 부실화의 가능성을 예측할 수 있으며, 통계적인 분석방법을 통해서도 부실화의 가능성을 예측할 수 있다. 재무비율을 이용한 분석방법인 '단일변량분석'과 통계적 분석방법인 '다변량분석'을 살펴보도록 한다.

1 단일변량분석에 의한 부실화의 예측

단일변량분석은 여러 개의 재무변수를 하나씩 비교 분석하여 그 결과에 따라 부실화의 가능성을 예측하는 방법이다. 단일변량분석에 의한 부실화의 예측은 다음과 같이 두 가지 가정을 한다.
첫째, 재무비율의 분포가 부실기업과 정상기업에서 체계적으로 다르다.
둘째, 이와 같은 체계적 분포의 차이를 이용하여 부실화의 가능성을 예측할 수 있다.

(1) 재무비율 분포의 차이분석

재무비율 분포의 차이를 분석함으로써 부실화의 가능성을 예측할 수 있다. 부실화의 징후를 대변하는 특정 재무비율을 통계적 또는 경험적으로 선정하여 정상기업과 부실기업의 재무비율 분포를 비교함으로써 부실화의 가능성을 판단할 수 있다. 이러한 분석은 다음과 같은 세 단계의 과정을 통해 이루어진다.

① **재무비율의 선정**

기업부실화에 대한 선행연구의 결과, 기업평가 실무 및 분석자의 판단 등을 고려하여 부실화의 예측에 적합한 재무비율을 선정한다.

② **표본기업 선정**

부실기업 표본을 선정한 다음, 업종 및 기업규모 등에서 부실기업과 유사한 정상기업을 대응기업으로 선정한다. 이러한 대응 표본추출법은 업종과 기업규모 등의 변수가 기업부실에 미치는 영향을 제거하기 위한 것이다.

③ **차이분석**

부실기업과 대응기업 표본에 재무비율의 평균을 계산하여 두 표본 사이에 차이가 있는지를 분석한다. 이를 위해서 일정한 기간 동안 부실기업과 대응기업 표본의 평균 재무비율이 시간의 경과에 따라 변화하는 추세를 도표로 작성하여 분석하는 프로파일 분석을 이용할 수 있다. 프로파일 분석을 통해 두 표본집단 사이에 현저한 차이를 나타내는 재무비율을 찾고, 이와 같은 재무비율들이 시간의 경과에 따라 변화하는 움직임을 관찰함으로써 부실화의 가능성을 예측할 수 있다. 그러나 부실기업과 대응기업 표본에서 특정 재무비율의 분포가 서로 다르다는 확신을 갖기 위해서는 다음과 같은 추가 분석을 필요로 한다.

첫째, 두 표본집단에서 각 재무비율 분포의 분산을 비교하여야 한다.

둘째, 두 표본 집단에 나타나는 분포의 차이에 대한 통계적 유의성 검정을 해야 한다.

셋째, 선정된 재무비율이 실제로 어느 정도 예측력을 지니는지를 검증해야 한다.

(2) 이원분류법

재무비율을 이용하여 부실화의 가능성을 예측하는 경우 부실화의 가능성을 판단할 수 있는 기준이 있어야 한다. 이원분류법은 분석하고자 하는 기업을 부실기업과 정상기업으로 분류할 때 발생하는 예측오류를 최소화하는 최적 판별점을 정해 그 기준에 따라 부실화의 가능성을 예측하는 데 이용되는 방법이다. 이원분류법을 이용하여 최적 판별점을 결정하는 절차는 다음과 같다.

첫째, 표본기업들에 대한 재무비율을 크기에 따라 순서대로 배열한다.

둘째, 순서대로 배열된 재무비율 사이의 중간점을 산출하여 각 중간점을 판별점으로 이용하는 경우 예측오류를 계산한다.

셋째, 예측오류가 최소인 중간점을 최적 판별점으로 선정한다.

총자산순이익률을 이용하여 부실화의 가능성을 예측하는 경우, 이원분류법의 적용과정에 대해 살펴보기로 하자. 표본으로 추출한 부실기업과 정상기업을 대상으로 각각 부실화 이전 1년째의 총자산순이익률을 계산하여 그 크기에 따라 순서대로 배열한 결과는 [총자산순이익률의 크기에 따른 표본기업의 분류]에서 보여준다. 두 경계비율 사이의 중간점을 판별점으로 선정할 때 예측오류를 계산하면 [예측오류의 측정과 최적 판별점의 결정]과 같다. [예측오류의 측정과 최적 판별점의 결정]에서 첫 번째 판별점(0.0605)은 기업 5의 총자산순이익률과 기업 6의 총자산순이익률을 평균한 값이다. 이와 같은 방법으로 각각의 판별점을 선정하여 제1종 오류와 제2종 오류를 계산하여 총예측오류가 가장 작은 점을 최적 판별점으로 선정한다.

[총자산순이익률의 크기에 따른 표본기업의 분류]

표본기업	총자산순이익률	실제상황
1	0.120	정상
2	0.110	정상
3	0.094	정상
4	0.078	정상
5	0.065	정상
6	0.056	부실
7	0.034	정상
8	0.024	정상
9	0.012	부실
10	0.003	부실

[예측오류의 측정과 최적 판별점의 결정]

판별점	제1종 오류	제2종 오류	총예측오류
총자산순이익률 < 0.0605이면 부실로 예측	0	2	2
총자산순이익률 < 0.0450이면 부실로 예측	1	2	3
총자산순이익률 < 0.0290이면 부실로 예측	1	1	2
총자산순이익률 < 0.0180이면 부실로 예측	1	0	1*
총자산순이익률 < 0.0075이면 부실로 예측	2	0	2

* 최적 판별점

[예측오류의 측정과 최적 판별점의 결정]에서 볼 수 있는 것처럼 총예측오류(제1종 오류 + 제2종 오류)가 가장 작은 총자산순이익률 0.0180이 최적 판별점이 된다. 따라서 분석하고자 하는 기업의 총자산순이익률을 계산하여 '총자산순이익률 < 0.0180'이면 부실기업으로 분류하며, '총자산순이익률 ≥ 0.0180'이면 정상기업으로 분류함으로써 부실화의 가능성을 예측할 수 있는데, 이런 경우 최적 판별점(0.0180)에서 예측력은 80%(8개 기업/10개 기업)이다. 그러나 이러한 예측력은 검증되지 않은 것이다. 최적 판별점의 예측력은 수정표본에서 얻어진 결과로서, 표본기업의 특수한 사정에 따라 생기는 우연성에 의해 영향을 받을 수 있기 때문이다. 따라서 최적 판별점의 예측력을 검증하기 위해서는 별도의 확인표본을 선정하여야 한다. 확인표본에서 검증된 예측력은 사실상 이원분류법의 예측력이라고 할 수 있다.

2 다변량분석에 의한 부실화의 예측

단일변량분석을 이용한 부실가능성을 예측하는 데 따르는 문제점은 하나의 재무비율에만 의존하여 부실가능성을 예측하기에 어느 재무비율을 선정하느냐에 따라 예측결과가 달라진다는 점이다. 이러한 문제점은 부실화의 가능성을 예측함에 있어 유용하게 이용될 수 있다고 판단되는 여러 개의 재무비율을 선정하여 이를 종합적으로 분석함으로써 해결될 수 있다. 이처럼 여러 개의 재무비율을 선정하여 종합적으로 부실화의 가능성을 예측하는 방법이 다변량분석방법이다.

(1) 판별분석의 의의 및 절차

다변량분석방법 중 가장 대표적인 방법은 판별분석이다. 판별분석은 여러 가지 재무변수들이 다변량 정규분포를 보이면서, 집단별 재무변수의 확률분포가 동일하다는 가정에서, 여러 재무비율에 따라 대상기업을 부실기업과 정상기업으로 분류하는 데 이용되는 통계적인 분석방법이다. 판별분석은 생물학 또는 행동과학 등에서 질적인 성격을 지닌 변수들을 분류하기 위해 사용되었으나 오늘날에는 기업의 부실예측, 기업의 신용평가, 채권등급평가 등과 같은 재무 분야에서도 널리 이용되고 있다.

① 판별함수의 추정

판별분석에서는 먼저 표본으로 선정된 여러 가지 기업을 부실기업과 정상기업의 두 집단으로 분류하고 각 집단의 특성을 대변하는 재무비율을 선정하여 부실기업과 정상기업으로 가장 잘 구분할 수 있는 판별함수를 추정하여야 한다. 판별함수 식은 식(4-1)과 같다.

$$Z = a_1 X_1 + a_2 X_2 + a_3 X_3 + \cdots + a_n X_n \quad \cdots\cdots\cdots\cdots\cdots \text{식}(4\text{-}1)$$

- Z : 판별점수
- X_i : i번째 재무비율
- a_i : i번째 재무비율의 판별계수

식(4-1)에서 판별계수는 두 집단 간의 변동성을 최대로 하는 한편, 집단 내의 변동성이 최소가 되도록 하는 계수이다. 예를 들어 수익성과 유동성을 나타내는 두 재무변수에 따라 부실기업은 ×, 정상기업은 ○로 표시하여 두 집단으로 가장 잘 구분해주는 판별함수의 예는 다음과 같다.

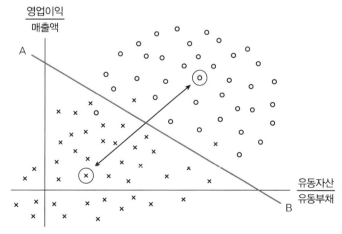

(○ = 정상기업, × = 부실기업, 각 집단의 평균은 굵은 원 안에 있음)

[선형판별분석]

② **최적 판별점의 선정**

식(4-1)과 같은 판별함수를 추정한 후, 판별함수에 각 재무비율의 값을 대입하여 판별점수를 계산하고, 부실기업과 정상기업으로 분류할 때 나타나는 총예측오류가 최소가 되는 최적 판별점을 선정하여, 최적 판별점을 기준으로 부실화의 가능성을 예측할 수 있다. 이런 경우 판별함수의 예측력을 검증하기 위해서 확인표본을 별도로 추출하여 모형의 예측력을 평가해야 한다.

(2) 판별함수를 이용한 부실화의 예측

① 알트만의 Z-점수모형

알트만은 1946년~1965년 사이에 미국의 제조업 중 파산을 신청한 33개의 부실기업과 짝짓기 표본추출법에 의해 추출된 33개의 정상기업을 표본으로 선정하여 판별분석을 실시하였다. 그리고 선행연구에서 기업평가를 위한 유의적 지표로 사용된 22개의 재무비율을 선정하여 그 중 기업부실 예측에 사용가능한 5개의 재무비율을 최종적으로 선정하였다. 선정된 5개의 재무변수는 유동성, 레버리지, 수익성, 지급능력과 효율성 등을 대표하는 재무비율이다. 알트만이 파산 1년 전 자료를 이용하여 추정한 판별함수 Z-점수모형의 식은 식(4-2)와 같다.

$$Z = 1.2X_1 + 1.4X_2 + 3.3X_3 + 0.6X_4 + 1.0X_5 \quad \cdots\cdots\cdots\cdots\cdots \text{식(4-2)}$$

- Z : 판별점수
- X_1 : 운전자본/총자산
- X_2 : 이익잉여금/총자산
- X_3 : 영업이익(EBIT)/총자산
- X_4 : 자기자본의 시장가치/총부채의 장부가치
- X_5 : 매출액/총자산

파산 1년 전 자료에 의해 계산된 두 표본집단의 재무비율 및 판별점수의 평균은 다음 표와 같다. Z-점수모형의 최적 판별점은 Z = 2.675로 추정되며, 알트만이 제시한 구체적인 판별기준은 다음과 같다.

> Z > 2.99 : 정상기업
> Z < 1.81 : 부실기업
> 1.81 ≤ Z ≤ 2.99 : 판정유보

[부실기업과 정상기업의 재무비율 및 판별점수의 평균]

변수	부실기업 평균	정상기업 평균
X_1	−0.061	0.414
X_2	−0.626	0.355
X_3	−0.318	0.154

X_4	0.401	2.477
X_5	1.5	1.9
Z	−0.29	5.02

추정표본에 의한 Z-점수모형의 예측정확도는 파산 1년 전 자료를 이용할 경우 95%(60개 기업/63개 기업), 파산 2년 전 자료를 이용할 경우 83%(54개 기업/65개 기업)로 높게 나타났다. 한편 확인표본에 의한 모형의 예측정확도는 파산 1년 전 자료를 이용하는 경우 83.5%(76개 기업/91개 기업)로 나타났다. 또한 알트만은 1983년에 재무비율 X_4를 '자기자본의 장부가치/총부채의 장부가치'로 대체하여 비상장회사에 적용할 수 있도록, 식(4-3)과 같은 새로운 판별함수를 제시하였다.

$$Z' = 0.717X_1 + 0.847X_2 + 3.107X_3 + 0.420X_4 + 0.998X_5 \quad \cdots\cdots\cdots\cdots\cdots \text{식(4-3)}$$

Z'-점수모형의 판별기준은 다음과 같다.

> Z > 2.90 : 정상기업
> Z < 1.23 : 부실기업
> 1.23 ≤ Z ≤ 2.90 : 판정유보

추정표본에 대한 Z'-점수모형의 예측정확도는 파산 1년 전 자료를 이용할 경우 94%(62개 기업/66개 기업)로, Z-점수모형의 예측능력인 95%와 유사한 것으로 나타났다.

② ZETA 모형

알트만 등은 재무 및 영업환경의 변화를 반영하여 기존 Z-점수모형을 개선한 ZETA 모형을 개발하였다. 이는 미국 ZETA 서비스사가 상품화하여 유료로 제공하는 ZETA 신용위험 보고서의 기초가 되었다. ZETA 모형은 제조업 및 소매업 중에서 53개의 파산기업과 대응되는 58개의 정상기업을 표본으로 선정하였다. 이 모형은 최종적으로 7개의 재무비율을 이용하고 있으며, 그 내용은 다음과 같다.

> • 수익성(X_1) = 영업이익/총자산
> • 이익안정성(X_2) = 과거 10년 동안에서 X_1의 표준오차
> • 채무이행능력(X_3) = 영업이익/이자비용
> • 누적적 수익성(X_4) = 이익잉여금/총자산
> • 유동성(X_5) = 유동자산/유동부채
> • 시장에서의 자본화 정도(X_6) = 보통주 시장가치의 5년 평균값/총자본의 시장가치의 5년 평균값
> • 기업규모(X_7) = $\log$(총유형자산)

ZETA 모형은 ZETA 서비스사에 의해서 상품화되었기 때문에 이 모형의 구체적인 판별계수는 대외적으로 공개되지 않고 있다. 그러나 ZETA 모형의 예측력이 Z-점수모형보다 더 뛰어난 것으로 알려져 있다. 다음 표는 ZETA 모형과 Z-점수모형을 이용한 부실기업과 정상기업에 대한 예측력을 서로 비교한 것이다.

[ZETA 모형과 Z-점수모형의 예측능력 비교]

파산 전 연도 수*	ZETA 모형		Z-점수모형	
	부실기업	정상기업	부실기업	정상기업
1	96.2%	89.7%	93.9%	97.0%
2	84.9%	93.1%	71.9%	93.9%
3	74.5%	91.4%	48.3%	n/a
4	68.1%	89.5%	28.6%	n/a
5	69.8%	82.1%	36.0%	n/a

* 1~5의 의미는 과거 5년을 의미하는 것으로 2020년 기준 1은 2019년, 2는 2018년을 뜻한다.

③ 금융감독원의 판별모형

금융감독원에서는 1982년 효율적인 여신관리 및 기업평가를 위한 목적으로 판별모형을 개발하였다. 이 모형은 부도발생 또는 적색관리대상업체로 분류된 21개 부실기업과 짝짓기 표본추출법에 의해 추출된 22개 우량기업을 표본으로 선정한 후 20개의 재무비율 중에서 7개 재무비율을 최종적으로 선택하여 식 (4-4)와 같은 판별모형을 도출하였다.

$$D = 5.32323 - 0.03257X_1 - 0.025767X_2 - 0.00761X_3 \qquad \cdots\cdots\cdots\cdots \text{식(4-4)}$$
$$+ 0.05955X_4 - 0.004459X_5 + 2.27053X_6 - 2.78251X_7$$

- X_1 : 자기자본비율(%)
- X_2 : 유동비율(%)
- X_3 : 비유동장기적합률의 역수(%)
- X_4 : 순운전자본 대 총자본비율(%)
- X_5 : 자기자본정상이익률(%)
- X_6 : 총자본회전율(회)
- X_7 : 경영자산회전율(회)

이와 같은 경우 최적 판별점은 0.03801이며, 판별기준은 다음과 같다.

$$D > -1.59668 : A그룹(정상)$$
$$-1.59668 \leq D < 0.03801 : B그룹(정상)$$
$$0.03801 \leq D < 1.67271 : C그룹(부실)$$
$$D \geq 1.67271 : D그룹(부실)$$

해당 모형은 통상적인 판별모형과 반대로 판별점수가 낮을수록 우량기업으로 분류된다는 점에 유의해야 한다. 추정표본에 대한 모형의 예측정확도는 97%이다.

(3) 판별분석의 유용성과 한계

판별분석은 사전에 기업부실화의 가능성을 예측하여 기업의 이해관계자들에게 유용한 정보를 제공하는 역할을 한다. 구체적으로 판별분석의 유용성을 살펴보면 다음과 같다.

① 단일변량분석과 달리 판별분석은 여러 개의 재무변수를 동시에 고려하는 종합적인 분석기법이다.

② 판별분석은 동일기준에서 여러 기업을 동시에 평가하기 때문에 평가의 일관성을 유지할 수 있다. 분석가가 임의로 기준을 변경하거나 달리 적용함으로써 특정 기업을 편파적으로 평가할 가능성을 제거할 수 있다.

③ 판별분석에 의하면 기업부실을 저렴한 비용으로 신속하게 예측할 수 있다. 판별분석은 경제적·시간적으로 유용한 정보를 재무의사결정자에게 제공 가능하다.

그러나 판별분석은 다음과 같은 몇 가지 한계점을 가지고 있다.

① 판별분석은 과거의 재무자료에 기초하여 이루어지기 때문에 기업환경이 급격하게 변하는 경우 그 예측력에는 한계점이 있다.

② 판별분석에 사용되는 재무변수의 선정 시 주관적인 판단이 개입될 여지가 많다. 재무변수의 선정에 대한 객관적인 기준을 마련하기가 어렵기 때문이다.

③ 판별분석은 질적 자료를 반영하지 못하며, 기업 간 서로 다른 회계처리방법의 사용에 따라 그 예측력이 감소할 수 있다.

○✕로 점검하자 | 제4장

※ 다음 지문의 내용이 맞으면 ○, 틀리면 ✕를 체크하시오. [1~10]

01 기업부실화는 기업의 파산 상태를 의미한다. (   )

02 기업부실은 채권자와 주주의 부를 감소시킨다. (   )

03 경영실패는 기업의 수익성이 감소함으로 인해 나타나는 부실화의 현상을 의미한다. (   )

04 채무불이행은 채무자가 채권자와의 계약을 위반하거나 원리금을 제때 상환하지 못하여 법적 처리의 근거가 된 상태를 말한다. (   )

05 법정관리는 실무적으로 사용되는 용어로서, 실정법상으로는 회사정리를 의미한다. (   )

06 기업부실을 예측하는 방법은 재무적 방법이 유일하다. (   )

정답과 해설 01 ✕ 02 ○ 03 ○ 04 ○ 05 ○ 06 ✕

01 기업부실화는 기업이 재무적 의무를 다하지 못하는 상태를 의미한다. 그렇기에 기업부실화가 악화되면 궁극적으로 기업이 파산할 가능성이 높아진다.

02 기업부실화가 채권자와 주주의 부를 감소시키는 이유는 기업부실화에 따라 순자산가치가 음(-)의 값을 보이는 경우 채권자는 원리금의 일부를 회수하지 못하게 되며 주주 또한 투자자원금을 거의 상실하게 되기 때문이다.

03 경영실패(failure)는 기업의 수익성이 감소함으로 인해 나타나는 부실화의 현상을 의미하며, 수익성이 감소한다는 것은 구체적으로는 수익이 비용보다 작거나 또는 투자수익률이 자본비용보다 낮은 상태임을 의미한다.

04 채무불이행(default)은 채무자가 채권자와의 계약을 위반하거나 원리금을 제때 상환하지 못하여 법적 처리의 근거가 된 상태를 말하지만, 채무불이행 상태에 처한 경우일지라도 채권자와의 합의에 따른 구조조정을 통해 기업을 재편성함으로써 영업활동을 지속할 수 있다.

05 법정관리는 지급불능상태에 있는 기업을 법원의 감독 아래 채권자와 주주들의 이해관계를 조정하여 기업을 회생시키는 제도를 말한다.

06 부실화를 초래하는 징후에는 재무적 징후 이외에 재무제표를 통해서도 파악할 수 없는 비재무적 징후도 있기 때문에 부실화를 예측하는 방법 또한 다양하다.

07 매출액의 지속적인 감소, 이익률의 현저한 감소는 손익계산서의 분석을 통해 파악할 수 있는 기업 부실화의 징후이다. (   )

08 워크아웃은 금융기관들의 협약에 따라 채권 출자 전환, 원리금 상환 유예 또는 신규자금 지원을 통해 기업을 회생시키는 제도이다. (   )

09 기업구조조정은 부실기업 중에서 회사정리절차나 화의 등의 법적 절차나 인수 등을 통해 회생되지 않을 경우 최종적으로 회사를 청산하는 것을 말한다. (   )

10 재무비율을 이용한 부실기업 예측방법으로는 단일변량분석과 다변량분석방법이 있다. (   )

정답과 해설 07 ○ 08 ○ 09 × 10 ○

07 손익계산서를 통한 재무적 부실 징후로는 매출액의 지속적 감소, 매출원가, 판매비와 관리비 급증, 과다한 금융비용, 이익률의 현저한 감소, 결손의 확대 및 지속 등이 있다.

08 워크아웃제도는 강도 높은 구조조정을 통한 기업의 체질개선작업을 일컫는다. 법원의 강제 절차에 앞서, 채권 금융기관들과 채무자인 대상기업 간의 협상과 조정과정을 통한 채무조건 완화라는 사적화의의 성격을 지닌다.

09 기업구조조정이라 함은 효율성 향상을 목적으로 기업이 가진 조직구조나 사업구조를 개편하는 것을 말한다. 최종적으로 회사를 청산하는 것은 파산이다.

10 재무제표를 분석하거나 경영전략을 분석할 때 현금흐름을 분석함으로써 부실화의 가능성을 예측할 수 있으며, 통계적인 분석방법을 통해서도 부실화의 가능성을 예측할 수 있다.

01 기업파산이 빈번하게 발생될 경우 신용거래의 위축 등으로 인해 경제활동에 위축을 가져올 수 있다.

01 다음 중 기업부실화에 대한 설명으로 옳지 <u>않은</u> 것은?

① 기업부실화는 기업이 재무적 의무를 다하지 못하는 상태를 말한다.

② 기업부실화가 악화되면 궁극적으로 기업이 파산할 가능성이 높아진다.

③ 기업부실화는 기업의 이해관계자는 물론 사회경제적으로 큰 손실을 초래하게 된다.

④ 기업파산이 빈번할 지라도 경제활동에 위축을 가져오지 않는다.

02 기업부실화에는 경영실패, 지급불능, 채무불이행, 파산 등이 있다.
다각화의 경우 기업전략의 하나이다.

02 다음 중 기업부실화를 의미하는 단어로 옳지 <u>않은</u> 것은?

① 지급불능

② 경영실패

③ 다각화

④ 파산

정답 01 ④ 02 ③

03 다음 내용과 가장 관련이 깊은 것은?

> 기업의 수익성이 감소함으로 인해 나타나는 부실화의 현상을 의미한다. 수익성이 감소한다는 것은 구체적으로는 수익이 비용보다 작거나 또는 투자수익률이 자본비용보다 낮은 상태임을 의미한다.

① 지급불능
② 파산
③ 채무불이행
④ 경영실패

04 다음은 경기침체에 따른 판매여건의 악화과정이다. 빈칸에 들어갈 말로 옳은 것은?

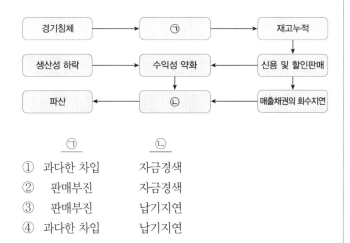

	㉠	㉡
①	과다한 차입	자금경색
②	판매부진	자금경색
③	판매부진	납기지연
④	과다한 차입	납기지연

03 ① '지급불능'은 유동성의 부족으로 인해 만기가 된 채무를 상환하지 못하는 상태를 의미한다.
② '파산'은 파산 상태의 지급불능 또는 법원에 의해 공식적으로 선고된 파산 상태를 의미한다.
③ '채무불이행'은 채무자가 채권자와의 계약을 위반하거나 원리금을 제때 상환하지 못하여 법적 처리의 근거가 된 상태를 의미한다.

04 불황기에는 경기변동에 민감한 기업일수록 매출이 급격하게 감소한다. 경기침체에 따른 매출 감소는 기업에게 악영향을 미치고 이로 인해 기업에서는 자금경색 현상이 나타난다.

정답 03 ④ 04 ②

05 기업부실화는 기업이 재무적 의무를 다하지 못하는 상태를 의미한다. 그렇기에 기업부실화가 악화되면 궁극적으로 기업이 파산할 가능성이 높아진다. 기업부실화와 관련된 용어로는 경영실패, 채무불이행, 지급불능, 파산 등이 있다. 이와 같은 용어는 경우에 따라서 상호 중복적으로 사용되고 있으나 엄격하게 구분이 되는 것은 아니다.

05 **다음 중 기업부실화와 관련된 용어를 모두 고른 것은?**

> ㉠ 지급불능
> ㉡ 파산
> ㉢ 경영실패
> ㉣ 채무불이행

① ㉠, ㉡, ㉢
② ㉠, ㉢, ㉣
③ ㉡, ㉢, ㉣
④ ㉠, ㉡, ㉢, ㉣

06 두 표본 사이에 차이가 있는지를 분석하는 방법인 차이분석에 대한 설명이다.

06 **다음 내용에 해당하는 부실화 예측에 사용되는 분석방법은 무엇인가?**

> 부실기업과 대응기업 표본에 재무비율의 평균을 계산하여 두 표본 사이에 차이가 있는지를 분석한다. 이를 위해서 일정한 기간 동안 부실기업과 대응기업 표본의 평균 재무비율이 시간의 경과에 따라 변화하는 추세를 도표로 작성하여 분석하는 프로파일 분석을 이용할 수 있다.

① 회귀분석
② 재무비율분석
③ 다변량분석
④ 차이분석

정답 (05 ④ 06 ④)

07 연쇄적인 파산의 과정에서 빈칸에 들어갈 말로 옳은 것은?

① 매출 감소
② 대손 및 채무증가
③ 납기지연
④ 과다한 차입

07 기업 자체에 직접적인 원인이 되는 것이 아닌 거래관계상 전방기업이나 후방기업에 문제가 생겨 그 파급효과로 인하여 파산하거나, 계열사 간의 상호 지급보증에 의해 한 회사가 부도를 내면 다른 회사의 부도에도 영향을 미친다.

08 기업부실의 영향으로 옳은 설명을 모두 고른 것은?

> ㉠ 기업부실은 채권자와 주주의 부를 감소시킨다.
> ㉡ 운영중단에 따라 종업원들이 일자리를 잃게 되어 실업 증가에 따른 사회적 불안을 야기시키는 요인이 된다.
> ㉢ 운영중단에 따라 생산량이 감소하면서 경제발전을 둔화시키는 결과를 가져오게 된다.
> ㉣ 기업파산이 빈번하게 발생될 경우 신용거래의 위축 등으로 인해 경제활동에 위축을 가져올 수 있다.

① ㉠, ㉢, ㉣
② ㉡, ㉢, ㉣
③ ㉠, ㉡, ㉢
④ ㉠, ㉡, ㉢, ㉣

08 ㉠, ㉡, ㉢, ㉣은 모두 기업부실화로 인한 영향에 대한 옳은 설명이다.

정답 (07 ② 08 ④)

09 해당 분류표는 [재무적 기업부실화 징후]를 정리한 것이다. 영업외수익, 법인세비용, 판매비와 관리비의 경우 손익계산서의 계정과목이다.

09 다음 빈칸에 들어갈 말로 옳은 것은?

재무상태표	( )	현금흐름표
• 현금예금 절대부족 • 매출채권, 재고자산의 급증 • 비유동자산 과대투자 • 단기차입금 등 유동부채 증가 • 차입조건이나 금리측면에서 불리한 신규차입금 증가 • 타인자본 의존도 심화 • 자본잠식	• 매출액의 지속적 감소 • 매출원가 및 판매비와 관리비 급증, 과다한 금융비용 • 이익률의 현저한 감소 • 결손의 확대 및 지속	• 영업활동으로 인한 현금흐름의 부족 • 단기차입금에 의한 장기부채상환 증가 • 과다한 배당금 지급

① 영업외수익

② 손익계산서

③ 판매비와 관리비

④ 법인세비용

10 기업의 부실화는 상당한 기간을 거쳐 부실화의 원인과 징후가 누적되는 결과로 나타난다. 부실화를 초래하는 징후에는 재무적 징후 이외에 재무제표를 통해서도 파악할 수 없는 비재무적 징후도 있기 때문에 부실화를 예측하는 방법 또한 다양하다.

10 기업부실화의 예측 및 정보원천에 대한 옳은 설명을 모두 고른 것은?

> ㉠ 부실화의 경험이 있는 기업과 부실화의 경험이 없는 기업의 재무제표를 비교분석함으로써 부실화의 가능성을 예측할 수 있는 정보를 얻을 수 있다.
> ㉡ 주가수익률 또는 채권등급 등과 같은 시장정보를 분석함으로써 부실화의 가능성에 대한 정보를 얻을 수 있다.
> ㉢ 기업이 지속적으로 충분한 현금흐름을 창출하지 못하는 경우에는 궁극적으로 부실화로 연결될 수 밖에 없다.
> ㉣ 기업의 부실화는 단기간을 거쳐 부실화의 원인과 징후가 누적되는 결과로 나타난다.

① ㉠, ㉡, ㉢

② ㉡, ㉢, ㉣

③ ㉠, ㉡, ㉣

④ ㉠, ㉢, ㉣

정답 09 ② 10 ①

11 다음과 같은 기업부실 예측분석 방법은 무엇인가?

표본기업	총자산순이익률	실제상황
1	0.120	정상
2	0.110	정상
3	0.094	정상
4	0.078	정상
5	0.065	정상
6	0.056	부실

① 회귀분석
② 이원분류법
③ 판별분석
④ 요인분석

11 이원분류법은 분석하고자 하는 기업을 부실기업과 정상기업으로 분류할 때 발생하는 예측오류를 최소화하는 최적 판별점을 정해 그 기준에 따라 부실화의 가능성을 예측하는 데 이용되는 방법이다.

12 기업부실화 가능성을 예측할 때 사용되는 판별분석의 유용성에 대한 설명으로 옳지 <u>않은</u> 것은?

① 특정 기업을 편파적으로 평가할 가능성을 제거할 수 있다.
② 판별분석에 의하면 기업부실을 저렴한 비용으로 신속하게 예측할 수 있다.
③ 기업환경이 급격하게 변하는 경우에도 예측이 가능하다.
④ 단일변량분석과 달리 판별분석은 여러 개의 재무변수를 동시에 고려하는 종합적인 분석기법이다.

12 판별분석은 다음과 같은 한계점을 지닌다.
㉠ 기업환경이 급격하게 변하는 경우 그 예측력에는 한계점이 있다.
㉡ 재무변수의 선정에 대한 객관적인 기준을 마련하기가 어렵다.
㉢ 기업 간 서로 다른 회계처리방법의 사용에 따라 그 예측력이 감소할 수 있다.

13 다음 중 재무제표와 부실징후의 연결로 옳은 것은?

① 재무상태표 – 현금예금 절대부족
② 재무상태표 – 매출액의 지속적 감소
③ 손익계산서 – 과다한 배당금 지급
④ 현금흐름표 – 결손의 확대 및 지속

13 ② 손익계산서 – 매출액의 지속적 감소
③ 현금흐름표 – 과다한 배당금 지급
④ 손익계산서 – 결손의 확대 및 지속

정답 11 ② 12 ③ 13 ①

14 화의제도는 법원이나 공적인 기관의 보조 및 감독 하에서 법정 요건 이상의 채권자들의 동의를 통해 채무변제 조건에 관한 합의가 이루어진 것을 말한다. 사적인 조율과정을 거치는 대표적인 부실기업 정리제도는 워크아웃제도이다.

14 다음 중 화의제도에 대한 설명으로 옳지 않은 것은?

① 파산의 원인이 발생한 경우 법원, 정리위원, 화의관재인의 보조감독 아래에서 채권자도 파산선고 시보다 유리한 조건으로 변제를 받을 목적을 지닌다.

② 채권자인 채권금융기관들과 채무자인 대상기업 간의 사적인 조율의 과정을 말한다.

③ 채무자와 채권자 간의 신뢰가 있을 때 성립 가능하다.

④ 화의조건은 일반적으로 회사정리계획안의 변제조건보다 채권자에게 상대적으로 덜 불리하다.

15 제시문은 기업파산의 일반적인 형태로서, 채무액을 지니고 있어 금전적인 결핍을 초래하고 있는 지급불능(insolvency)에 대한 내용이다. 지급불능은 유동성의 부족으로 인해 만기가 된 채무를 상환하지 못하는 상태를 말한다.

15 다음 빈칸에 공통으로 들어갈 말로 옳은 것은?

> _____은/는 기술적 _____ 와/과 파산 상태의 _____ (으)로 구분된다. 기술적 _____의 경우 일시적인 유동성의 부족으로 인해 만기가 된 채무를 상환하지 못하는 상태를 의미한다.

① 경영실패

② 지급불능

③ 채무불이행

④ 파산

정답 14 ② 15 ②

주관식 문제

01 기업부실화에 대한 내용에서 빈칸에 들어갈 용어를 순서대로 쓰시오.

> • ⬚ ⑦ ⬚ : 기업의 수익성이 감소함으로 인해 나타나는 부실화의 현상을 의미함
> • ⬚ ⓒ ⬚ : 기술적 ⬚ ⓒ ⬚ 과 파산 상태의 ⬚ ⓒ ⬚ 으로 구분됨
> • ⬚ ⓒ ⬚ : 채무자가 채권자와의 계약을 위반하거나 원리금을 제때 상환하지 못하여 법적 처리의 근거가 된 상태
> • 파산 : 파산 상태의 지급불능 또는 법원에 의해 공식적으로 선고된 파산 상태를 말함

01

정답 ⑦ 경영실패
ⓒ 지급불능
ⓒ 채무불이행

해설 기업부실화는 경영실패, 지급불능, 채무불이행, 파산 등을 모두 포함하는 의미를 지닌다.
• 경영실패(failure) : 기업의 수익성이 감소함으로 인해 나타나는 부실화의 현상을 의미한다.
• 지급불능(insolvency) : 기술적 지급불능과 파산 상태의 지급불능으로 구분된다. 기술적 지급불능은 일시적인 유동성의 부족으로 인해 만기가 된 채무를 상환하지 못하는 상태이며, 파산 상태의 지급불능은 총부채가 총자산가치를 초과하여 순자산가치가 음(−)의 값을 보이는 상태로서 실질적인 파산을 의미한다.
• 채무불이행(default) : 채무자가 채권자와의 계약을 위반하거나 원리금을 제때 상환하지 못하여 법적 처리의 근거가 된 상태를 말한다.
• 파산 : 파산 상태의 지급불능 또는 법원에 의해 공식적으로 선고된 파산 상태를 말한다.

02 다음 빈칸에 들어갈 적합한 말을 쓰시오.

> 기업부실화의 원인으로 매출액의 감소에 따른 수익성 저하, 경영자의 능력부족, ⬚ ⑦ ⬚ 의 불합리성, 환경변화에 대한 부적절한 대응, 타인자본에 의한 과다한 ⬚ ⓒ ⬚ 등이 거론된다.

02

정답 ⑦ 지배구조 ⓒ 설비확장

해설 기업부실화의 원인으로 거론되는 것에는 수익성 감소, 경영자 능력부족, 지배구조의 불합리성, 환경변화에 따른 부적절한 대응, 타인자본에 의한 과다한 설비확장 등이 있다.

03

정답 기업부실화는 기업이 재무적 의무를 다하지 못하는 상태를 의미한다. 그렇기에 기업부실화가 악화되면 궁극적으로 기업이 파산할 가능성이 높아진다. 기업부실화와 관련된 용어로는 경영실패, 채무불이행, 지급불능, 파산 등이 있다.

04

정답 ㉠ 이원분류법 ㉡ 정상기업

해설 부실화 가능성 예측에 이용되는 방법인 이원분류법은 부실기업과 정상기업의 분류를 통해 부실기업을 예측한다.

05

정답 회사정리제도는 기업 파산 예방 및 회사 정상화를 목적으로 하며, 채권자와 채무자 간의 합의에 의한 파산 예방 차원의 소극적 부실기업 정리제도이다.

03 기업부실화의 의미와 정의를 쓰시오.

04 다음 빈칸에 들어갈 적합한 말을 쓰시오.

> ┌─ ㉠ ─┐ 은 분석하고자 하는 기업을 부실기업과 ┌─ ㉡ ─┐ 으로 분류할 때 발생하는 예측오류를 최소화하는 최적 판별점을 정해 그 기준에 따라 부실화의 가능성을 예측하는 데 이용되는 방법이다.

05 회사정리제도의 목적과 내용을 기술하시오.

06 기업부실화의 원인 네 가지를 기술하시오.

06

정답 제품개발의 실패와 무리한 사업확장, 경기침체에 따른 판매여건의 악화, 만성적 자금난과 자금부족, 연쇄적인 파산

해설 기업부실화의 원인은 아주 다양하지만 경영실패에 기인한다고 볼 수 있다. 대부분의 경우 단 한 번의 잘못된 의사결정의 결과로써 경영실패가 나타나는 것이 아닌 여러 번의 잘못된 의사결정의 결과로 나타나기 때문이다.

07 워크아웃제도의 정의를 쓰시오.

07

정답 워크아웃은 금융기관들의 협약에 따라 채권 출자 전환, 원리금 상환 유예 또는 신규자금 지원을 통해 기업을 회생시키는 제도이다.

08 다음 빈칸에 들어갈 말을 쓰시오.

　①　은 여러 개의 재무변수를 하나씩 비교 분석하여 그 결과에 따라 부실화의 가능성을 예측하는 방법이다. 　①　에 의한 부실화의 예측은 다음과 같은 두 가지 가정을 한다. 첫째, 　②　가 부실기업과 정상기업에서 체계적으로 다르다. 둘째, 이와 같은 　③　를 이용하여 부실화의 가능성을 예측할 수 있다.

08

정답 ① 단일변량분석
② 재무비율의 분포
③ 체계적 분포의 차이

해설 재무비율을 이용한 분석방법으로는 단일변량분석이 있다.

09

정답 이원분류법은 분석하고자 하는 기업을 부실기업과 정상기업으로 분류할 때 발생하는 예측오류를 최소화하는 최적 판별점을 정하고 그 기준에 따라 부실화를 예측하는 방법이다.

09 기업부실 예측 시 사용되는 이원분류법에 대해 설명하시오.

10

정답 영업활동으로 인한 현금흐름의 부족, 단기차입금에 의한 장기부채상환 증가, 과다한 배당금 지급

해설 기업부실화가 진행될수록 여러 가지 재무적 징후들이 나타난다. 재무적 징후는 재무제표를 통해 파악가능하다. 현금흐름표의 경우에는 영업활동으로 인한 현금흐름, 단기차입금에 의한 장기부채 상환 증가, 과다한 배당금 지급 등을 통해 기업의 부실화 징후를 파악할 수 있다.

10 현금흐름표에서 나타나는 재무적 기업부실화의 징후 3가지를 쓰시오.

제 5 장

신용평가

제1절	신용분석의 의의 및 체계
제2절	채권등급평가
실전예상문제	

지식에 대한 투자가 가장 이윤이 많이 남는 법이다.

– 벤자민 프랭클린 –

제 **5** 장 │ 신용평가

제1절 신용분석의 의의 및 체계

1 신용분석의 개요

(1) 신용분석의 의의

① 신용분석의 목적

여신결정과정에서 핵심이 되는 내용은 대출여부 및 대출조건을 결정하기 위한 신용분석과정이라고 할 수 있다. 신용분석이란 주로 은행 등의 금융기관에서 대출신청을 받았을 때 대출 신청자의 신용도를 평가하는 것이다. 즉, 금융기관에서 여신결정을 내릴 때 대출에 따른 위험도와 원리금 상환가능성을 평가하는 것을 말한다. 금융권뿐만 아니라 최근에는 신용분석의 활용도가 높아져서 공공기관의 입찰이나 대기업 등 협력 회사 등의 관계 형성 시에도 신용분석 및 평가를 필수적으로 요구하고 있다. 좀 더 구체적으로 신용분석은 대출 신청자의 신용도를 평가하여 단순히 대출의 가능성 여부만을 판단하는 것이 아닌, 대출 한도와 대출조건까지 결정하는 것을 의미한다.

② 신용분석의 효과

신용분석은 원래 담보 또는 보증이 없는 상태에서 대출결정을 다루는 것을 말한다. 만약 기업이 여신신청을 하는 데 보유한 토지를 담보로 제공한다면 토지의 가치를 평가해서 대출이 진행되고, 개인의 경우 여신신청을 하는 데 보증이 필요하다면 보증인의 재산상태를 평가하게 된다. 신용분석을 통해 기업이 처한 현 상황을 파악하고 원인분석을 통해 기업의 최근 몇 년간의 재산상태의 변화와 원인 및 영업상황의 변화와 원인을 파악하고 기업의 현재상황과 미래에 대해 전망하는 것을 말한다. 이와 같은 신용분석의 효과는 금융기관의 무분별한 여신승인으로 인해 발생할 수 있는 부실채권을 방지 또는 감소하게 하고, 금융기관의 합리적 자산운용을 가능하게 하며, 신용도에 따라 금리 및 한도 등의 차별적 적용으로 인해 자금의 효율적인 배분으로 이어진다는 장점을 지닌다.

(2) 여신결정의 의의와 중요성

① 여신결정의 의의

금융시장의 건전한 발전은 곧 경제성장의 기초가 된다. 건전한 금융시장이 존재해야만 자금의 효율적 배분이 가능하고, 자금의 효율적 배분을 통하여 생산 활동이 활발하게 이루어지기 때문이다. 1997년 말 외환위기에 따른 금융기관의 부실화가 경제성장에 걸림돌이 된 적이 있었다. 금융기관의 부실화는 결국 경제활동의 침체로 이어졌으며, 경제활동의 침체는 기업은 물론 소비자에게도 많은 경제적 부담을 주었다. 금융기관은 예금자로부터 자금을 모아서 기업 또는 개인에게 필요한 자금을 빌려주는 역할을 수행하고 있다. 금융기관이 예금자로부터 자금을 모으는 활동을 수신활동이라 하며, 자금을 필요로 하는 기업 또는 개인에게 자금을 빌려주는 활동을 여신활동이라고 한다.

② **여신결정의 중요성**

금융기관은 경제발전을 선도하는 기업에게 필요자금을 적절하게 공급해야 하는 공익적 활동을 게을리 할 수 없으며, 다른 한편에서는 수익성을 극대화하고자 하는 영리적 활동을 함께 해야 한다. 따라서 금융기관이 균형적 감각을 가지고 이와 같은 공익적 활동과 영리적 활동을 제대로 수행할 때 자금의 효율적인 분배가 가능하고 이를 통한 안정적인 경제성장을 이룩할 수 있다. 자금의 효율적 배분은 금융기관의 합리적인 여신결정을 통해 이루어진다. 금융기관이 여신결정을 잘못하여 원리금을 회수하지 못하는 경우 막대한 부실채권을 안게 되어 경영실적이 악화될 뿐만 아니라 예금자로부터 신뢰를 잃게 됨으로써 국민경제에 심각한 타격을 주게 된다. 즉, 잘못된 여신결정은 결국 금융기관의 부실화를 초래하여 국민경제에 심각한 영향을 미치게 된다. 따라서 금융시장의 건전한 성장 및 발전을 위한 금융기관의 합리적인 여신결정은 매우 중요한 일이다.

금융기관에서 실시하는 여신결정은 대출위험을 최소화하면서 수익성을 극대화하는 데 목표를 둔다. 그렇기에 여신결정을 할 때 고려해야 하는 중요한 두 가지 요소는 수익성과 대출위험이다. 여신결정은 기업의 신용위험을 정확하게 평가하는 것으로부터 출발한다고 볼 수 있다. 그 이유는 신용위험의 평가결과에 따라 이자율, 대출규모, 만기 및 담보자산의 설정 등 대출조건이 결정되기 때문이다. 한편 금융기관의 여신결정은 금융기관의 경영 관리적 측면에서도 다음과 같은 중요한 의미를 지닌다.

㉠ **총자산 중에서 대출금이 차지하는 비중이 가장 크다.**

금융기관은 대부분의 수익을 대출에 따른 이자수익으로 얻고 있다. 그러나 이자수익과 대출위험은 상반된 관계를 지닌다. 부채상환능력이 높은 기업에 자금을 대출하는 경우에는 대손위험은 줄어들지만 수익률이 떨어지는 반면, 부채상환능력이 낮은 기업에 자금을 대출하는 경우에는 수익률은 높아지지만 대손위험이 증가하기 때문이다. 따라서 수익률과 대손위험을 적절히 고려하여 신중한 여신결정이 진행되어야 한다.

㉡ **기업과의 원만한 거래관계를 유지함으로써 영업환경을 개선시킬 수 있다.**

장기적으로 안정된 수익과 예금을 확보하기 위해서 과학적인 분석을 통해 우량기업을 선별하여 거래관계를 유지해야 한다. 기업과의 원만한 거래관계는 지속적인 금융거래를 통해서 이루어지고, 이와 같은 지속적인 거래관계를 유지함으로써 금융기관의 영업실적을 제고시킬 수 있다.

㉢ **기업이 필요로 하는 자금을 공급해 준다.**

금융기관은 영리기업이지만 공익성을 무시할 수 없다. 따라서 기업이 필요로 하는 자금을 공급해 주는 일이 금융기관의 사회적 책임을 완수한다는 측면에서 중요한 의미를 갖는다. 이러한 역할을 원활히 수행할 때 금융기관의 사회적 신뢰성이 높아지게 되어 결과적으로 금융기관의 가치도 높아지게 된다.

(3) 여신결정과정

① **여신결정의 단계**

포스터(G. Foster)는 여신결정과정을 대출승인단계, 대출관리단계, 대출회수단계로 구분하고 있다. 다음 그림에서 보이는 것처럼 여신결정과정에는 재무제표 정보를 포함한 다양한 정보가 이용되고 있다.

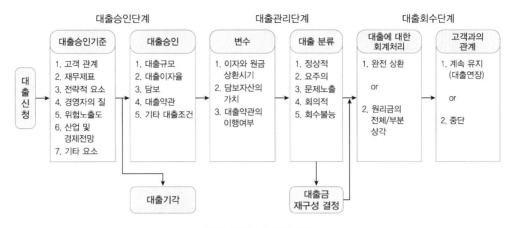

[금융기관의 대출결정과정]

② **대출승인단계**

기업의 대출요청에 따라 대출여부를 결정하는 대출승인단계에서는 고객과의 관계, 재무제표 정보, 전략적 요소, 경영자 자질, 신용위험, 산업 및 경제전망 등에 대한 정보를 분석하여 일정한 기준을 설정한 다음 그 기준에 따라 대출여부를 결정한다. 기업의 대출요청을 받아들이는 것이 적절하다고 판단되면 다음으로 기업과의 협의를 통해 대출액, 이자율, 담보자산과 대출약관 등 구체적인 대출조건을 결정해야 한다.

③ **대출관리단계**

대출관리단계는 원리금 상환시기의 준수, 담보자산의 가치, 대출약관의 내용 준수 및 채무이행에 대한 의지 등을 고려하여 다음과 같은 유형으로 분류하여 대출금을 관리하는 단계이다. 대출은 다음과 같은 유형으로 구분된다.

㉠ **정상적 대출** : 약속된 사항이 제대로 이행되고 있어 최소한의 대손위험이 있는 대출
㉡ **요주의 대출** : 차입자의 재무상황이 취약하여 원리금 회수가 불확실해지는 징후가 나타나고 있는 대출
㉢ **문제의 대출** : 재무적, 관리적, 정치적 또는 경제적 상황이 불리하게 진행되고 있는 관계로 대출금을 조기에 회수해야 하는 대출
㉣ **회의적 대출** : 대출금의 완전회수가 어려운 관계로 높은 대손가능성이 예상되는 대출
㉤ **회수불능 대출** : 대출금의 회수가 불가능한 것으로 판정되는 대출

④ **대출회수단계**

분류된 대출유형에 따라 적절한 조치를 취하는 대출회수단계에서는 대출유형에 따라 거래관계를 계속 유지하거나, 대출금을 전액 회수하거나, 대출금의 회수가 어려운 경우엔 전부 또는 부분적으로 대손처리를 해야 한다. 대출회수단계에서는 대출금의 회수가 지연되거나 대출조건이 제대로 이행되지 않은 기업과의 거래관계를 계속 유지할 것인지를 결정해야 한다. 만약 기업이 구조적인 문제로 경영실적이 악화되고 있다면 거래관계를 계속 유지할 수 없겠지만, 일시적인 유동성 문제 때문이라면 거래관계를 계속 유지하는 문제를 면밀하게 검토할 필요가 있을 것이다.

(4) 신용분석

① 신용분석의 의미

대출여부와 대출조건은 신용분석의 결과에 따라 달라지므로 여신결정은 신용분석의 결과에 영향을 받는 다고 볼 수 있다. 신용분석은 대출에 따른 기업의 원리금 상환능력 또는 신용위험을 평가하는 것을 말한 다. 따라서 신용분석의 목적은 기업의 신용위험을 평가함으로써 대출 여부 또는 대출조건을 결정하는 데 필요한 정보를 얻는 것에 있다.

여신결정에서 범할 수 있는 첫 번째 오류는 원리금 상환능력이 없는 고객에게 자금을 대출해줌으로써 손실을 감수해야 하는 경우이며, 두 번째 오류는 원리금 상환능력이 있는 고객에게 자금을 대출해 주지 않음으로써 추가적인 수익을 포기해야 하는 경우이다. 첫 번째 오류로 인해 부담해야 하는 손실에는 대출금의 회수를 위하여 지불해야 하는 관리 및 법률 비용, 원리금의 회수불능과 관련된 대손비용 등이 포함된다. 한편 두 번째 오류에 의해서 발생되는 손실로는 채무를 상환할 수 있는 고객에게 대출해 주지 않음으로써 포기해야 하는 수익으로서 기회비용 등이 있다. 이와 같은 여신결정에 따른 두 가지 오류는 모두 고객의 상실에 따른 수익성의 감소에 영향을 미친다. 그러나 두 번째 오류에 의해서 발생되는 비용은 무시할 정도로 작기 때문에 일반적으로 신용분석에서는 첫 번째 오류를 최소화하는 데 중점을 두고 있다.

② 신용분석의 중요성

여신결정에서는 필연적으로 신용위험을 부담해야 한다. 따라서 철저한 신용분석을 통해 신용위험의 정도를 파악하고 그에 따라 대출규모와 대출조건을 결정해야 한다. 신용분석의 중요성을 살펴보면 다음과 같다. 첫째, 신용분석을 통해 원리금의 회수에 따른 불확실성을 줄일 수 있다. 불확실성을 최소화하는 노력은 금융기관의 수익성을 개선시키는 한편 금융시장의 건전한 발전에도 기여한다. 그동안 우리나라의 금융기관에서는 대기업을 중심으로 한 담보 위주의 대출에 의존하여 왔기 때문에 많은 부실채권이 발생하였으며, 이로 인해 경제위기에 빠져들었던 값비싼 경험을 하였다. 대기업 중심의 담보 위주의 편중된 대출과 관치금융이 지배하는 환경에서 다수의 금융기관들이 과학적인 신용분석에 근거한 합리적인 여신결정보다는 담보 위주의 비합리적인 여신결정에 의존하여 왔던 것이 사실이다. 이러한 비합리적인 여신결정의 관행은 결국 외환위기로 이어졌고, 외환위기를 경험하면서 신용분석의 중요성에 대한 금융기관의 인식이 높아졌던 것은 매우 다행스러운 일이다.

둘째, 신용분석에 근거하는 합리적인 여신결정을 통하여 금융기관의 수익성을 개선시킬 수 있다. 금융시장의 개방화와 세계화가 확산되면서 금융환경이 급속하게 변화하는 무한경쟁의 시대에서 금융기관이 안정적인 성장을 통하여 경제성장에 기여하기 위해서는 합리적인 여신결정을 통하여 부실채권을 최소화하는 한편 신용도에 따른 적절한 대출조건이 결정되는 합리적인 여신제도가 정착되어야 할 것이다.

셋째, 자금을 효율적으로 배분할 수 있다는 점이다. 자금의 효율적 배분은 과학적인 신용분석을 통한 합리적인 여신결정이 일반화됨으로서 가능하다. 국민경제적 차원에서 보면 자금의 효율적 배분은 아무리 강조해도 지나치지 않는다.

③ 신용분석의 5C

원리금을 상환할 수 있는 능력이 없거나 상환하고자 하는 의지가 없는 기업에 자금을 대출해 주는 것은 대단히 무모한 일이다. 따라서 기업이 대출과 관련된 약관의 내용을 제대로 이행할 수 있는 능력과 의지가 있는가를 파악하는 것은 여신결정에서 특히 중요한 의미를 지닌다. 그 밖에도 여러 가지 요인을 고려하여 기업의 신용도를 분석하여 그에 따라 여신결정을 해야 한다. 일반적으로 신용분석에서는 다음과 같은 다섯 가지 요인을 고려하여 기업의 신용위험을 평가하고 있는데, 이를 신용분석의 5C라고 한다.

㉠ 경영자의 인격(Character)

경영자의 인격은 대출에 따른 원리금 상환에 대한 기업의 의지를 평가하는 중요한 요소로 이용된다. 기업의 신용도를 평가하는 가장 중요한 요소는 대출계약을 이행하고자 하는 기업의 의지 또는 책임감이다. 원리금을 상환하고자 하는 의지 또는 책임감이 없는 기업에 자금을 대출하는 경우 채무이행 지연에 따른 많은 기회비용을 부담해야 하기 때문이다.

㉡ 상환능력(Capacity)

상환능력은 기업의 현금동원능력을 평가하는 데 이용되는 중요한 요소이다. 아무리 경영자의 책임의식이 강할지라도 현금동원능력이 없는 경우에는 대출금을 회수할 수 없을 것이다. 현금동원능력은 기업의 이익창출능력과 부채의존도 등에 따라 영향을 받는다. 따라서 기업의 현금동원능력은 재무제표의 분석과 미래의 기대현금흐름을 추정함으로써 얻을 수 있다.

㉢ 자본력(Capital)

기업의 신용도를 결정하는 또 다른 요인은 기업이 원리금을 상환할 수 있는 충분한 자본력을 확보하고 있는가이다. 자본력은 총자산에서 총부채를 공제한 순자산을 통하여 측정할 수 있다. 채무상환능력은 현금동원능력 이외에 자본력에 따라 결정되기 때문에 기업의 순자산규모를 분석함으로써 차입금을 약속대로 상환할 수 있는 자본력이 충분한지를 평가할 수 있다.

㉣ 담보력(Collateral)

담보력은 기업이 채무를 이행하지 못하는 경우 확보할 수 있는 담보자산의 보유정도를 의미한다. 기업의 신용도는 경영자의 인격, 현금동원능력, 자본력 이외에 대출금의 회수를 보장할 수 있는 담보자산이 충분한지에 따라 좌우된다. 담보를 설정하는 경우에는 담보자산의 처분이 쉬울 뿐만 아니라 대출금 이상의 가치를 갖는 자산인지를 파악해야 한다. 이와 같은 물적 담보가 여의치 않을 경우에는 인적 보증으로 대체할 수 있다.

㉤ 경제상황(Condition)

경제상황은 일반적인 경제상황 또는 기업의 채무상환능력에 영향을 미칠 수 있는 특별한 상황의 변화를 의미한다. 예컨대 기업이 불황이나 금융시장의 경색과 같은 불리한 환경 변화에 대응할 수 있는 능력은 신용위험을 결정하는 중요한 요인이다. 따라서 경제상황에 대한 몇 가지 가능한 시나리오를 설정하여 최악의 시나리오에서 기업의 채무상환 가능성을 점검해야 한다.

(5) 신용평점제도

① 신용평점제도의 의미

신용평가의 주된 목적은 기업의 신용위험을 평가하는 데 있다. 신용위험은 기업이 차입금을 상환하지 못할 가능성을 의미한다. 따라서 신용위험이 높을수록 채무상환 불이행이 정도가 높다고 말할 수 있다. 대부분의 금융기관에서는 다양한 기업의 재무제표 정보를 이용하여 채무상환능력을 평가한 후 이를 점수화하여 일정한 기준을 초과하는 경우에만 대출을 허용하는 신용평점제도를 운영하고 있다. 신용평점제도는 계량적인 신용평가의 한 방법으로서, 여러 가지 평가항목을 선정하여 기업의 원리금상환능력을 종합적으로 고려한 신용평점에 따라 기업의 신용도를 평가하는 방법이다. 신용평점제도는 금융기관마다 다소 차이가 있지만 일반적으로 다음과 같은 두 가지 요소를 고려한다.

[양적 평가요소]

구분	평가내용	주요비율
유동성비율	단기채무지급능력	유동비율, 당좌비율 등
자본구조비율	장기채무지급능력	부채비율, 비유동비율, 이자보상비율 등
효율성비율	자산의 효율적 이용도	재고자산회전율, 매출채권회전율, 유형자산회전율, 총자산회전율 등
수익성비율	경영의 총괄적 효율성	매출액순이익률, 총자산순이익률, 자기자본순이익률 등
생산성비율	인적·물적 자원의 성과	부가가치율, 노동생산성, 자본생산성 등
시장가치비율	시장에서의 상대적 평가	주가수익비율, 주가장부가치비율, q비율 등

[질적 평가요소]

구분	평가내용
생산요소	생산시설, 영업레버리지, 공장자동화, 품질관리, 기술개발, 원자재 조달능력, 규모의 경제 등
마케팅요소	제품의 종류, 제품의 질, 제품가격, 판매조직, 광고활동, 시장점유율 등
인적자원요소	경영자의 능력, 노사관계, 직원채용 및 배치의 합리성, 근로조건 및 복지시설, 기업공개 여부 등
재무요소	거래신뢰도, 대금융기관 관계, 자금동원능력, 지배구조, 환위험 등
전략요소	연구개발투자, 경영전략방향, 최고경영진의 구성, 대정부관계 등

② **신용평점제도의 절차**

첫째, 신용평가에서 중요하다고 판단되는 주요 평가요소를 선정한다. 주요 평가요소는 크게 양적 요소와 질적 요소로 구분되며, 일반적으로 고려될 수 있는 평가요소를 정리하면 위의 표와 같다. 채무상환능력에 영향을 미치는 정도를 고려하여 선정된 각 평가요소의 중요도에 따라 가중치를 부여한다. 일반적으로 통계적인 방법을 이용하여 가중치를 부여하지만, 통계적인 방법을 이용할 수 없는 경우에는 경험이나 주관적인 판단에 따라 가중치를 부여한다.

둘째, 각각의 평가요소별로 기업의 강점과 약점을 파악한 다음 이를 산업 내의 타 기업과 비교하여 등급을 매긴 다음 각 평가요소에 대한 가중치를 고려하여 점수를 산정한다. 예를 들어 A, B, C, D 그리고 E를 5개 등급으로 구분할 경우 평가요소의 등급별 점수는 평가요소의 가중치에 A등급은 5/5, B등급은 4/5, C등급은 3/5, D등급은 2/5, E등급은 1/5를 곱하여 산출한다.

셋째, 각 평가요소별로 산정된 점수를 모두 합하여 신용평점을 구한다. 신용평점은 기업의 신용도를 종합적으로 평가하는 것으로 여신결정의 기준으로 이용된다. 예를 들어 신용평점이 일정한 점수를 초과할 때 대출승인을 하거나 구간을 정하여 그에 따라 대출조건이 결정되기 때문이다.

신용평점제도의 장점은 양적 요소뿐만 아니라 질적 요소를 함께 고려하여 종합평가한 신용평점에 따라 기업의 신용도를 분류할 수 있는 데 있다. 그러나 평가요소의 산정, 가중치 부여 및 등급에 따른 점수산출 등에서 주관적 판단이 개입될 수 있다는 문제가 있다. 따라서 신용평점제도의 신뢰성을 높이기 위해서는 가능한 한 주관적 판단을 줄일 수 있는 제도적인 장치가 필요하다. 대부분의 금융기관에서는 일정한 인원으로 평가팀을 구성하여 그룹토의를 거치는 방식으로 이와 같은 문제를 최소화하고 있다.

2 우리나라의 신용평점제도

(1) 우리나라의 신용평점제도 운용

우리나라는 은행, 단기금융회사 및 신용보증기금 등에서 독자적인 신용평점제도를 구축하여 그에 따라 여신결정을 하고 있다. 한국은행에선 어음 재할인을 위한 적격업체를 선정하기 위해, 시중은행에서는 여신결정을 위한 업체를 선정하기 위해, 단기금융회사에서는 기업어음의 할인을 위한 적격업체를 선정하기 위해, 그리고 신용보증기금에서는 회사채, 여신 또는 어음보증을 위한 적격업체를 선정하기 위하여 신용평점제도를 운용하고 있다. 그러나 외환위기 이후 신용평점제도에 큰 변화가 있었다. 외환위기 이전에는 은행들이 전국은행연합회와 공동으로 마련한 신용평점제도에 주로 의존하였으나, 외환위기 이후부터 각각의 독자적인 신용평점제도를 구축하여 운용하고 있다.

① 외환위기 이전의 신용평점제도

외환위기 이전에는 한국은행이 제정한 '기업체 종합평가표'와 은행별로 자체개발한 '기업신용평가표' 등에 따라 신용평점제도가 운용되었다. 대표적인 예로 한국은행의 '기업체 종합평가표'는 1979년부터 상업어음재할인 적격업체의 선정을 위한 목적에서 개발된 것으로 본래 목적 이외에 대출결정을 위한 신용평가에도 유용하게 활용되었다. 그 밖에도 사업전망은 있지만 담보가 부족하거나 재무상황이 좋지 않은 중소기업들에게 대출의 기회를 제공하기 위한 목적에서 한국은행과 은행연합회에서 '중소기업 신용평가표'를 개발하였고, 다음과 같다.

[중소기업 신용평가표]

구분		평가항목	총자산 5억원 이하	외감대상기업(총자산 5억 초과 60억 미만)		외감대상기업(총자산 60억 초과)	
				광업·제조·건설업	도소매 기타서비스	광업·제조·건설업	도소매 기타서비스
재무상태	안정성	자기자본비율	5	6	6	6	6
		당좌비율	4	6	–	6	–
		유동비율	–	–	6	–	6
		고정장기적합률	–	4	–	4	–
		현금흐름/총부채	–	–	4	–	4
		차입금의존도	5	4	4	4	4
	수익성	매출액경상이익률	–	4	4	6	6
		매출액영업이익률	5	–	–	–	–
		총자본순이익률	–	7	7	9	9
		총자본경상이익률	5	–	–	–	–
	활동성	총자본회전율	4	4	4	5	5
		영업자산회전율	4	4	4	5	5
	생산성	총자본투자효율	–	4	4	5	5
		부가가치율	–	4	4	5	5

성장성		총자본증가율	–	4	4	5	5
		매출액증가율	3	4	4	5	5
합계			35	55	55	65	65
사업성	성장전망	추정매출액이익률	4	2	2	2	2
	수익전망	추정매출액 영업이익률	–	2	2	2	2
	시장성	거래조건, 판매안정도	8	4	4	4	4
		업종의 유망성	4	4	4	2	2
	경쟁력	인력개발	–	4	4	2	2
		품질 및 기술수준	9	4	–	3	–
		입지조건, 서비스수준	(9)	–	4	–	3
	소계		25	20	20	15	15
거래 신뢰도	은행거래 상황	여신거래기간, 연체여부, 규제사실 여부	6	3	3	2	2
	사업 안정성	사업장/주택보유, 권리침해 여부	6	3	3	2	2
	업력	기업체 업력	5	2	2	2	2
	세평	동업계 세평	3	2	2	2	2
	소계		20	10	10	8	8
경영 능력	경영성과	흑자경영기간/ 경상이익추세	5	5	5	2	2
	경영자 능력	경영형태	3	2	2	2	2
		경영전략	4	2	2	2	2
		경영자 능력	4	2	2	2	2
	노사관계 /근로조건	노사관계	4	2	2	2	2
		근로조건		2	2	2	2
	소계		20	15	15	12	12
비재무항목 합계			65	45	45	35	35
총계			100	100	100	100	100

② **외환위기 이후 신용평점제도**

과거에는 은행들이 획일적인 신용평가시스템에 의존하여 왔으나 외환위기 이후에는 각 은행에서 독자적인 신용평가시스템을 구축하여 운영하고 있으며, 감독기관 또는 국제적으로 인정되는 규제기준에 부합하는 기준을 설정하고자 노력한다. 1988년 국제결제은행협약이 확정되며 신용평가의 중요성에 대한 인식이 증대되면서 신용평가시스템의 운영에도 많은 변화를 가져왔다. 또한 신용평가시스템 이외에도 여신과정별로 여신결정을 지원하는 시스템이 도입되고 운영되었다. 한편 2004년 개정되어 2007년부터 시행되는 새로운 BIS협약에서는 신용위험과 시장위험 이외에도 운영위험을 반영하여 자기자본비율을 산정하도록 요구하였다. 신용위험에 대해서 내부에서 자체적으로 산정한 신용평가등급 또는 외부의 신용평가등급을 이용하여 거래기업의 신용위험을 산출하고 소요자기자본을 산정할 때 반영하도록 하였다. 이러한 BIS협약의 요청에 따라 은행에서는 반드시 자체적으로 거래기업에 대한 신용평가를 수행하거나 외부 평가기관의 신용등급을 활용해야 하며, 또한 감독당국에서 그와 같은 신용평가가 적절하게 이루어지고 있는지를 검증하도록 하였다. 이와 같은 국제적인 금융환경의 변화에 따라 우리나라 은행에서도 자체적으로 신용평가시스템을 구축하여 개인 또는 거래기업을 대상으로 신용평가를 수행하고 있으며, 그러한 결과 여신결정은 물론 충당금의 적립 및 자기자본을 통합적으로 관리하고 있다.

현재 각 은행에서는 개별고객을 대상으로 하는 여신평점제도로서 고객별 신용등급평가모형을 이용하여, 고객별로 신용평점을 부여하거나 신용등급을 결정하고 있다. 여신평점제도는 최초의 거래신청자의 신용도를 분석하거나 거래여부를 결정하는 데 이용되는 신용평점제도와 거래개시 이후 고객의 행동특성을 반영한 평점제도로 구분된다. 개별고객을 대상으로 한 여신평점시스템에서는 급여생활자와 자영업자 등으로 구분하여 개인별 신상정보, 재산상태, 거래기록 등에 대한 데이터베이스를 이용하여 개인별로 신용등급을 결정하고 있다. 한편 기업을 대상으로 하는 신용평가에서는 신용평점모형 이외에 통계적 모형과 전문가 판단 등을 통하여 신용등급을 결정하고 있다. 기업의 경우에는 대기업, 중소기업 또는 상장기업, 소기업 등으로 세분화하여 모형을 적용하고 있다. 이와 같은 신용평가모형에서는 표본의 특성에 따라 판별분석, 평점모형, 로지스틱 회귀모형과 인공신경망 모형 등 다양한 방법론이 이용되고 있다. 또한 신용평가시스템 이외에도 여신과정별로 의사결정을 지원하는 시스템을 구축하여 운영하고 있다.

③ **국내 은행의 신용평가모형**

일반적으로 은행에서 실시하는 신용평가업무는 여신심사과정의 일부에 속한다. 이런 측면에서 국내 시중은행들의 신용평가체계는 대체로 유사하다. 하지만, 각 은행별 신용평가모형에서 모형을 구성하는 항목과 항목 간 상대적 중요성이 반영된 가중치 등은 은행 고유의 특성을 고려하여 다양한 형태로 개발되어 운영되고 있다. 다음은 국내 시중은행 중 A은행의 신용평가모형을 소개한다. A은행의 신용평가모형은 심사자의 주관적 판단을 비재무적 변수들을 통해 평가에 반영하는지 여부에 따라 기업신용평가모형과 소매신용평가모형으로 구분된다. 그리고 기업신용평가모형 중에서 기업이 속한 업종 및 외부감사대상 여부에 따라 다양한 모형으로 구분된다. 여기서는 외부감사대상이 아닌 제조업 중심의 기업신용평가모형을 대상으로 한 A은행의 신용평가모형을 다룬다.

A은행은 신용평가 시 평가대상기업이 동일한 업종일지라도 기업의 자산규모에 따라 총 3개의 모형으로 구분하여 적용한다. 즉, 신용평가 시 전기 말의 자산규모가 20억 미만인 기업, 20억 이상~70억 미만, 70억원 이상 등의 세 개 구간으로 구분된 영역의 기업에 해당하는 신용평가모형을 적용한다. 그리고 이러한 신용평가모형은 재무적인 요인과 비재무적인 요인으로 구성되어 있는데 이들 요인이 각 모형에서 차지하는 비중은 다음 표와 같다.

[A은행 신용평가모형의 구성요인]

구분	자산규모(전기 말 기준)		
	20억원 미만	20억원 이상~ 70억원 미만	70억원 이상
재무적 요인	60%	65%	70%
비재무적 요인	40%	35%	30%
합계	100%	100%	100%

A은행의 신용평가모형을 구성하는 재무적 요인의 현황과 각 요인별 가중치는 다음과 같다.

[A은행 신용평가모형 : 재무적 요인의 현황 및 가중치]

구분		자산규모(전기 말 기준)					
		20억원 미만		20억원 이상~ 70억원 미만		70억원 이상	
		평가항목	가중치	평가항목	가중치	평가항목	가중치
재무 평가	수익성	매출액총이익 대비유동자산비율	5	자본금순이익률	7	총자본투자효율	8
		수지비율 (수익/비율)	10	이자비용 대 총비용비율	12	이자비용 대 총비용비율	14
	안정성	비유동자산 대 차입금비율	18	비유동자산 대 차입금비율	15	차입금 대 자기자본비율	10
		유동부채비율 (유동부채 /자기자본)	15	순부채담보비율	22	순부채담보비율 ((총부채-이익잉 여금)/유형자산)	33
		차입금의존도 (차입금/총자산)	22	이익잉여금 대 총자산비율	17	이익잉여금 대 총자산비율	10
	유동성	현금비율	20	현금비율	18	현금비율	16
	부채상환 능력	이자보상비율	10	이자보상비율	9	이자보상비율	9

A은행의 신용평가모형을 구성하는 비재무적 요인의 현황과 각 요인별 가중치는 다음과 같다.

[A은행 신용평가모형 : 비재무적 요인의 현황 및 가중치]

구분	자산규모(전기 말 기준)					
	20억원 미만		20억원 이상~ 70억원 미만		70억원 이상	
	평가항목	가중치	평가항목	가중치	평가항목	가중치
산업위험	산업위험	13	산업위험	13	산업위험	7
영업위험	시장성	6	시장성	10	시장성	9
	기술개발 및 품질혁신	3	기술개발 및 품질혁신	3	기술개발 및 품질혁신	3
	인력개발	0	인력개발	3	인력개발	6
	가격경쟁력	5	가격경쟁력	6	가격경쟁력	8
	성장전망	11	성장전망	5	성장전망	7
	수익전망	9	수익전망	7	수익전망	7
	위기상황평가	0	위기상황평가	0	위기상황평가	0
	자금조달능력	0	자금조달능력	0	자금조달능력	0
	우발적 재무위험	0	우발적 재무위험	0	우발적 재무위험	0

	경영자 능력	13	경영자 능력	5	경영자 능력	8
	노사관계	0	노사관계	3	노사관계	5
경영위험	근로조건 및 복지수준	0	근로조건 및 복지수준	0	근로조건 및 복지수준	6
	은행거래신뢰도	20	은행거래신뢰도	20	은행거래신뢰도	13
	세평	8	세평	8	세평	7
	업력	12	업력	8	업력	8
	규모	0	규모	9	규모	0
조정항목	기업군 신용위험, 기타 신용위험, 금융규제					

A은행에서 실시하는 신용평가의 주된 목적은 대출고객의 원리금 상환능력을 살피는 것이다. 따라서 신용평가의 결과는 여신 제공에 대한 의사결정, 대출금리결정, 우량기업 선정, 자산 건전성 분류 등의 업무에도 활용된다. A은행은 평가대상기업에 대한 신용평가의 결과물로서 해당 기업의 신용등급을 산정한다. A은행에서 사용하는 신용등급의 분류체계는 다음과 같다.

[A은행 신용등급 분류 체계]

신용등급		정의
정상	AAA	영업기간 및 재무상태가 최상위권으로 급격한 경기침체기에도 재무상태가 저하될 우려가 거의 없어 채무상환능력이 매우 탁월
	AA	영업기반 및 재무상태가 최상위권으로 급격한 경기침체기에도 재무상태가 저하될 우려가 낮아 채무상환능력이 탁월
	BBB	영업기반 및 재무상태가 상위권으로 일반적 경기침체기에는 재무상태가 저하될 우려가 다소 있으나 현재 채무상환능력은 우수
	BB	영업기반 재무상태가 중위권으로 일반적으로 경기침체기에는 재무상태가 저하될 우려가 다소 있으나 현재 채무상환능력은 양호
	CCC	영업기반 및 재무상태가 하위권으로 잠재적 부실화 요인이 존재하여 채무상환능력이 미흡
	CC	영업기반 및 재무상태가 최하위권으로 부실화 가능성이 높아 채무상환능력이 불량
부도	CC-	채무상환능력이 불량하여 담보물의 회수예상가액을 제외하고는 손실발생 가능성이 높음
	C	채무상환능력이 매우 불량하여 담보물의 회수예상가액을 제외하고는 손실발생 가능성이 매우 높음
	D	채무상환능력이 매우 불량하여 담보물의 회수예상가액을 제외하고는 손실 초래가 불가피함

(2) 신용평점제도의 유용성 및 한계

① 신용평점제도의 유용성

신용평점제도의 유용성을 정리하면 다음과 같다.

첫째, 기업의 신용도를 계량적으로 평가함으로써 일관성 있고 객관적인 여신결정을 할 수 있다는 장점이 있다.

둘째, 여러 가지 재무변수를 함께 고려하여 신용도를 평가할 수 있기 때문에 여신적격기업을 선별하는 예측력이 높다는 장점이 있다.

셋째, 대출담당자의 시간과 노력을 절감시켜주는 장점이 있다. 신용평점결과에 따라 일정한 점수 이상의 기업에 대해서는 더 이상 추가분석 없이 대출을 승인하고 일정한 점수 미만의 기업에 대해서만 정밀분석을 함으로써 시간과 노력을 줄일 수 있기 때문이다.

② **신용평점제도의 한계**

이와 같은 유용성에도 불구하고 신용평점제도는 다음과 같은 몇 가지 한계점을 지니고 있다.

첫째, 평가요소의 선정, 가중치 부여, 등급에 따른 평점 산출 등에서 주관적 판단이 개입될 수 있다.

둘째, 여신적격업체의 선정과 관련된 기준을 선택하는 데 있어서 주관이 개입될 수 있다.

셋째, 기업마다 서로 다른 회계처리방법뿐만 아니라 회계기간이 반영되지 않고 있다는 점이다.

제2절   채권등급평가

1 채권(bond)의 기초개념

(1) 채권의 개념

채권은 일정한 기간 동안 정기적으로 약정된 이자를 지급하고 만기일에 원금, 즉 채권의 액면가를 상환할 것을 약속한 증서이다. 채권을 발행할 때는 채권의 액면가, 액면이자율 그리고 만기의 세 가지가 반드시 표시되어야 한다. 채권은 발행주체에 따라 국채, 지방채, 특수채, 금융채, 회사채로 구분된다.

국채는 중앙정부가 발행하고 원리금의 지급을 보증하는 채권이며, 지방채는 지방자치단체가 발행하는 채권이다. 특수채는 상법 이외의 특별법에 의해 설립 및 운영되는 특별 법인에 의해서 발행되는 채권이며, 금융채는 은행 등 금융기관에 의해서 발행되는 채권을 말한다. 회사채는 주식회사가 거액의 자금을 장기간 조달할 목적으로 발행하는 채권이다. 일반적으로 국채, 지방채 및 특수채를 포괄하여 국공채로 부르기도 한다.

채권은 이자지급방법에 따라 순수할인채권, 확정이자부채권 등으로 구분될 수 있다. 순수할인채권은 이자를 지급하지 않고 만기일에 원금만을 상환하는 채권이며, 확정이자부채권은 만기까지 확정된 액면이자를 매 기간 지급하고 만기일에 원금이 상환되는 채권이다.

(2) 순수할인채권의 현재가치

n기간 말에 액면가 F만을 상환하는 순수할인채권과 n기간 말까지 매 기간 말에 액면이자(액면가 × 액면이자율) C를 지급하고 만기일인 n기간 말에 원금 F를 상환하는 확정이자부채권의 현금흐름유형을 각각 나타내면 다음과 같다.

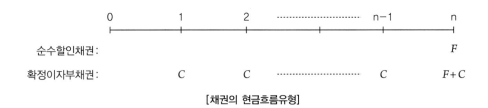

[채권의 현금흐름유형]

채권가치는 채권을 소유함으로써 얻을 수 있는 미래현금흐름을 적절한 할인율(시장이자율)로 할인하여 현재가치로 환산한 값이다. 그러므로 만기일인 n기간 말에 액면가 F만을 상환하는 순수할인채권의 현재가치는 식(5-1)과 같이 구할 수 있다.

$$PV(\text{순수할인채권}) = \frac{F}{(1+r)^n} \quad \cdots\cdots\cdots\cdots\cdots \text{식(5-1)}$$

$$r : \text{시장이자율}$$

그리고 n기간 말까지 매 기간 말에 액면이자 C를 지급하고 만기일인 n기간 말에 원금 F를 상환하는 이표채권(확정이자부채권)의 현재가치는 식(5-2)와 같다.

$$PV(\text{확정이자부채권}) = \frac{C}{1+r} + \frac{C}{(1+r)^2} + \cdots \frac{C}{(1+r)^n} + \frac{F}{(1+r)^n} \quad \cdots\cdots\cdots\cdots\cdots \text{식(5-2)}$$

(3) 시장이자율과 채권가격의 관계

식(5-1)과 식(5-2)에서 볼 수 있는 바와 같이 채권가격은 액면이자(C), 액면가(F), 만기까지의 기간(n), 그리고 시장이자율(r)에 의해 결정된다. 채권의 발행시점에서 채권의 액면이자, 액면가, 만기 등이 결정되기 때문에 채권가격은 주로 시장이자율에 의해 변동됨을 알 수 있다. 시장이자율이 상승하면 채권투자가 받을 수 있는 미래현금흐름(액면이자 및 원금)의 현재가치, 즉 채권가격이 떨어진다. 따라서 시장이자율과 채권가격은 음(-)의 관계를 가진다.

> **더 알아두기**
>
> **채권의 발행가격**
>
> 액면이자율이 시장이자율보다 높을 경우 채권은 액면가보다 높은 가격으로 발행되는데 이와 같은 채권을 **할증채**(premium bond)라고 한다. 반대로 액면이자율이 시장이자율보다 낮을 경우 채권은 액면가보다 낮은 가격으로 발행되는데 이러한 채권을 **할인채**(discount bond)라고 한다.
>
> 액면이자율이 시장이자율과 같을 경우 채권은 액면가로 발행되는데 이와 같은 채권을 **액면채**(par bond)라고 한다. 할증채, 할인채 등 모든 채권가격은 시간이 경과함에 따라 액면가에 접근하게 되며, 만기 시점에서 모두 액면가와 같아지게 된다. 시간이 경과함에 따라 할증채의 가격은 하락하여 자본손실이 나타나는 반면, 할인채의 가격은 상승하여 자본이득이 발생하게 된다.

2 채권등급평가(bond rating)의 의의

(1) 채권등급평가의 목적

채권등급평가는 신용평가기관이 채권을 발행한 기관의 원리금 상환능력을 평가하여 이를 이해하기 쉬운 기호나 문장으로 등급화하여 투자자들에게 전달하는 제도이다. 채권등급평가의 목적은 특정채권의 채무불이행 위험에 관한 정보를 투자자에게 전달하는 데 있다. 채권등급평가의 기능은 다음과 같다.

(2) 채권등급평가의 기능

① 채권발행기관의 원리금 상환능력에 대한 정보를 제공한다. 채권등급정보의 우월성은 신용평가기관의 정보분석능력 또는 내부정보에 대한 접근에 따라 결정된다.

② 채권발행기관에 대한 신용정보를 투자자에게 저렴한 비용으로 제공한다. 투자자들이 채권발행기관에 대한 수많은 정보를 수집하여 분석하는 일은 결코 쉬운 일이 아닐 뿐만 아니라 상당한 비용을 부담해야 한다. 이러한 일들은 전문신용평가기관이 담당함으로써 투자자들이 저렴한 비용으로 필요한 정보를 획득할수 있다.

③ 투자신탁회사 등과 같은 기관 투자자에게 법적 보험 기능을 제공하는 한편 기관 투자자의 투기적인 활동을 제한하는 역할을 한다. 예를 들어 일정한 등급 이상의 채권에만 투자하여 자금을 운용하는 경우 자금운용에 대한 법적 소송의 가능성을 줄일 수 있다. 기관 투자자로서 역할을 담당하는 기관이 파산하는 경우 부담해야 하는 사회적 비용이 매우 높기 때문에 기관 투자자의 파산 가능성을 줄이기 위하여 현저하게 또는 지배적으로 투기적인 채권에 대한 투자를 제한하는 법령이나 규정을 마련하고 있다. 이와 같은 공적인 정책을 수행하는 하나의 수단으로 투기적인 투자를 구분하는 데 채권등급평가가 이용되고 있다.

④ 채권발행기관이 제공하는 재무적 또는 비재무적 정보를 확인해 주는 역할을 한다. 채권등급평가가 잘못될 경우 신용평가기관의 명성이 손상될 위험이 있다. 그러므로 신용평가기관에서는 재무제표는 물론 여타 자료의 완전성 또는 적시성을 채권발행기관에게 요구하게 된다. 이와 같은 측면에서 신용평가회사는 채권발행기관이 제공하는 정보의 질을 입증해 주는 역할을 할 수 있다.

⑤ 경영자의 행동을 감시하는 역할을 한다. 경영자들이 신용평가기관을 통해 채권등급을 받는 것 자체가 경영자의 행동에 대한 외부의 정밀조사를 받을 준비가 되어 있다는 신호를 의미한다.

3 채권등급평가

(1) 채권등급평가의 절차

채권등급평가 절차는 채권발행기관이 신용평가기관에 등급평가를 요청함으로써 시작된다. 등급평가의 요청을 받은 신용평가기관은 재무제표 등을 공개적으로 이용 가능한 자료와 그 밖의 모든 관련 정보를 수집 및 분석하여 채권등급을 결정한다. 세계적인 신용평가기관인 S&P의 등급평가절차를 살펴보면 다음과 같다.

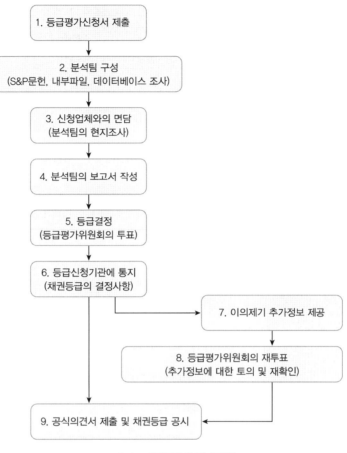

[S&P 채권등급의 평가절차]

(2) 신용평가기관과 채권등급

세계적으로 가장 권위 있는 신용평가기관은 미국의 S&P(Standard & Poor's rating services)와 Moody's (Moody's Investors Service)이다. S&P와 Moody's의 평가기준, 평가방식, 평가결과는 거의 비슷하지만 신용등급의 부호에는 차이가 있다.

다음 표에서 볼 수 있듯이, 장기채권에 대한 등급은 최상등급 S&P-AAA, Moody's-Aaa에서 최하등급 S&P-D, Moody's-C로 크게 9개 등급에서 10등급으로 나누어 각 등급을 3등급으로 세분화하여 등급을 공표한다. 채권등급은 투자적격등급과 투자부적격등급으로 구분된다. S&P의 채권등급에서는 BBB- 또는 Moody's의 Baa3 등급 이상의 채권을 투자적격등급으로 분류하고 있으며, S&P의 BB+ 또는 Moody's의 Ba1 등급 이하의 채권은 채무불이행 위험이 높은 투기적 성격의 채권으로 투자부적격등급으로 분류된다. 특히 투자부적격등급의 채권을 정크본드(junk bond)라 한다.

[S&P와 Moody's의 회사채등급의 분류와 그 의미]

S&P	Moody's	의미
AAA	Aaa	최상급채권으로 원리금지급능력이 극히 양호함
AA+	Aa1	상급채권으로 원리금지급능력이 매우 양호함
AA	Aa2	
AA−	Aa3	
A+	A1	중상급채권으로 원리금지급능력은 양호하지만, 경제적 상황의 변화에 따라 문제가 발생할 가능성도 약간 있음
A	A2	
A−	A3	
BBB+	Baa1	중급채권으로 원리금지급능력은 충분하지만, 경제적 상황의 변화에 따라 문제가 발생할 가능성이 다소 높음
BBB	Baa2	
BBB−	Baa3	
BB+	Ba1	지급채권으로 원리금지급능력이 불확실하고, 약간의 투기적 요소가 있음
BB	Ba2	
BB−	Ba3	
B+	B1	투자에 적합하지 않은 채권으로 원리금 지급능력 또는 계약조건의 유지가능성이 낮음
B	B2	
B−	B3	
CCC+	Caa1	채무불이행 가능성이 높음
CCC	Caa2	
CCC−	Caa3	
CC	Ca	매우 투기적으로 채무불이행 가능성이 매우 높음
C	C	최하급채권으로 극히 투기적이며, 채무불이행 상태에 있음
D		

한편 채권등급에 따라 시장이자율이 다르게 형성되는데, 채권의 시장이자율은 채무불이행위험에 의해 결정되기에 채권등급이 채무불이행위험을 대변하는 가장 좋은 측정치라면, 채권등급이 높을수록 채권의 시장이자율이 낮아질 것이다. 채권시장에서 채권등급에 의해 만기수익률이 결정되는 경우 등급평가결과가 채권발행주체의 자금조달비용에 큰 영향을 미치게 된다. 그렇기에 채권발행주체가 좋은 등급을 받기 위하여 평가에 필요한 내부자료 등을 신용평가기관에 적극적으로 제공하게 되고 이에 따라 등급평가가 훨씬 정확하게 이루어질 수 있다.

한편 S&P와 Moody's 등의 평가기관에서 회사채 이외에 단기채권인 신종기업어음(CP ; Commercial Paper)에 대해서도 등급평가를 하고 있다. 이는 다음 표에서 등급분류와 등급내용을 확인할 수 있다.

[S&P와 Moody's의 CP등급의 분류와 의미]

S&P	Moody's	의미
A1	Prime1	최상위등급으로 채무불이행위험이 거의 없음
A2	Prime2	상위등급으로 경제상황에 따라 약간 영향을 받을 수 있음

A3	Prime3	중간등급으로 경제상황에 따라 영향을 받기 쉬움
B C D	Not Prime	하위등급으로 투자부적격으로 분류되며 채무불이행위험이 높음

우리나라에서 신용평가제도가 도입된 것은 한국산업은행 출자로 한국기업평가(주)가 설립된 1983년부터이다. 본격적인 도입은 1985년 2월 26일 투자금융회사를 중심으로 제2금융권의 출자로 설립된 한국신용평가(주)가 설립되면서 시작되었다. 같은 해 9월에 전국투자금융협회에서 한국신용평가를 신종기업어음에 대한 신용평가전문기관으로 지정하면서 CP 발행적격업체의 선정기준으로 동사의 신용평가등급이 활발하게 이용되기 시작했다.

이후 1986년 9월 시중은행들의 출자로 한국신용정보주식회사가 설립되면서 이들 전문신용평가회사를 중심으로 한 현재의 신용평가체제가 확립되었다. 우리나라의 채권등급평가도 S&P 또는 Moody's와 유사하다. 한국신용평가의 회사채와 CP에 대한 신용평가등급과 그 내용은 다음의 표들과 같다.

[한국신용평가(주)의 회사채등급의 분류와 의미]

등급	의미
AAA	원리금 지급능력이 최상급임
AA	원리금 지급능력이 매우 우수하지만 AAA 채권보다는 다소 열위임
A	원리금 지급능력은 우수하지만 상위등급보다 경제여건 및 환경악화에 따른 영향을 받기 쉬운 면이 있음
BBB	원리금 지급능력은 양호하지만 상위등급에 비해서 경제여건 및 환경악화에 따라 장래 원리금의 지급능력이 저하될 가능성을 내포하고 있음
BB	원리금 지급능력이 당장은 문제가 되지는 않으나 장래 안전에 대해서는 단언할 수 없는 투기적임을 내포하고 있음
B	원리금 지급능력이 결핍되어 투기적이며 불황 시에 이자지급이 확실하지 않음
CCC	원리금 지급에 관해 현재에도 불안요소가 있으며 채무불이행의 위험이 커 매우 투기적임
CC	상위등급에 비하여 불안요소가 더욱 큼
C	채무불이행의 위험성이 높고 원리금 상환능력이 없음
D	상환불능 상태임

[한국신용평가(주)의 CP등급의 분류와 의미]

등급	의미
A1	적기상환능력이 최상이며 상환능력의 안정성 또한 최상임
A2	적기상환능력이 우수하나 그 안정성은 A1에 비해서 다소 열위임
A3	적기상환능력이 양호하며 그 안정성도 양호하나 A2에 비해 열위임
B	적기상환능력은 적정시되나 단기적 여건변화에 따라 그 안정성에서 투기적인 요소가 내포되어 있음
C	적기상환능력 및 안정성이 투기적인 요소가 큼
D	상환불능 상태임

(3) 채권등급평가에 유용한 재무비율

신용평가기관에서는 부분적으로 기업의 내부정보를 고려하기도 하지만 대부분은 공개적으로 이용 가능한 정보를 이용하여 채권등급을 결정한다. 따라서 채권등급은 주로 기업의 채무상환능력과 안정적이고 예측 가능한 현금창출능력을 나타내는 여러 재무비율에 따라 영향을 받는다. 채권등급에 영향을 미치는 주요한 재무비율을 살펴보면 다음과 같다.

① 보상비율(coverage ratio)

$$\text{이자보상비율} = \frac{\text{영업이익}}{\text{이자비용}}$$

$$\text{고정금융비용보상비율} = \frac{\text{영업이익} + \text{리스료 및 임차료}}{\text{이자비용} + \text{리스료 및 임차료}}$$

보상비율은 고정금융비용의 지급능력을 나타내는 재무비율이다. 보상비율이 낮거나 떨어지고 있다는 것은 기업이 현금흐름의 측면에서 어려움에 처할 가능성이 높다는 것을 말한다.

② 레버리지비율(leverage ratio)

$$\text{부채비율} = \frac{\text{부채}}{\text{자기자본}}$$

레버리지비율은 기업의 부채의존도를 나타내는 재무비율을 의미한다. 부채의존도가 높을수록 기업의 장기채무지급능력에 문제가 발생할 가능성이 높다.

③ 유동성비율(liquidity ratio)

$$\text{유동비율} = \frac{\text{유동자산}}{\text{유동부채}}$$

$$\text{당좌비율} = \frac{\text{유동자산} - \text{재고자산}}{\text{유동부채}}$$

유동성비율은 기업의 단기채무상환능력을 나타내는 재무비율을 의미한다. 유동성비율이 낮거나 떨어지고 있다는 것은 기업이 단기채무상환능력이 악화되고 있음을 의미한다.

④ 수익성비율(profitability ratio)

$$\text{총자산영업이익률} = \frac{\text{영업이익}}{\text{총자산}}$$

수익성비율은 자산 또는 자기자본에 대한 수익성을 나타내는 재무비율에 해당한다. 수익성비율은 레버리지비율과 함께 기업의 전반적인 재무적 건전도를 나타내는 지표이다. 수익성비율이 높은 기업은 기업의 투자수익률이 높을 것으로 전망되기 때문에 증권시장에서 자금조달이 보다 용이하게 될 뿐만 아니라 채무상환능력이 개선될 것으로 기대될 수 있다.

⑤ **현금흐름 대 부채비율(cash flow to debt ratio)**

$$현금흐름\ 대\ 부채비율 = \frac{현금흐름}{부채}$$

현금흐름 대 부채비율은 영업활동을 통하여 얻어지는 현금흐름으로 부채를 상환할 수 있는 정도를 나타내는 재무비율을 의미한다. 따라서 이 비율이 높을수록 부채상환에 필요한 현금창출능력이 양호함을 의미한다.

채권등급과 주요 재무비율 사이의 상호관계에 대한 S&P의 조사결과를 요약하면 다음 표와 같다. 재무비율은 산업의 표준비율과 비교하여 평가되어야 하지만, 분석가에 따라 특정비율에 대한 가중치가 다르게 적용될 수 있다. 그럼에도 불구하고 앞의 한국신용평가의 CP등급의 분류와 의미에서 볼 수 있는 바와 같이 채권등급과 재무비율 사이에는 서로 밀접한 관계가 존재하고 있음을 알 수 있다. 예를 들어 고정금융비용보상비율, 현금흐름 대 부채비율, 총자산영업이익률이 높을수록 그리고 고정부채 대 자기자본비율이 낮을수록 채권등급이 높아지고 있음을 알 수 있다.

[채권등급과 재무비율 간의 관계]

채권등급	고정금융비용 보상비율(배)	현금흐름 대 부채비율(%)	총자산 영업이익률(%)	고정부채 대 자기자본비율(%)
AAA	6.34	0.49	24.2	11.7
AA	4.48	0.32	18.4	19.1
A	29.3	0.17	13.5	29.4
BBB	1.82	0.04	9.7	39.6
BB	1.33	0.01	9.1	51.1
B	0.78	−0.02	6.3	61.8

채권등급은 채권을 발행하고자 하는 발행회사의 채무불이행위험에 대한 우월한 정보를 제공한다. 채권등급이 높을수록 채무불이행위험이 낮다는 것을 의미한다. 따라서 높은 등급의 채권일수록 만기수익률이 낮아지며, 반대로 낮은 등급의 채권일수록 만기수익률이 높은 수준에서 거래가 이루어진다. 채권시장에서는 실제로 채권등급에 따라 만기수익률이 결정되기 때문에 등급평가의 결과가 채권발행기관의 자본조달비용에 큰 영향을 미치게 된다. 그러므로 좋은 등급을 받기 위하여 채권발행기관에서 자발적으로 평가에 필요한 내부자료 등을 신용평가기관에 적극적으로 제공하고자 하는 유인을 갖게 되기 때문에 등급평가가 보다 정확하게 이루어질 수 있다.

○× 로 점검하자 | 제5장

※ 다음 지문의 내용이 맞으면 ○, 틀리면 ×를 체크하시오. [1~10]

01 신용분석의 목적은 기업의 신용위험 평가를 통해 대출여부 또는 대출조건의 결정에 있어 필요한 정보를 얻는 것이다. (   )

02 신용분석담당자는 대출신청기업의 기업 내적 요인들만 평가를 하게 된다. (   )

03 금융기관이 예금자로부터 자금을 모으는 활동을 수신활동이라 한다. (   )

04 금융기관이 균형적 감각을 가지고 공익적 활동과 영리적 활동을 제대로 수행할 때 자금의 효율적인 분배가 가능하고 이를 통한 안정적인 경제성장을 이룩할 수 있다. (   )

05 부채상환능력이 높은 기업에 자금을 대출하는 경우에는 대손위험도 증가한다. (   )

06 대출결정과정은 '대출승인단계-대출관리단계'의 과정을 거친다. (   )

정답과 해설　01 ○　02 ×　03 ○　04 ○　05 ×　06 ×

01 신용분석은 금융기관의 여신결정과정에 있어서 매우 중요한 정보로, 대출여부 또는 대출조건 결정 시 활용되는 정보이다.

02 신용분석담당자는 대출신청기업의 기업 내적 요인들뿐만 아니라 기업 외적인 요인들까지도 고려하여 평가를 하게 된다. 즉, 금융기관에서 여신결정을 내릴 때 대출에 따른 위험도와 원리금 상환가능성을 평가하는 것을 말한다.

03 금융기관은 예금자로부터 자금을 모아서 기업 또는 개인에게 필요한 자금을 빌려주는 역할을 수행하고 있다. 금융기관이 예금자로부터 자금을 모으는 활동을 수신활동이라 하며, 자금을 필요로 하는 기업 또는 개인에게 자금을 빌려주는 활동을 여신활동이라고 한다.

04 금융기관은 경제발전을 선도하는 기업에게 필요자금을 적절하게 공급해야 하는 공익적 활동을 게을리 할 수 없으며, 다른 한편에서는 수익성을 극대화하고자 하는 영리적 활동을 함께 해야 한다.

05 이자수익과 대출위험은 상반된 관계를 지닌다. 부채상환능력이 높은 기업에 자금을 대출하는 경우에는 대손위험은 줄어들지만 수익률이 떨어진다.

06 포스터(G. Foster)는 여신결정과정을 대출승인단계, 대출관리단계, 대출회수단계로 구분하고 있다.

07 여신결정에서 필연적으로 신용위험을 부담해야 한다. (   )

08 신용평점제도는 계량적인 신용평가의 한 방법으로서, 여러 가지 평가항목을 선정하여 기업의 원리금 상환능력을 종합적으로 고려한 신용평점에 따라 기업의 신용도를 평가하는 방법이다.
(   )

09 우리나라에서 은행, 단기금융회사 및 신용보증기금 등에서 독자적인 신용평점제도를 구축하여 그에 따라 여신결정을 하고 있다. (   )

10 일정한 기간 동안 정기적으로 약정된 이자를 지급하고 만기일에 원금을 상환할 것을 약속한 증서를 채권이라 한다. (   )

정답과 해설   07 ○   08 ○   09 ○   10 ○

07 신용위험이 필연적이기에 철저한 신용분석을 통해 신용위험의 정도를 파악하고 그에 따라 대출규모와 대출조건을 결정해야 한다.

08 신용평가의 주된 목적은 기업의 신용위험을 평가하는 데 있는데, 이를 위해 계량적 방법을 이용한다.

09 한국은행에선 어음 재할인을 위한 적격업체를 선정하기 위해, 시중은행에서는 여신결정을 위한 업체를 선정하기 위해, 단기금융회사에서는 기업어음의 할인을 위한 적격업체를 선정하기 위해, 그리고 신용보증기금에서는 회사채, 여신 또는 어음보증을 위한 적격업체를 선정하기 위하여 신용평점제도를 운용하고 있다.

10 채권을 발행할 때는 채권의 액면가, 액면이자율 그리고 만기의 세 가지가 반드시 표시되어야 한다. 채권은 발행주체에 따라 국채, 지방채, 특수채, 금융채, 회사채로 구분된다.

01 신용분석담당자는 대출 신청기업의 기업 내적 요인들뿐만 아니라 기업 외적인 요인들까지도 고려하여 평가를 하게 된다.

01 다음 중 신용분석에 대한 설명으로 옳지 <u>않은</u> 것은?

① 신용분석담당자는 대출신청기업의 내적 요인만을 평가한다.

② 여신결정과정에서 핵심이 되는 내용은 대출여부 및 대출조건을 결정하기 위한 신용분석과정이라고 할 수 있다.

③ 신용분석이란 금융기관에서 여신결정을 내릴 때 대출에 따른 위험도와 원리금 상환가능성을 평가하는 것을 말한다.

④ 대출결정이 이루어지는 단계에서 대출신청자의 신용도를 평가하는 것이 신용분석의 주된 목적이다.

02 ① 금융시장의 건전한 발전은 곧 경제성장의 기초가 된다. 건전한 금융시장이 존재해야만 자금의 효율적 배분이 가능하다.
② 금융기관은 수익률과 대손위험을 적절히 고려하여 신중한 여신결정이 진행되어야 한다.
③ 금융기관은 경제발전을 선도하는 기업에게 필요자금을 적절하게 공급해야 하는 공익적 활동을 게을리 할 수 없다.

02 다음 중 여신결정의 의의로 옳은 것은?

① 금융시장의 건전한 발전과 경제성장은 연관성이 없다.

② 대손위험만을 고려한 여신결정이 진행되어야 한다.

③ 건전한 금융시장이 존재해야만 자금의 효율적 배분이 가능하고 자금의 효율적 배분을 통하여 생산 활동이 활발하게 이루어지게 된다.

④ 금융기관은 기업에게 필요자금을 적절히 공급해주는 공적인 활동을 하지 않아도 된다.

정답 01 ① 02 ③

03 다음 중 대출관리단계의 대출 유형으로 옳지 <u>않은</u> 것은?

① 정상적 대출

② 요주의 대출

③ 회의적 대출

④ 회수가능 대출

04 다음 중 금융기관의 대출결정과정 순서로 옳은 것은?

① 대출승인단계 – 대출회수단계 – 대출관리단계

② 대출승인단계 – 대출관리단계 – 대출회수단계

③ 대출관리단계 – 대출승인단계 – 대출회수단계

④ 대출회수단계 – 대출승인단계 – 대출관리단계

05 다음 중 신용평점에서 양적 평가요소의 연결로 옳은 것은?

① 유동성비율 – 장기채무지급능력

② 효율성비율 – 단기채무지급능력

③ 수익성비율 – 인적·물적 자원의 성과

④ 시장가치비율 – 시장에서의 상대적 평가

»»🔍

구분	평가내용
유동성비율	단기채무지급능력
자본구조비율	장기채무지급능력
효율성비율	자산의 효율적 이용도
수익성비율	경영의 총괄적 효율성
생산성비율	인적·물적 자원의 성과
시장가치비율	시장에서의 상대적 평가

03 대출관리단계는 원리금 상환시기의 준수, 담보자산의 가치, 대출약관의 내용 준수 및 채무이행에 대한 의지 등을 고려하여, 정상적 대출·요주의 대출·문제의 대출·회의적 대출·회수불능 대출로 유형이 구분된다.

04 포스터(G. Foster)는 여신결정과정을 대출승인단계, 대출관리단계, 대출회수단계로 구분하고 있다.

05 [문제 하단의 표 참고]

정답 03 ④ 04 ② 05 ④

06 여러 가지 요인을 고려하여 기업의 신용도를 분석하고, 그에 따라 여신 결정을 해야 한다. 일반적으로 신용 분석에서는 경영자의 인격, 상환능력, 자본력, 담보력, 경제상황의 다섯 가지 요인을 고려하여 기업의 신용위험을 평가해야 한다.

06 다음 중 신용분석의 5C로 옳지 <u>않은</u> 것은?

① 대체제의 존재
② 경영자의 인격
③ 상환능력
④ 담보력

07 감독기관 또는 국제적으로 인정되는 규제기준에 부합하는 기준을 설정하고자 노력한다. 1988년 국제결제은행협약이 확정되며 신용평가의 중요성에 대한 인식이 증대되면서 신용평가시스템의 운영에도 많은 변화를 가져왔다.

07 다음 중 우리나라 신용평점제도에 대한 설명으로 옳지 <u>않은</u> 것은?

① 우리나라에서는 은행, 단기금융회사 및 신용보증기금 등에서 독자적인 신용평점제도를 구축하여 그에 따라 여신결정을 하고 있다.
② 외환위기 이후부터 각각의 독자적인 신용평점제도를 구축하여 운용하고 있다.
③ 외환위기 이전에는 한국은행이 제정한 '기업체 종합평가표'와 은행별로 자체개발한 '기업신용평가표' 등에 따라 신용평점제도가 운용되었다.
④ 신용평가제도의 개별적 구축은 국제적으로 인정되는 규제와는 큰 관련성이 없다.

정답 06 ① 07 ④

08 신용평점제도의 질적 평가요소로 옳은 것을 모두 고른 것은?

08 [문제 하단의 표 참고]

> ㉠ 생산요소 : 생산시설, 영업레버리지, 공장자동화, 품질관리, 기술개발, 원자재 조달능력, 규모의 경제 등
> ㉡ 마케팅요소 : 제품의 종류, 제품의 질, 제품가격, 판매조직, 광고활동, 시장점유율 등
> ㉢ 재무요소 : 거래신뢰도, 대금융기관 관계, 자금동원능력, 지배구조, 환위험 등

① ㉠, ㉢
② ㉡, ㉢
③ ㉠, ㉡
④ ㉠, ㉡, ㉢

≫✎

[질적 평가요소]

구분	평가내용
생산요소	생산시설, 영업레버리지, 공장자동화, 품질관리, 기술개발, 원자재 조달능력, 규모의 경제 등
마케팅요소	제품의 종류, 제품의 질, 제품가격, 판매조직, 광고활동, 시장점유율 등
인적자원요소	경영자의 능력, 노사관계, 직원채용 및 배치의 합리성, 근로조건 및 복지시설, 기업공개 여부 등
재무요소	거래신뢰도, 대금융기관 관계, 자금동원능력, 지배구조, 환위험 등
전략요소	연구개발투자, 경영전략방향, 최고경영진의 구성, 대정부관계 등

정답 (08 ④)

09 신용평가의 주된 목적은 기업의 신용위험을 평가하는 데 있으며, 신용위험은 기업이 차입금을 상환하지 못할 가능성을 의미한다. 따라서 신용위험이 높을수록 채무상환 불이행의 정도가 높다고 말할 수 있다.

09 다음 빈칸에 들어갈 말로 옳은 것은?

> 신용위험이 높을수록 _____ 불이행의 정도가 높다고 말할 수 있다. 대부분의 금융기관에서는 다양한 기업의 재무제표 정보를 이용하여 _____ 능력을 평가한 후 이를 점수화하여 일정한 기준을 초과하는 경우에만 대출을 허용하는 신용평점제도를 운영하고 있다.

① 생산
② 채무상환
③ 수익성
④ 마케팅

10 거래신뢰도의 경우, 신용평점제도의 질적 요소인 재무요소이다.

10 신용평점제도에서 양적 평가요소로 옳은 것을 모두 고른 것은?

> ㉠ 유동비율
> ㉡ 재고자산회전율
> ㉢ 매출액순이익률
> ㉣ 거래신뢰도

① ㉠, ㉡, ㉢
② ㉡, ㉢, ㉣
③ ㉠, ㉡, ㉣
④ ㉠, ㉢, ㉣

정답 09 ② 10 ①

11 다음 내용에 해당하는 신용분석의 5C는 무엇인가?

> 원리금 상환에 대한 기업의 의지를 평가하는 중요한 요소로서,
> 대출계약을 이행하고자 하는 기업의 의지 또는 책임감이다.

① 상환능력
② 경영자의 인격
③ 자본력
④ 담보력

11 경영자의 인격은 대출에 따른 원리금 상환에 대한 기업의 의지를 평가하는 중요한 요소로 이용된다. 기업의 신용도를 평가하는 가장 중요한 요소는 대출계약을 이행하고자 하는 기업의 의지 또는 책임감이다. 원리금을 상환하고자 하는 의지 또는 책임감이 없는 기업에 자금을 대출하는 경우 채무이행 지연에 따른 많은 기회비용을 부담해야 하기 때문이다.

12 S&P의 회사채등급의 분류에서 등급과 의미의 연결이 옳은 것은?

① AAA : 상급채권으로 원리금지급능력이 매우 양호함
② AA : 최상급채권으로 원리금지급능력이 극히 양호함
③ BB+ : 지급채권으로 원리금지급능력이 불확실하고, 약간의 투기적 요소가 있음
④ B+ : 채무불이행 가능성이 높음

12 ① AAA : 최상급채권으로 원리금지급능력이 극히 양호함
② AA : 상급채권으로 원리금지급능력이 매우 양호함
④ B+ : 투자에 적합하지 않은 채권으로 원리금지급능력 또는 계약조건의 유지가능성이 낮음

13 다음 중 신용평점제도의 한계점으로 옳은 것은?

① 평가요소의 선정, 가중치 부여, 등급에 따른 평점 산출 등에서 주관적 판단이 개입될 수 있다.
② 기업의 신용도를 계량적으로 평가함으로써 일관성 있고 객관적인 여신결정을 할 수 있다.
③ 여러 가지 재무변수를 함께 고려하여 신용도를 평가할 수 있기 때문에 여신적격기업을 선별하는 예측력이 높다.
④ 대출담당자의 시간과 노력을 절감시켜준다.

13 신용평점제도의 한계점
㉠ 평가요소의 선정, 가중치 부여, 등급에 따른 평점 산출 등에서 주관적 판단이 개입될 수 있다.
㉡ 여신적격업체의 선정과 관련된 기준을 선택하는 데 있어서 주관이 개입될 수 있다.
㉢ 기업마다 서로 다른 회계처리방법뿐만 아니라 회계기간이 반영되지 않고 있다.

정답 11 ② 12 ③ 13 ①

14 [문제 하단의 표 참고]

14 S&P의 CP등급 분류와 의미의 연결이 옳은 것을 모두 고른 것은?

> ㉠ A1 : 최상위등급으로 채무불이행위험이 거의 없음
> ㉡ A3 : 상위등급으로 경제상황에 따라 영향을 받기 쉬움
> ㉢ B : 하위등급으로 투자부적격으로 분류되며 채무불이행
> 위험이 높음

① ㉠, ㉡

② ㉠, ㉢

③ ㉡, ㉢

④ ㉠, ㉡, ㉢

>>>〇

[S&P의 CP등급의 분류와 의미]

S&P	의미
A1	최상위등급으로 채무불이행위험이 거의 없음
A2	상위등급으로 경제상황에 따라 약간 영향을 받을 수 있음
A3	중간등급으로 경제상황에 따라 영향을 받기 쉬움
B C D	하위등급으로 투자부적격으로 분류되며 채무불이행위험이 높음

15 채권등급평가는 신용평가기관이 채권을 발행한 기관의 원리금 상환능력을 평가하여 이를 이해하기 쉬운 기호나 문장으로 등급화하여 투자자들에게 전달하는 제도이다. 채권등급평가의 목적은 특정채권의 채무불이행위험에 관한 정보를 투자자에게 전달하는 데 있다.

15 채권등급평가 의의로 옳은 것을 모두 고른 것은?

> ㉠ 채권발행기관의 원리금 상환능력에 대한 정보를 제공한다.
> ㉡ 채권발행기관에 대한 신용정보를 투자자에게 저렴한 비용으로 제공한다.
> ㉢ 투자신탁회사 등과 같은 기관 투자자에게 법적 보험 기능을 제공하는 한편 기관 투자자의 투기적인 활동을 제한하는 역할을 한다.

① ㉠, ㉢

② ㉠, ㉡

③ ㉡, ㉣

④ ㉠, ㉡, ㉢

정답 14 ② 15 ④

주관식 문제

01 다음 빈칸에 들어갈 용어를 쓰시오.

> 여신결정과정에서 핵심이 되는 내용은 대출여부 및 대출조건을 결정하기 위한 [⊙]이라고 할 수 있다. [ⓒ] 이란 금융기관에서 여신결정을 내릴 때 대출에 따른 위험도와 원리금 상환 가능성을 평가하는 것을 말한다.

02 채권등급의 평가절차를 설명하시오.

03 신용평점제도의 한계점을 기술하시오.

01
정답 ⊙ 신용분석과정 ⓒ 신용분석
해설 여신결정과정에서 핵심이 되는 내용은 대출여부 결정과 대출조건을 결정하기 위한 신용분석과정이라고 할 수 있다. 신용분석이란 주로 은행 등의 금융기관에서 대출신청을 받았을 때 대출 신청자의 신용도를 평가하는 것이다.

02
정답 채권등급의 평가절차는 '등급평가신청서 제출 – 분석팀 구성 – 신청업체와의 면담 – 분석팀의 보고서 작성 – 등급결정 – 등급신청기관에 통지 – 이의제기 추가정보 제공 – 등급평가위원회의 재투표 – 공식의견서 제출 및 채권등급 공시'의 순서를 따른다.

03
정답 첫째, 평가요소의 선정, 가중치 부여, 등급에 따른 평점 산출 등에서 주관적 판단이 개입될 수 있다.
둘째, 여신적격업체의 선정과 관련된 기준을 선택하는 데 있어서 주관이 개입될 수 있다.
셋째, 기업마다 서로 다른 회계처리 방법뿐만 아니라 회계기간이 반영되지 않고 있다.

04

• 신용평가에서 중요하다고 판단되는 주요 평가요소를 선정하며, 주요 평가요소는 크게 양적 요소와 질적 요소로 구분된다.

• 각각의 평가요소별로 기업의 강점과 약점을 파악한 다음 이를 산업 내의 타 기업과 비교하여 등급을 매긴 다음 각 평가요소에 대한 가중치를 고려하여 점수를 산정한다.

• 각 평가요소별로 산정된 점수를 모두 합하여 신용평점을 구한다. 신용평점은 기업의 신용도를 종합적으로 평가하는 것으로 여신결정의 기준으로 이용된다.

05

㉠ 순자산 ㉡ 채무상환능력

제시문은 신용분석 5C 중 자본력에 관한 내용이다. 신용분석 5C의 경우 경영자의 인격, 상환능력, 자본력, 담보력, 경제상황의 다섯 가지 요인으로 구성되어 있다.

04 신용평점제도의 절차에 대해 간략히 서술하시오.

05 다음 빈칸에 들어갈 적합한 말을 쓰시오.

기업의 신용도를 결정하는 또 다른 요인은 기업이 원리금을 상환할 수 있는 충분한 자본력을 확보하고 있는가이다. 자본력은 총자산에서 총부채를 공제한 ㉠ 을 통하여 측정할 수 있다. ㉡ 은 현금동원능력 이외에 자본력에 따라 결정되기 때문에 기업의 ㉠ 규모를 분석함으로써 차입금을 약속대로 상환할 수 있는 자본력이 충분한지를 평가할 수 있다.

06 다음 빈칸에 들어갈 적합한 말을 쓰시오.

구분	평가내용
유동성비율	단기채무지급능력
㉠	장기채무지급능력
효율성비율	자산의 효율적 이용도
수익성비율	경영의 총괄적 효율성
㉡	인적·물적 자원의 성과
㉢	시장에서의 상대적 평가

06

정답 ㉠ 자본구조비율
㉡ 생산성비율
㉢ 시장가치비율

해설 신용평점제도의 평가요소 중 양적 평가의 요소에는 유동성비율, 자본구조비율, 효율성비율, 수익성비율, 생산성비율, 시장가치비율이 있다.

07 채권등급평가의 기능을 기술하시오.

07

정답 • 채권발행기관의 원리금상환능력에 대한 정보를 제공한다.
• 채권발행기관에 대한 신용정보를 투자자에게 저렴한 비용으로 제공한다.
• 투자신탁회사 등과 같은 기관 투자자에게 법적 보험 기능을 제공하는 한편 기관 투자자의 투기적인 활동을 제한하는 역할을 한다.
• 채권발행기관이 제공하는 재무적 또는 비재무적 정보를 확인해 주는 역할을 한다.
• 경영자의 행동을 감시하는 역할을 한다.

08

정답 채권은 일정한 기간 동안 정기적으로 약정된 이자를 지급하고 만기일에 원금, 즉 채권의 액면가를 상환할 것을 약속한 증서이다. 채권을 발행할 때는 채권의 액면가, 액면 그리고 만기의 세 가지가 반드시 표시되어야 한다.

09

정답 채권등급평가는 신용평가기관이 채권을 발행한 기관의 원리금 상환능력을 평가하여 이를 이해하기 쉬운 기호나 문장으로 등급화하여 투자자들에게 전달하는 제도를 말한다.

10

정답 ㉠ 할증채
㉡ 할인채
㉢ 액면채

해설 할증채, 할인채 등 모든 채권가격은 시간이 경과함에 따라 액면가에 접근하게 되며, 만기 시점에서 모두 액면가와 같아지게 된다. 시간이 경과함에 따라 할증채의 가격은 하락하여 자본손실이 나타나는 반면, 할인채의 가격은 상승하여 자본이득이 발생하게 된다.

---

08 채권의 개념에 대해 쓰시오.

09 채권등급평가에 대해 간략히 쓰시오.

10 다음 빈칸에 들어갈 적합한 말을 쓰시오.

> 액면이자율이 시장이자율보다 높을 경우 채권은 액면가보다 높은 가격으로 발행되는데, 이와 같은 채권을 ┌ ㉠ ┐ 라고 한다. 반대로 액면이자율이 시장이자율보다 낮을 경우 채권은 액면가보다 낮은 가격으로 발행되는데, 이러한 채권을 ┌ ㉡ ┐ 라고 한다. 또한, 액면이자율이 시장이자율과 같을 경우 채권은 액면가로 발행되는데, 이와 같은 채권을 ┌ ㉢ ┐ 라고 한다.

제 6 장

기업가치평가

제1절	기업가치평가의 의의 및 절차
제2절	기업가치평가의 방법
제3절	EVA
실전예상문제	

행운이란 100%의 노력 뒤에 남는 것이다.

− 랭스턴 콜먼 −

제 6 장 | 기업가치평가

제1절   기업가치평가의 의의 및 절차

1 기업가치의 의의와 중요성

(1) 기업가치의 의의

① **자산가치**

자산가치는 자산을 보유함으로써 실현되는 미래현금흐름의 크기와 위험(불확실성)에 의해 결정된다. 즉, 자산가치는 그 자산으로부터 얻을 수 있는 미래의 기대현금흐름을 적절한 할인율(위험을 반영한 할인율)로 할인한 한계가치의 의미를 지니고 그 가치를 구현하는 식은 식(6-1)과 같다.

$$\text{자산가치} = \frac{CF_1}{1+r} + \frac{CF_2}{(1+r)^2} + \cdots + \frac{CF_n}{(1+r)^n} \quad \text{............... 식(6-1)}$$

- CF_n : n시점에서 자산의 기대현금흐름
- n : 자산의 수명(내용연수)
- r : 현금흐름의 위험을 반영한 할인율

현금흐름의 유형은 보유자산의 형태에 따라 다르다. 예를 들어 주식을 보유하는 경우에는 배당수익으로, 채권을 보유한 경우엔 이자수익과 원금회수액(액면가액)으로 현금흐름수익을 얻을 수 있다. 한편 할인율은 현금흐름의 위험에 따라 결정되며, 위험이 높을수록 할인율이 높아진다.

② **재무적 의사결정과정과 기업가치**

생명이 무한한 계속기업(going concerns)을 전제로 이와 같은 방법을 적용하면 기업 전체의 가치를 측정할 수 있다. 기업가치는 기업이 창출할 수 있는 미래 기대현금흐름을 적절한 할인율로 할인하여 구할 수 있으며, 식(6-2)와 같다.

$$\text{기업가치} = \frac{CF_1}{1+r} + \frac{CF_2}{(1+r)^2} + \frac{CF_3}{(1+r)^3} \cdots \quad \text{............... 식(6-2)}$$

- CF_n : n시점에서 자산의 기대현금흐름
- r : 현금흐름의 위험을 반영한 할인율

기업가치는 기업이 보유하고 있는 모든 자산에 대한 청구권의 가치를 합한 것으로, 자기자본가치와 부채가치를 합한 것과 같다. 한편 기업가치는 투자결정, 자본조달결정 등에 따라 영향을 받는다. 비유동자산에 대한 투자를 늘릴수록 영업현금흐름이 증가하는 한편 영업위험이 증가하며, 부채의존도가 높을수록 재무위험이 증가한다. 따라서 기업가치는 영업현금흐름과 기업위험(영업위험과 재무위험으로 구성됨)에 따라 결정된다. 이와 같은 관계를 그림으로 나타내면 다음과 같다.

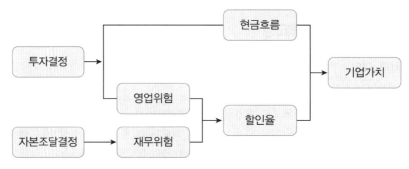

[재무의사결정과정과 기업가치의 관계]

(2) 기업가치의 중요성

① 기업가치 주요지표

대부분의 경영자들은 순현가법을 이용하여 투자결정을 한다. 그러나 경영전략의 수립 또는 경영성과의 평가에서는 순현가 이외의 다른 지표가 이용되기도 한다. 개별사업의 경제성을 평가할 때 순현가법이 이용되지만, 경영성과를 평가할 때는 회계적 성과지표인 주당순이익(EPS ; Earning Per Share)의 성장률, 자기자본순이익률(ROE ; Return Of Equity), 총자산순이익률(ROA ; Return On Assets), 매출액순이익률(ROS ; Return On Sale) 등이 이용되기도 한다.

이와 같이 경영자들이 일관성 없는 성과지표를 이용하는 것은 모순된 것이라 할 수 있다. 순현가(NPV ; Net Present Value)는 완전한 정보를 필요로 하는 유일한 척도이며, 다양한 이해관계자들의 장기적인 이익이 서로 상충되지 않고 미래지향적으로 결정되기 때문에 가장 합리적인 성과지표라 할 수 있다. 이와 달리 EPS 성장률, ROE, ROA, ROS 등은 손익계산서 정보를 주로 이용하여 산출되는 회계적 지표로서 과거지향적이고 근시안적이라는 문제가 있다.

② 기업가치의 보완지표

앞서 살펴본 바와 같이 기업가치는 미래에 실현되는 기업의 기대현금흐름을 적절한 할인율로 할인한 현재가치와 같다. 그러나 이와 같은 방법으로 기업가치를 추정하는 경우 여러 가지 문제가 제기될 수 있다. 예를 들어 현금흐름을 어떻게 정의할 것인가, 적절한 할인율은 얼마인가와 같은 문제를 정확하게 해결하기란 쉽지 않다. 현금흐름할인(DCF ; Discounted Cash Flow)의 개념을 이용하여 기업가치를 추정하는 대표적인 모형으로 기업현금흐름할인모형(DCF)과 경제적 부가가치모형(EVA)이 있다. 이 두 모형은 사용하기가 쉽고 경제적인 측면에서 기업에 대한 통찰력을 제공하고 있다는 장점을 지니고 있다.

(3) 기업가치평가의 종류

기업의 가치평가를 수행하는 방법은 다른 회사에서 독립적인 방법인 소득접근법, 자산접근법 그리고 다른 회사와의 비교를 통한 방법인 시장접근법이 있다. 이러한 개별 접근법은 세부적인 접근방식으로 구분되는데, 예를 들어 가장 빈번하게 사용되는 가치평가기법 중 하나인 현금흐름할인 방식은 소득접근법의 대표적인 평가기법인 것이다. 소득접근법, 시장접근법 그리고 자산접근법은 가치평가를 위한 업무수행 시에만 사용되는 것은 아니다. 기업가치평가는 주식이나 채권 등에 투자 시 선행되는 작업으로서, 투자 대안에 대한 수익성 여부를 판단할 때 유용하게 사용되는 지표이다. 하지만 동시에 본질적인 한계도 지니고 있기 때문에 절대적으로 의존하기보다는 보조적인 수단으로 활용하는 것이 올바른 사용이라 할 수 있다. 그렇기에 평가대상기업의 성격을 고려하여 여러 가지 평가방법을 검토한 후에 평가에 가장 적합한 방법을 선택하는 것이 중요하다. 이와 같은 다수의 평가접근법에서 도출된 평가액에 대해 따로 가중치를 부여한 후 가중평균의 방식으로 최종적인 평가금액의 도출이 가능하다. 다음으로 대표적인 가치평가방식인 소득접근법, 자산접근법 그리고 시장접근법에 대해 살펴보도록 하겠다.

① 소득접근법(income approach)

미래의 소득흐름(income stream)을 할인율(discount rate)을 통해 현재가치로 전환시킴으로써 평가대상의 가치를 측정하는 방법을 소득접근법이라 한다. 소득접근법의 경우 기업의 미래현금흐름을 현재가치로 할인한 값으로 기업가치를 평가하는 방법을 말한다. 소득접근법의 경우 가장 이론적인 방법이고 합리적인 방법으로서, 우수한 방법으로 평가된다. 소득접근법의 다른 이름은 현금흐름할인법(DCF)이 대표적이다. 소득접근법에서 현금흐름을 측정하는 방법은 일반적으로 재무이론에서 현금흐름을 측정하는 방식과 동일하다. 영업이익(earning before interest and tax)에서 세금을 빼고 비현금지출 항목인 감가상각비를 합한다. 총현금흐름(gross cash flow)과 순현금흐름(net cash flow)을 정의하여 이 값을 산출하는 방식이다. 하지만, 소득접근법의 경우 미래에 예상되는 효익을 일정한 할인율로 현재가치화하는 과정이 주관적인 가정을 전제로 하기에, 불확실성과 주관성의 개입이 발생할 가능성이 매우 크다는 단점이 있다.

② 시장접근법(market approach)

시장접근법의 기본적인 원리는 특정한 재화를 구매 시 동일한 효용이 발생하여 금액을 결정한다는 가정을 한다. 이와 같은 가정에 근거하여 **시장접근법은 가치평가액을 시장에 존재하는 유사한 비교회사로부터 유추한다.** 즉, 기업가치를 잘 반영해낼 수 있다고 생각되는 지표를 동종업계와 비교하여 기업가치를 유추하는 방법을 말한다. 특히 배수법(multiple)을 통해 영업가치를 가장 잘 나타낼 수 있는 변수를 찾아 배수를 이용하여 평가하는 방법이 가장 빈번하게 사용된다. 배수법은 동종산업 내 기업들 간의 실적/가치를 이용하여 투자대상기업의 기업가치를 평가하는 방법 중 가장 널리 쓰이는 방법이며, 대표적인 방법으로는 PER, EV/EBITDA가 있다. 대표적인 방법인 PER을 살펴보면, 동종업체들의 주가를 주당순이익으로 나눈 값을 말한다. 이렇게 도출된 PER이 10배일 경우 이를 투자대상회사의 주당순이익에 곱해주면 이론적인 주가가치가 된다. PER의 경우 사칙연산민으로 단순히 구할 수 있다는 쉬운 방법이다 보니 가장 널리 쓰인 방법이다. 하지만 현금흐름과 무관하고 당기순이익에 치중한다는 단점이 존재한다.

③ 자산접근법(asset approach)

자산접근법은 기업가치를 자산에서 부채를 차감한 값이라고 평가한다. 즉, 기업의 가치는 '기업가치 = 자산 – 부채'로 도출하는 것이다. 이와 같은 자산접근법은 실무적으로 거의 사용되지 않는데, 기업의 본질적인 역량은 미래 수익인데 미래의 가치를 전혀 반영하지 않기 때문이다. 또한 유형자산이 거의 존재하지 않는 지식서비스업 등과 같은 산업에서 자산접근법을 통해 기업가치를 평가한다면 큰 오류를 범할 수 있다. 특히 미래에 계속기업경영을 목표로 두고 기업의 전략적 의사결정(인수합병 등)과정에서 자산접근법을 통해 기업가치평가를 한다면 큰 문제가 될 수 있다. 하지만, 자산접근법도 특정 상황에 있어서는 효과적인 평가의 수단이 되기도 한다. 예를 들어 법정관리에 들어가 회사의 청산가치를 측정하는 경우 유용하다. 자산의 총가치에서 채무자들에게 변제를 해야 할 부분을 제외하면 순수하게 주주에게 돌아가는 몫이 얼마인지를 도출할 수 있기 때문이다. 또한 지주회사의 경우에는 보유자산이 투자 주식으로 구성되어 있고, 부동산회사 또한 부동산이 보유자산의 대부분을 차지하고 있기에, 자산접근법의 사용이 가능하다. 그리고 기업가치평가에 대한 의견이 심하게 충돌될 경우에는 가치평가의 최저한도를 제시할 때 용이하다는 특징을 지닌다.

④ 가치평가접근법의 비교

다음에 나오는 표에서는 각각의 가치평가접근법에 대한 장점 및 단점을 보여준다. 소득, 시장, 자산접근법을 실제로 적용하기에 앞서서 이러한 방식의 장점 및 단점을 충분히 고려한 후 그리고 평가하고자 하는 기업의 특성에 따라 적합한 평가기법을 선택해야 한다.

[가치평가접근법의 비교]

구분	소득접근법	시장접근법	자산접근법
장점	계속기업의 전제에 잘 부합하며 미래 효익의 현재가치화라는 측면에서 이론적으로 가장 우수한 방법임	• 비교기준 유사기업이 존재할 때는 직접비교가 용이함 • 가치평가에 사용할 비교자료의 입수가 용이, 특히 상장기업에 대한 자료는 대단히 풍부한 편임	• 회사의 전체 수익에 초점을 맞추기보다 개별 자산을 평가함으로써 보다 자세한 분석이 가능할 수 있음 • 지주회사나 청산회사 등 특수한 경우에 적용하기 적합함
단점	• 미래추정치에 대한 불확실성과 주관성 개입 가능성 • 위험을 반영한 할인율 산정의 어려움	평가대상회사와 모든 면에서 매우 유사한 비교기준회사를 찾기가 난해함	회사 전체가치에서 무형자산의 가치가 차지하는 비중이 큰 경우에는 적용하기 힘듦

가치평가접근법은 개별 방법에 따라 장점 및 단점을 지니기 때문에 어떠한 평가접근법을 적용하여 가치평가를 실시할 것인지는 궁극적으로 전체적인 평가구조를 기준으로 해야 한다.

(4) 기업가치평가의 절차

① 평가업무 및 범위의 확정

기업가치평가업무를 진행하기에 앞서 우선적으로 업무에 대한 범위나 목적을 정의하고 구체화하는 과정이 필요하다. 기업가치평가업무를 위한 범위나 목적을 설정할 때 고려되어야 하는 개념은 다음과 같다.

㉠ 가치평가업무의 목적과 용도를 설정한다. 기업가치평가의 목적이 인수합병인지, 투자인지, 기업공개인지, 적정가격의 산정인지에 따라 그 성격이 다를 수 있기 때문이다.

    ⓛ 평가하고자 하는 기업의 주식, 자산 그리고 부채의 내용을 파악하는 것이다.

    ⓒ 가치평가에서 평가하고자 하는 가치의 기준을 파악하는 것이다. 즉, 기업의 청산을 목적으로 하는 것인지 그리고 가치에 대한 구분을 통해 이해관계자의 오해 소지를 사전에 예방해야한다.

    ⓔ 가치평가의 기준일을 설정해야 한다. 자료에 대한 기준일을 설정해야만 오차 없는 가치평가 수행이 가능하다.

    ⓜ 적용 가능한 가치평가접근법의 설정이 중요하다. 자료수집 및 기업의 파악 이전에 가치평가접근법의 설정은 어려운 의사결정이지만, 이해관계자와의 협의를 통해 사전에 평가접근법의 적용가능성을 판단하는 것도 중요하다.

> **[평가업무 및 범위의 확정 시 기타 고려사항]**
> - 가치평가 일정 작성
> - 가치평가 보고서
> - 외부 전문가 활용을 통한 업무 분장
> - 기타 특이사항

② **자료수집**

기업의 내부환경요인 및 외부환경요인에 대한 자료는 기업가치평가를 위해 반드시 필요한 자료이다. 기업의 내부환경요인은 기업의 재무적인 요인(부채비율, 유동비율, 총자산증가율, 총자본회전율 등)과 비재무적 요인(복리후생비, 교육훈련비, 인건비 등)이며, 외부환경요인으로는 정치, 경제, 기술, 사회문화, 법적 환경, 산업 환경 등을 들 수 있다. 비율분석, 추세분석 등의 재무분석 과정을 위해서 거시경제·산업자료와 같은 외부환경요인자료와, 재무·설문지 등의 기업내부요인자료를 수집한다. 기업가치평가 실무를 위해서는 경제일반, 기업이 속한 산업, 분석하고자 하는 기업에 대한 자료가 매우 중요하다. 또한 가치평가에 있어 어떤 분석법을 사용하느냐에 따라 분석에 필요한 자료가 상이할 수도 있다.

> **[자료수집 시 기타 고려사항]**
> - 경영진 및 의사결정권자의 역량
> - 기술력 수준
> - 주요 판매처 내역 및 관계
> - 원자재 공급처 내역과 관계
> - 우발채무 및 위험의 가능성

③ **수집한 자료의 분석**

수집한 자료의 분석 단계는 자료수집 단계에서 얻은 자료를 통해 기업에 대한 사전조사를 하는 과정으로서, 가치평가업무 실행 전에 이루어진다. 특히, 정량적 자료뿐만 아니라 정성적 자료도 분석과정에서 필수적으로 이용되어야 한다. 이와 같은 과정을 통해 가치평가업무의 수행 단계에서 사용될 가치평가 접근방식의 적용 가능성을 살피고, 본격적인 가치평가업무의 원활한 수행을 위해 충분한 분석이 수행되어야 한다. 특히, 과거 자료에 대한 면밀한 분석을 간과한 채 가치평가업무가 진행될 경우 과업의 오류를 범할 수 있다.

④ **가치평가업무의 수행**

가치평가를 수행하고자 하는 기업과 기업이 속한 산업에 대한 분석과 이해가 선행된다면, 가치평가업무의 수행이 가능하다. 기업의 내부/외부 환경요인과 자료의 수집가능성 그리고 분석자료의 활용 방안을 고려하여 소득접근법, 자산접근법, 시장접근법의 방법론을 어떻게 활용할 것인가를 결정하는 단계이다. 이와 같이 구체적인 가치평가 접근방법과 접근방식이 결정되면 각각 방법에 따른 가치평가액에 대한 결론의 도출이 가능하다. 이전 단계에서 분석이 세밀하게 수행되었다면 본격적인 가치평가업무를 수행하는 과정은 효과적으로 진행될 수 있지만, 실무적으로는 자료의 수집가능성과 적합성을 기반으로 해야 하기에, 2단계 또는 3단계의 과정과 병행된 진행을 할 때도 있다.

⑤ **종합적인 평가결론의 도출**

가치평가의 마지막 단계인 종합적인 평가결론의 도출과정은 합리적 근거 하에서 도출된 가치평가결과에 대한 가중치 부여를 통해 가치평가액을 결정하는 단계이다. 가치평가액의 결정에서 부여된 가중치 도출과정에서는 회사의 특성이나 개별 접근법의 장점 및 단점에 기반하여 객관적인 자료와 평가자의 최종적 판단과정을 거쳐야 하는 어려운 과정이다. 수집된 자료와 객관성에 근거한 도출과정의 어려움은 비단 최종 평가결론 과정에만 존재하는 것이 아닌 가치평가 과정에서 발생하는 문제임을 인식해야한다. 그렇기에 가치평가의 전반적 과정에서 충분한 논리와 근거를 토대로 오류를 범하지 않는 가치평가 의사결정이 필요하다. 다만, 가치평가의 과정에서 종합적 결론을 도출하는 마지막 단계에서 이와 같은 의사결정의 문제가 더욱 부각되기에 좀 더 세밀한 접근을 요한다. 다음 그림은 가치평가의 절차를 보여준다.

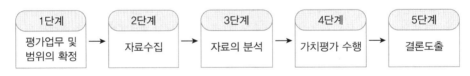

[기업가치평가의 절차]

1 기업 DCF모형의 의의

(1) DCF모형

기업가치는 정상적인 영업활동을 통해 실현되는 영업가치로서, 미래에 기대되는 잉여현금흐름을 적절한 할인율, 즉 가중평균자본비용(WACC)으로 할인하여 산출된다. 잉여현금흐름은 기업의 세후영업이익에 비현금지출비용을 더한 후 영업용 운전자본, 유형자산, 기타자산 등에 대한 투자지출액을 차감하여 계산된다. 잉여현금흐름은 기업의 영업활동을 통해 얻어지는 것으로서, 기업의 모든 자본제공자에게 제공될 수 있는 현금흐름이기 때문에 가치평가에 적합한 현금흐름이라 할 수 있다. 이와 같은 잉여현금흐름을 가중평균자본비용으로 할인하여 기업가치를 평가하는 모형을 기업 DCF모형(Enterprise Discounted Cash Flow Model)이라고 한다.

(2) DCF모형의 핵심개념

현금흐름할인접근법을 구성하는 두 개의 중요한 요소는 현금흐름과 할인율이다. 즉, 기업의 가치는 해당 기업이 미래에 창출할 것으로 예상되는 현금흐름을 그 현금흐름이 지니고 있는 위험이 반영된 할인율로 현가하여 도출할 수 있다. 현금흐름과 할인율 그리고 기업가치와 연관된 핵심개념들은 다음과 같이 정리될 수 있다.

[DCF 접근법의 핵심개념]

영문명	명칭
operating cash flow	영업현금흐름
free cash flow	잉여현금흐름
net operating profit less adjusted taxes	세후영업이익
earning before interest and taxes	영업이익
weighted average cost of capital	가중평균자본비용
total investor fund	총투자자금
invested capital	투하자산
return on invested capital	투하자산수익률
continuing value	잔여가치
explicit forecasting period	현금흐름예측기간
economic profit	경제적 이익

2 잉여현금흐름의 추정

잉여현금흐름(FCF ; Free Cash Flow)은 채권자와 주주에게 분배할 수 있는 현금흐름으로서, 정상적인 영업활동을 통해 얻을 수 있는 현금흐름, 즉, 영업현금흐름(operating cash flow)에서 총투자액을 차감하여 구할 수 있다.

$$FCF = 영업현금흐름 - 총투자액$$
$$= 세후영업이익 + 감가상각비 - 총투자액$$

양(+)의 FCF는 기업이 채권자와 주주에게 분배할 수 있는 현금흐름을 가지고 있다는 것을 의미하며, 반대로 음(-)의 FCF는 채권자와 주주가 기업에 그만큼의 자금을 공급해야 한다는 것을 의미한다. 다음 표에서 보여주는 FCF의 측정절차에 대해서 살펴보도록 한다.

[분석전자의 요약재무제표]

재무상태표

㈜분석전자   (단위 : 백만 원)

구분	20XX. 12. 31(전기)	20XX. 12. 31(당기)
현금	180	200
유가증권	450	400
매출채권	3,800	4,000
재고자산	4,100	4,500
순유형자산	6,820	7,000
자산총계	15,350	16,100
단기차입금	1,800	1,730
매입채무	3,100	3,000
미지급비용	1,200	1,500
장기차입금	4,300	4,500
자본금(보통주)	2,100	2,000
이익잉여금	2,850	3,370
부채와 자본총계	15,350	16,100

손익계산서

㈜분석전자   20XX. 1. 1~20XX. 12. 31(당기)   (단위 : 백만 원)

매출액	20,000
현금지출비용	(17,000)
감가상각비	(1,000)
영업이익	2,000
이자수익	100
이자비용	(400)
법인세비용차감전순이익	1,700
법인세비용(법인세율 = 40%)	(680)
순이익	1,020
배당금	500
차기이월이익잉여금	520

* 현금지출비용 = 매출원가 + 판매비와 관리비 − 비현금지출비용(감가상각비 등)

(1) 잉여현금흐름의 구성항목

잉여현금흐름(FCF)은 영업현금흐름(세후영업이익 + 감가상각비)에서 총투자액을 차감하여 구할 수 있으며, 그 구성항목을 살펴보면 다음과 같다.

① 세후영업이익(NOPLAT ; Net Operating Profit Less Adjusted Taxes)

세후영업이익은 정상적인 영업활동으로부터 얻어지는 영업이익에서 법인세를 공제한 차액으로 측정된다. 여기서 말하는 법인세는 영업이익에 대해서 부과되어야 하는 법인세를 의미한다. 다시 말하면 부채, 유가증권, 기타영업외수익이나 비용항목이 없다는 가정에서 지급해야 하는 세금을 말한다. 따라서 다음과 같은 두 가지 방법을 이용하여 측정할 수 있다. 첫 번째의 방법은 영업이익에 법인세율을 곱하여 계산하는 방식을 말한다.

> NOPLAT = 영업이익 × (1 − 법인세율)

> NOPLAT = 2,000 × (1 − 0.4) = 1,200백만 원

두 번째 방법은 이자비용, 이자수익, 영업활동과 관련 없는 항목 등에 의해서 발생되는 세금부분을 조정하여 측정하는 방법이다.

> NOPLAT = 영업이익 − 손익계산서상의 법인세비용 − 이자비용으로 인한 세금절감액 + 이자수익에 대한 세금지급액 + 영업활동과 관련 없는 항목에 대한 세금지급액

이자비용, 이자수익, 영업외항목 등과 관련된 세금은 해당 항목에 한계법인세율을 곱하여 산출된다. 분석전자의 자료를 이용하여 세후영업이익을 계산하면 다음과 같다.

> NOPLAT = 2,000 − 680 − 160 + 40 = 1,200백만 원

② **감가상각비**(depreciation cost)

감가상각비는 매출원가, 판매비와 관리비 등에 포함되어 있다. 감가상각비에 관한 자료는 현금흐름표상의 감가상각비 항목 등을 이용하여 얻을 수 있다.

③ **총투자액**(gross investment)

총투자액은 운전자본에 대한 투자액, 유형자산에 대한 투자액과 기타자산에 대한 투자액을 말한다. 먼저 해당 기간에 영업활동과 관련된 운전자본만을 고려하여 운전자본에 대한 투자액을 측정한다. 따라서 적정보유수준 이상의 현금 및 유가증권, 이자부유동부채는 영업활동과 관계없이 영업 외 또는 재무적 활동으로부터 조성되는 현금흐름이기 때문에, 운전자본에 대한 투자액을 측정할 때 이를 제외시켜야 한다. 분석전자의 영업용 운전자본 투자액을 계산하면 다음과 같다.

> 운전자본에 대한 투자액 = 유동자산(유가증권 등 제외)의 증가액 − 유동부채(단기차입금 등 제외)의 증가액
> = (200 + 4,000 + 4,500 − 180 − 3,800 − 4,100)
> − (3,000 + 1,500 − 3,100 − 1,200)
> = 620 − 200
> = 420백만 원

이와 같이 분석전자의 경우 운전자본에서 420백만 원을 투자하였기에 그만큼의 현금유출이 발생하였다는 것을 알 수 있다.

한편 자본적 지출(capital expenditure)은 유형자산에 대한 신규투자, 대체투자와 개량 및 증설 투자를 위하여 지출된 현금유출을 말한다. 자본적 지출은 순유형자산(유형자산 - 감가상각누계액)의 증가액과 당해 연도 감가상각액을 더하여 산출되며, 분석전자의 자본적 지출은 다음과 같다.

$$
\begin{aligned}
\text{자본적 지출} &= \text{순유형자산증가액} + \text{유형자산의 감가상각비} \\
&= (7{,}000 - 6{,}820) + 1{,}000 \\
&= 1{,}180\text{백만 원}
\end{aligned}
$$

따라서 분석전자의 경우 유형자산에서 1,180백만 원을 투자하여 그만큼의 현금유출이 발생했음을 알 수 있다.

마지막으로 기타자산에 대한 투자액은 영업용 무형자산을 포함한 모든 기타자산에 대한 투자액에서 이자비용이 없는 비유동부채의 증가액을 차감한 것으로 다음과 같다.

$$
\text{기타자산에 대한 투자액} = \text{순기타자산의 증가액} + \text{기타자산의 상각비} - \text{비이자발생유동부채의 증가액}
$$

분석전자의 경우 기타자산에 대한 투자를 하지 않았다. 따라서 기타자산에 대한 투자의 결과로 현금유출은 발생하지 않았다. 이상의 설명을 토대로 분석전자의 잉여현금흐름(FCF)를 계산하면 다음과 같다.

$$
\begin{aligned}
\text{잉여현금흐름} &= \text{세후영업이익} + \text{감가상각비} - \text{총투자액} \\
&= 1{,}200 + 1{,}000 - (420 + 1{,}180) \\
&= 600\text{백만 원}
\end{aligned}
$$

(2) 영업외현금흐름

영업외현금흐름(non-operating cash flow)은 정상적인 영업활동과는 관련이 없는 자산항목에서 실현되는 현금흐름을 의미한다. 앞서 설명한 것처럼 영업외현금흐름은 잉여현금흐름(FCF)에는 포함되지 않는다. 그러나 영업외현금흐름이 존재한다면 이를 기업가치를 측정하는데 반영시켜야 한다. 이와 같은 관점에서 기업가치는 다음과 같이 나타낼 수 있다.

$$
\text{기업가치} = \text{FCF의 현재가치} + \text{영업외현금흐름의 현재가치}
$$

영업외현금흐름에 포함되는 항목으로는 중단된 영업부문에서 실현되는 현금흐름, 영업활동과 관계없는 자회사의 투자에서 실현되는 현금흐름 등이 있다. 일반적으로 매년 반복적으로 실현되고 있는 현금흐름을 영업외현금흐름으로 분류하는 것은 바람직하지 않다.

기업이 보유하고 있는 유가증권 초과보유분과 이와 관련한 이자수익은 운전자본 및 세후영업이익(NOPLAT)을 측정할 때 제외되었다. 따라서 이 항목들은 앞에서 측정된 잉여현금흐름(FCF)에는 포함되지 않지만 영업외현금흐름 또는 재무적 현금흐름(음의 부호를 갖는 부채)으로 처리될 수 있다. 분석전자가 초과보유하고 있는 유가증권의 변동 및 세후이자수익을 계산하면 다음과 같다.

> - 유가증권의 변동 = 400 − 450 = −50백만 원
> - 세후이자수익 = 세전이자수익 × (1 − 한계법인세율)
>   = 100 × (1 − 0.4) = 60백만 원

(3) 재무적 현금흐름

영업활동에서 얻어지는 잉여현금흐름은 채권자와 주주들에게 배분되며, 이를 재무적 현금흐름이라고 한다. 재무적 현금흐름 중 채권자들에게 배분되는 현금흐름을 '채권자의 현금흐름'이라고 하며, 주주들에게 배분되는 현금흐름을 '주주의 현금흐름'이라고 한다.

> 재무적 현금흐름 = 주주의 현금흐름 + 채권자의 현금흐름

한편 앞서 설명한 바와 같이 잉여현금흐름이 양(+)의 값을 보인다는 것은 기업이 채권자와 주주들에게 배분할 수 있는 현금흐름을 보유하고 있다는 것을 의미하고 반대로 잉여현금흐름이 음(−)의 값을 보인다는 것은 기업이 채권자와 주주들로부터 공급받아야 하는 현금흐름이 있다는 것을 의미한다.

① 채권자의 현금흐름

채권자의 현금흐름은 부채의 변동액과 세후이자비용을 포함하여 측정된다. 부채의 변동은 유동부채를 포함한 모든 부채 중에서 이자부부채의 변동을 의미한다. 부채의 감소와 세후이자비용은 채권자들에게 배분되는 현금흐름으로서 채권자의 현금흐름을 측정할 때 가산항목이 되며, 반대로 부채의 증가는 채권자들이 기업에 공급하는 현금흐름으로서 채권자의 현금흐름을 측정할 때 차감항목이 된다. 분석전자의 변동액을 계산하면 다음과 같다.

> 부채의 변동액 = 단기차입금의 변동액 + 장기차입금의 변동액
>   = (1,730 − 1,800) + (4,500 − 4,300)
>   = 130백만 원

분석전자의 경우 단기차입금이 70백만 원 감소하는 반면, 장기차입금이 200백만 원 증가하였다. 이는 단기차입금을 상환하는 데 70백만 원 현금 유출이, 그리고 장기차입금을 통하여 200백만 원 조달하여 현금유입이 각각 일어났음을 의미한다. 따라서 부채를 통하여 130백만 원의 현금유입이 있었음을 알 수 있다. 한편 이자비용을 계산하면 다음과 같다.

> 세후이자비용 = 세전이자비용 × (1 − 한계법인세율)
>   = 400 × (1 − 0.4)
>   = 240백만 원

따라서 분석전자는 240백만 원을 채권자들에게 이자로 지급하여 240백만 원의 현금유출이 있었음을 알 수 있다. 이상에서 설명한 것처럼 분석전자는 채권자들에게 이자로 240백만 원을 배분하는 한편, 채권자들로부터 130백만 원의 현금흐름을 공급받았다. 따라서 분석전자는 채권자들에게 110백만 원의 현금흐름을 배분한 셈이 된다.

$$
\begin{aligned}
\text{채권자의 현금흐름} &= \text{세후이자비용} - \text{부채의 증가액} \\
&= 240 - 130 \\
&= 110\text{백만 원}
\end{aligned}
$$

② **주주의 현금흐름**

주주의 현금흐름은 이익잉여금을 제외한 자기자본의 변동, 즉 지분의 변동액과 배당금을 포함하여 측정된다. 그러나 주식배당은 기업의 현금흐름에 영향을 미치지 않기 때문에 고려해서는 안 된다. 지분의 감소, 배당금 등은 주주들에게 제공된 현금흐름으로서 주주의 현금흐름을 측정할 때 가산항목이 된다. 반면, 지분의 증가 등은 주주들에 의해 기업에 공급된 현금흐름으로서, 주주의 현금흐름을 측정할 때 차감항목이 된다. 분석전자의 경우 지분의 변동액을 계산하면 다음과 같다.

$$
\text{지분의 변동액} = 2{,}000 - 2{,}100 = -100\text{백만 원}
$$

그렇기에 분석전자는 자사주를 매입하기 위하여 100백만 원을 주주들에게 배분하였음을 알 수 있다. 한편 분석전자는 배당금으로 500백만 원을 주주들에게 배분하였다. 앞서 살펴본 것처럼 분석전자는 자사주를 매입하기 위해 100백만 원을 그리고 배당금으로 500백만 원을 각각 배분하였다. 따라서 분석전자의 경우 주주들의 현금흐름은 다음과 같다.

$$
\begin{aligned}
\text{주주의 현금흐름} &= \text{자사주 매입} + \text{배당금} \\
&= 100 + 500 \\
&= 600\text{백만 원}
\end{aligned}
$$

이상에서 설명한 것처럼 영업활동을 통해서 얻어진 잉여현금흐름 710백만 원은 채권자에게 110백만 원 그리고 주주들에게 600백만 원이 각각 배분되었음을 알 수 있다. 분석전자의 잉여현금흐름을 계산하는 과정을 정리하면 다음과 같다.

(주)분석전자 잉여현금흐름(FCF)

㈜분석전자   (단위 : 백만 원)

구분	20XX
영업이익	2,000
영업이익에 대한 세금	(800)
세후영업이익	1,200
감가상각비	1,000
영업현금흐름	2,200

운전자본의 (증가)/감소	(420)
자본적 지출	(1,180)
순기타자산의 (증가)/감소	0
총투자액	(1,600)
잉여현금흐름(FCF)	600
영업외현금흐름	0
유가증권의 (증가)/감소	50
세후 이자수익	60
투자자에게 귀속될 현금흐름	710
부채의 감소/(증가)	(130)
세후이자비용	240
배당금	500
자사주 매입/(주식발행)	100
재무적 현금흐름(financing flow)	710

3 가중평균자본비용의 추정

주주 또는 채권자와 같은 투자자들이 기업에 투자하는 경우 그것과 동일한 위험을 갖는 다른 투자대상에 투자함으로써 얻을 수 있는 수익률을 포기해야 한다. 이와 같이 포기해야 하는 수익률을 기회자본비용(opportunity cost of capital)이라고 한다. 따라서 기회비용은 기업이 벌어들어야 하는 최소한의 수익률로서 자본비용이 된다. 기업이 자기자본과 타인자본으로 자본을 조달하는 경우 자기자본비용과 타인자본비용을 각각의 시장가치비율에 따라 가중평균한 가중평균자본비용(WACC ; Weighted Average Cost of Capital)을 계산함으로써 기업의 자본비용을 추정할 수 있다.

$$WACC = \left(\frac{S}{S+B}\right)r_s + \left(\frac{B}{S+B}\right)r_B(1-t_c) \quad \cdots\cdots\cdots\cdots \text{식(6-3)}$$

- S : 자기자본의 시장가치
- B : 이자부부채의 시장가치
- r_s : 자기자본비용
- r_B : 타인자본(부채) 비용
- t_c : 법인세율

식(6-3)에서 볼 수 있는 것처럼 가중평균자본비용을 측정하기 위해서는 타인자본비용과 자기자본비용을 알아야 한다. 자본비용은 시장에서 타인자본이나 자기자본을 조달할 때 기업이 부담해야 하는 금융비용을 의미한다. 타인자본비용을 추정하는 것은 비교적 쉽다. 그러나 평균차입금리를 타인자본비용으로 전용하면 안 된다. 평균차입금리는 손익계산서상의 이자비용을 단순하게 재무상태표의 부채잔액으로 나눈 회계상의 비율로, 타인자본비용의 적절한 측정치라고 보기가 어렵기 때문이다. 일반적으로 해당 기업이 발행한 회사채의 유통수익률은 시장에서 그 기업의 경영위험과 재무위험에 따라 형성되는 실세 금리라 할 수 있다. 따라서 회사채의 유통수익률을 타인자본비용으로 활용하는 것이 바람직하다. 그리고 타인자본을 이용하는 경우 세금절감 효과를 얻을 수 있다. 이자비용의 세금절감효과를 적절하게 감안하여 타인자본비용을 계산하여야 한다. 한편 자기자본비용을 추정하는 대표적인 모형으로 배당평가모형과 자본자산 가격결정모형(CAPM ; Capital Asset Pricing Model) 등이 있으나, 실무적으로 적용하기에는 여러 가지 문제가 있다.

배당평가모형 : $r_s = \dfrac{D_1}{P_0} + g$ .... 식(6-4)

- P_0 : 현재의 주식가격
- D_1 : 1년도 말의 예상 주당배당금
- g : 성장률(유보비율 × 투자수익률)

CAPM $= r_s = r_f + [E(r_M) - r_f]\beta_s$ .... 식(6-5)

- r_f : 무위험이자율
- $E(r_M)$: 시장의 기대수익률
- β_s : 자기자본의 체계적 위험

WACC를 추정할 때 고려해야 할 가장 중요한 원칙은 가치평가방법과 할인의 대상이 되는 현금흐름의 정의에 부합하도록 해야 한다는 것이다. 기업 DCF모형과 부합되는 WACC를 추정하기 위해서는 몇 가지 사항이 충족되어야 한다.

첫째, FCF는 기업의 모든 투자자들에게 귀속되기 때문에 타인자본, 자기자본 등 모든 자본원천의 한계비용에 기초하여 가중평균자본비용을 측정하여 한다.

둘째, FCF는 세후 측정치이기 때문에 세후 기준으로 WACC를 계산하여야 한다.

셋째, FCF가 명목가치로 측정되는 경우 명목개념의 WACC를 사용하여야 한다.

넷째, 원천별 자본비용을 측정할 때 각 자본공급자들이 부담하는 체계적 위험을 고려해야 한다.

다섯째, 시장가치는 각 자본조달항목의 실질적인 경제적 가치를 반영하고 있기 때문에 시장가치에 근거한 가중치를 이용해야 한다.

여섯째, 인플레이션, 체계적 위험, 자본구조의 변화에 따라 WACC를 조정해야 한다.

4 기업가치의 평가

기업가치는 미래에 기대되는 잉여현금흐름(FCF)을 적절한 할인율인 가중평균자본비용(WACC)으로 할인한 현재가치라 할 수 있다. 기업가치를 평가하기 위하여 기업 영업활동의 수명에 대한 가정이 필요하다. 이에 대한 현실적인 가정은 기업가치가 발생하는 시기를 예측기간과 잔여기간으로 구분하는 것이다. 이 경우 일반적으로 예측기간 이후에는 현금흐름이 일정한 비율로 성장한다고 가정한다. 잉여현금흐름의 예측기간을 그림으로 나타내면 다음과 같다.

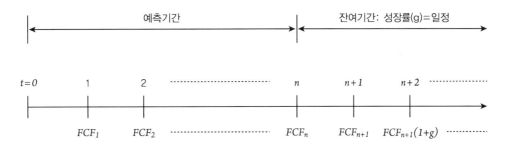

그렇기에 기업가치는 식(6-6)과 같다.

$$
\begin{aligned}
CAPM &= 기업가치 \\
&= 예측기간에서 \ FCF의 \ 현재가치 + 잔여기간에서 \ FCF의 \ 현재가치 \quad \cdots\cdots\cdots\cdots\cdots 식(6-6) \\
&= \sum_{t=1}^{n} \frac{FCF}{(1+WACC)^t} + \frac{CV}{(1+WACC)^n} \\
CV&: \frac{FCF_{n+1}}{WACC-g}
\end{aligned}
$$

예측기간 이후의 기업가치를 잔여기간의 기업가치(CV ; Continuing Value)라고 한다. 예측기간을 어느 정도로 설정할 것인지에 대한 선택은 예측기간에서 기대되는 FCF의 현재가치와 잔여기간에서 기대되는 FCF의 현재가치 사이의 배분문제에 영향을 미칠 뿐 기업가치 자체에는 영향을 미치지 않는다. 이와 같은 방법으로 추정된 기업가치에서 부채가치를 공제하여 자기자본가치를 구할 수 있다.

$$자기자본가치 = 기업가치 - 부채가치$$

기업의 잉여현금흐름(FCF)에서 채권자에게 제공될 현금흐름을 차감한 잔액 즉 주주들에게 제공될 수 있는 현금흐름을 주주잉여현금흐름(FCFE ; Free Cash Flow to Equity)이라고 하며, 이는 다음 식을 통해 추정할 수 있다.

$$
\begin{aligned}
FCFE &= FCF - (원금상환액 + 세후이자비용 - 신규차입액) \\
&= FCF + 신규차입액 - 원금상환액 - 세후이자비용
\end{aligned}
$$

이와 같이 추정된 주주잉여현금흐름(FCFE)을 자기자본비용으로 할인하여 자기자본가치를 구할 수 있으며, 이와 같은 가치평가모형을 자본 DCF(Discounted Cash Flow)모형이라고 한다.

제3절 | EVA

1 EVA의 개념

(1) 개념 및 측정

기업가치를 측정하는 데 이용되는 또 다른 모형을 EVA모형이라고 한다. 경제적 부가가치(EVA) 개념은 경제학자인 마샬(Marshall)에 의해서 처음으로 사용된 경제적 이익(EP ; Economic Profit)과 같은 개념이다. 마샬은 1890년에 기업소유주 또는 경영자가 얻은 이윤에서 현재 이자율 수준으로 계산된 투하자본에 대한 이자를 차감한 나머지를 기업을 경영함으로써 얻게 되는 이익이라고 주장하였다. 즉, 마샬은 기업이 어느 일정 기간 동안 창출한 경제적 이익(EP)이란 회계상에 기록된 비용들뿐만 아니라 투자된 자본에 대한 기회비용까지도 감안한 결과여야 한다고 주장하였다. 경제적 부가가치(EVA)는 기업이 영업활동을 통해 얻은 이익에서 자본비용을 차감한 것으로 계산되며, 식(6-7)과 같다.

$$EVA = IC \times (ROIC - WACC) = NOPLAT - IC \times WACC \quad \cdots\cdots\cdots\cdots\cdots 식(6-7)$$

- IC : 투하자본
- $ROIC$: 투하자본수익률($NOPLAT/IC$)
- $NOPLAT$: 세후영업이익, 즉 $EBIT \times (1 - 법인세율)$
- $WACC$: 가중평균자본비용

EVA를 계산할 때 사용되는 투하자본은 기업의 본연의 활동인 생산 및 영업활동에 투자된 금액으로서, 기업 본연의 활동과 관련된 '운전자본(영업용 유동자산 – 비이자부유동부채), 순유형자산, 순기타자산'의 합계에서 비이자부비유동부채(장기공사선수금, 장기미지급금 등)를 차감하여 측정할 수 있다. 재무상태표에 근거하여 투하자본의 산출과정을 살펴보면 다음에 나오는 그림과 같다. 투하자본을 특정할 때 역사적 원가에 기준을 둔 장부가치를 기준으로 하여야 하는지 또는 시장가치를 기준으로 해야 하는지가 의문이 드는 경우가 많다. 원칙적으로 투하자본은 시장가치에 의해서 측정되어야 하나 이와 관련된 모든 자산에 대한 시장가치를 측정하는 것은 객관성 또는 비용 등의 문제 때문에 현실적으로 어려운 일이다. 따라서 투하자본의 시장가치에 대한 대용치로서 장부가치를 사용하는 것이 일반적이라 할 수 있다.

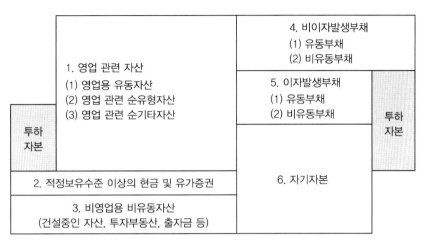

투하자본 = 영업 관련 자산(1) − 비이자발생부채(4)
= 이자발생부채(5) + 자기자본(6)
− 적정보유수준 이상의 현금 및 유가증권(2) − 비영업용 비유동자산(3)

[재무상태표에 근거한 투하자본의 산출과정]

EVA의 창출에 필요한 조치를 다음과 같이 단순화 시킬 수 있기 때문에 EVA의 장점은 다음과 같다.

첫째, 영업비용을 감소시키거나 매출을 증가시킴으로써 세후영업이익이 증가된다.

둘째, 자본구조를 변경함으로써 가중평균자본비용(WACC)이 감소된다.

셋째, 운전자본에 대한 투자 또는 불필요한 자산을 줄이는 등 영업이익에 영향을 미치지 않는 범위 내에서 투하자본(IC)이 축소된다.

이와 같은 접근법에 의하면 정(+)의 스프레드(ROIC > WACC)를 갖는 사업에 대한 투자를 증가시키는 한편, 부(−)의 스프레드(ROIC < WACC)를 갖는 사업으로부터 자본을 철수시킴으로써 효율적으로 투하자본을 재배치할 수 있다. EVA는 단기성과를 측정하는 데 유용한 척도로 사용 가능하나, 장기성과를 측정하는 데는 다소 문제가 될 수 있다. 예를 들어 단기적인 EVA를 너무 강조하는 경우 당장은 수익성이 떨어지나 향후 잠재적 이익이 매우 높을 것으로 기대되는 사업을 포기하는 등 미래의 성장기회를 희생시킬 가능성이 높아진다.

(2) EVA모형에 의한 기업가치평가

EVA모형에 의하면 기업가치는 투하자본(IC)에 예상 EVA의 현재가치를 합한 것과 같다.

기업가치 = IC + 예상 EVA의 현재가치

그리고 자본시장이 효율적인 경우 예상 EVA의 현재가치는 자기자본의 시장가치에서 자기자본의 장부가치를 차감한 값, 즉 시장부가가치(MVA ; Market Value Added)와 같다. 투하자본수익률(ROIC)과 가중평균자본비용(WACC) 사이의 관계에 따라 다음과 같이 나타낼 수 있다.

ROIC > WACC → 예상 EVA의 현재가치 > 0 → 기업가치 > IC
ROIC = WACC → 예상 EVA의 현재가치 = 0 → 기업가치 = IC
ROIC < WACC → 예상 EVA의 현재가치 < 0 → 기업가치 < IC

기업 DCF모형과 마찬가지로 예측기간과 잔여기간으로 구분하여 각 기간에서 예상되는 EVA를 위험조정할인율로 할인한 현재가치를 구함으로써 기업가치를 추정할 수 있다. 잔여기간에서 EVA의 성장률이 일정하다고 가정하는 경우 EVA모형을 그림으로 나타내면 다음과 같다.

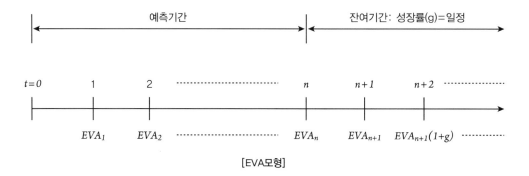

[EVA모형]

그러므로 EVA의 현재가치를 다음과 같이 구할 수 있다.

$$EVA의 현재가치 = 예측기간에서 EVA의 현재가치 \quad \cdots\cdots\cdots\cdots\cdots\cdots 식(6-8)$$
$$+ 잔여기간에서 EVA의 현재가치$$
$$= \sum_{t=1}^{n} \frac{EVA}{(1+WACC)^t} + \frac{CV}{(1+WACC)^n}$$
$$CV: \frac{EVA_{n+1}}{WACC-g}$$

(3) 가치창조경영(VBM ; Value Based Management)과 EVA

가치창조경영은 기업가치창출의 핵심요인에 초점을 맞춤으로써 전체 조직분야에 대한 전략적 또는 운영적 의사결정을 개선하기 위해 고안된 통합과정을 말한다. VBM에 사용되는 직접적인 성과지표는 기업가치이지만, 보다 단기적이고 객관적인 재무지표는 EVA라고 할 수 있다. VBM에 중요한 일은 가치창출의 핵심요인을 철저하게 이해하는 것이다. 그 이유는 다음과 같은 두 가지가 있다.

첫째, 기업가치에 영향을 미치는 요소 중에서 각 하위조직의 영향력 하에 있는 요소들을 관리함으로써 가치 창출에 기여할 수 있다. 예를 들어 고객만족, 비용, 자본적 지출 등 직접 영향을 미칠 수 있는 부분에 대하여 필요한 조치를 취함으로써 기업가치를 증대시킬 수 있다.

둘째, 경영자가 가치창출요인을 통해 각 하위조직을 이해하게 되고 달성하고자 하는 목표에 관한 의견을 교환할 수 있다. 가치창출요인은 경제적 부가가치에 영향을 미치는 모든 요인들을 의미한다. 따라서 가치창출요인을 체계적으로 정의함으로써 어느 요인이 부가가치에 가장 큰 영향을 미치는지를 파악하여 각 구성원들에게 달성해야 할 목표를 할당할 수 있어야 한다. 다음은 EVA에 의해 도출된 핵심가치 창출요인을 나타낸 것이다.

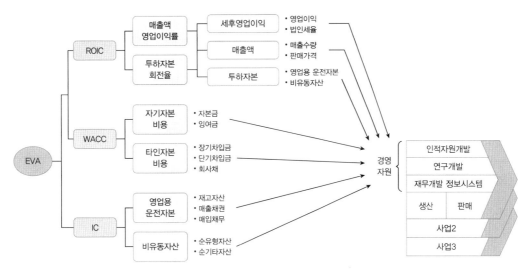

[EVA에 의한 도출된 부가가치 창출의 핵심요인]

예를 들어 매출액영업이익률은 경쟁사와 유사하나 투하자본회전율이 떨어진다 가정해보면, 투하자본회전율이 낮은 것은 다시 여러 가지 요인으로 분해할 수 있다. 경쟁사보다 운전자본이 과다하거나, 비싼 기계장치를 사용하거나 하는 등의 원인을 생각해볼 수 있다. 만약 운전자본의 관리에 문제가 있다면 이것은 다시 매출채권 및 매입채무의 관리, 재고자산의 관리로 구분할 수 있다. 이러한 운전자본의 관리문제는 결국 마케팅 전략과의 관계에서 발생한다고 볼 수 있기 때문에 마케팅 전략을 수정하거나 판매활동수단을 변화시키는 등의 조치를 모색할 수 있다. 이와 같은 과정을 통해 문제의 발생 원인을 찾아내어 이것이 기업가치에 어떻게 기여하는가를 보다 정확하게 파악할 수 있다. 기업가치 극대화와 직결되는 EVA의 체계적이고 유기적인 분해를 통해서 각 사업부의 재무상태표와 손익계산서상의 구체적인 계정과목을 만나게 된다. 개선의 여지가 있거나 시계열적 악화 경향을 보이는 재무상태표와 손익계산서상의 구체적인 항목들이 찾고자 하는 가치창출요인이 될 것이다. 이와 같은 과정을 거쳐 도출된 가치창출요인들은 개선조치를 취해야 하는 책임사업부서, 담당기능, 담당자 등을 확인하는 데 유용하게 활용된다. 기업가치의 개선 또는 극대화에 직결되는 개선 포인트와 혁신과제의 도출이 두 번째 요구되는 VBM의 전개과정이다.

VBM이 성공적으로 전개되기 위해서는 다음과 같은 전제조건이 필요하다.

첫째, 새로운 경영환경에 적합하도록 경영자이 이시이 변화되어야 한다.

둘째, VBM에 적합한 회계정보시스템의 체계적인 재구축이 필수적이다.

최근 우리나라에서도 포스코, 삼성그룹, LG그룹 등이 EVA를 경영관리지표로 사용하고 있다. EVA는 기업경영관리지표뿐만 아니라 증권시장의 투자지표로도 각광을 받고 있다. 특히 정부는 기업이 신규로 공개하거나 유상증자를 실시할 때 투자자들이 기업의 미래 수익성을 용이하게 평가할 수 있도록 EVA 지표를 참고자료로 제출하도록 하고 있다.

○✕로 점검하자 | 제6장

※ 다음 지문의 내용이 맞으면 ○, 틀리면 ✕를 체크하시오. [1~10]

01 자산가치는 자산을 보유함으로써 실현되는 미래현금흐름의 크기와 위험(불확실성)에 의해 결정된다. (　　)

02 기업가치는 기업이 보유하고 있는 모든 자산에 대한 청구권의 가치를 합한 것으로, 자기자본가치와 부채가치를 합한 것과 같다. (　　)

03 부채의존도가 높다는 것은 기업의 재무위험의 감소를 의미한다. (　　)

04 모든 경영자들은 순현가법을 이용한 투자결정을 한다. (　　)

05 가치평가에서 소득접근법의 기본적인 원리는 어떤 재화의 가치는 그 재화로부터 기대되는 미래효익을 현재가치로 전환시킨 것이다라는 개념에 근거를 두고 있다. (　　)

06 가치평가를 위한 자료 수집은 기업의 경영진 및 핵심인력의 구성과 자질을 분석하는 데 활용된다.
(　　)

정답과 해설　01 ○　02 ○　03 ✕　04 ✕　05 ○　06 ○

01 자산가치는 그 자산으로부터 얻을 수 있는 미래의 기대현금흐름을 적절한 할인율(위험을 반영한 할인율)로 할인한 한계가치의 의미를 지닌다.

02 기업가치는 투자결정 자본조달결정 등에 따라 영향을 받으며, 비유동자산에 대한 투자를 늘릴수록 영업현금흐름이 증가하는 한편 영업위험이 증가한다.

03 부채의존도가 높을수록 재무위험이 증가한다. 따라서 기업가치는 영업현금흐름과 기업위험(영업위험과 재무위험으로 구성됨)에 따라 결정된다.

04 대부분의 경영자들은 순현가법을 이용하여 투자결정을 한다. 그러나 경영전략의 수립 또는 경영성과의 평가에서는 순현가 이외의 다른 지표가 이용되기도 한다.

05 소득접근법은 미래에 예상되는 효익을 적절한 방법을 통해 현재시점의 가치로 전환시켜 평가대상의 가치를 측정하는 것이다.

06 가치평가를 위한 자료 수집은 경영진 및 핵심인력의 구성과 자질, 보유기술력 수준, 주요 판매처 내역 및 관계, 주요원자재 공급처 내역 및 관계, 소송 등 우발채무의 발생가능성의 분석에 활용된다.

07 잉여현금흐름을 가중평균자본비용으로 할인하여 기업가치를 평가하는 모형을 EVA모형이라 한다. (   )

08 동일한 위험을 갖는 다른 투자대상에 투자함으로써 얻을 수 있는 수익률을 포기해야 하는 것을 기회자본비용이라 한다. (   )

09 가치창조경영에 사용되는 직접적인 성과지표는 기업가치이지만 보다 장기적이고 객관적인 재무지표는 EVA라고 할 수 있다. (   )

10 새로운 경영환경에 적합하도록 경영자의 의식이 변화되어야만 가치창조경영이 성공적으로 진행될 수 있다. (   )

정답과 해설   07 ×   08 ○   09 ×   10 ○

07 잉여현금흐름을 가중평균자본비용으로 할인하여 기업가치를 평가하는 모형을 기업 DCF(Discounted Cash Flow)모형이라고 한다.

08 포기해야 하는 수익률을 기회자본비용(opportunity cost of capital)이라고 하기에 기회비용은 기업이 벌어들어야 하는 최소한의 수익률로서 자본비용이 된다.

09 가치창조경영은 기업가치창출의 핵심요인에 초점을 맞춤으로써 전체 조직분야에 대한 전략적 또는 운영적 의사결정을 개선하기 위해 고안된 통합과정을 말한다. VBM에 사용되는 직접적인 성과지표는 기업가치이지만 보다 단기적이고 객관적인 재무지표는 EVA라고 할 수 있다.

10 VBM이 성공적으로 전개되기 위해서는 다음과 같은 전제조건이 필요하다. 첫째, 새로운 경영환경에 적합하도록 경영자의 의식이 변화되어야 한다. 둘째, VBM에 적합한 회계정보시스템의 체계적인 재구축이 필수적이다.

01 EPS 성장률, ROE, ROA, ROS 등은 손익계산서 정보를 주로 이용하여 산출되는 회계적 지표로서 과거 지향적이고 근시안적이라는 문제를 지닌다.

01 다음 중 기업가치의 중요성으로 옳지 <u>않은</u> 것은?

① 경영전략의 수립 또는 경영성과의 평가에서는 순현가 이외의 다른 지표가 이용되기도 한다.

② 대부분의 경영자들은 순현가법을 이용하여 투자결정을 한다.

③ EPS 성장률, ROE, ROA, ROS 등은 손익계산서 정보를 주로 이용하여 산출되는 회계적 지표로서 미래 지향적 평가 방식이다.

④ 기업가치는 미래에 실현되는 기업의 기대현금흐름을 적절한 할인율로 할인한 현재가치와 같다.

02 빈칸에 들어갈 용어는 기업가치이다. 기업가치는 기업이 창출할 수 있는 미래 기대현금흐름을 적절한 할인율로 할인하여 구할 수 있다.

기업가치
$$= \frac{CF_1}{1+r} + \frac{CF_2}{(1+r)^2} + \frac{CF_3}{(1+r)^3} \cdots$$

02 다음 빈칸에 공통으로 들어갈 말로 옳은 것은?

> _____는 기업이 보유하고 있는 모든 자산에 대한 청구권의 가치를 합한 것으로, 자기자본가치와 부채가치를 합한 것과 같다. 한편 _____는 투자결정, 자본조달결정 등에 따라 영향을 받는다.

① 계속기업

② 기업가치

③ 비유동자산

④ 위험

정답 (01 ③ 02 ②)

03 다음 중 미래에 예상되는 효익을 현재시점의 가치로 전환시켜 평가대상의 가치를 측정하는 방법으로 옳은 것은?

① 시장접근법
② EVA법
③ 자산접근법
④ 소득접근법

04 다음 내용에 해당하는 가치평가방법으로 옳은 것은?

> 어떤 재화의 경제적 가치는 그 재화와 동등하게 합당한 대체물을 구입하는데 소요되는 원가에 의해 결정된다는 원리에 기초한다.

① DCF측정법
② 소득접근법
③ 시장접근법
④ 자산접근법

05 다음 빈칸에 들어갈 말로 옳은 것은?

> 자산가치는 자산을 보유함으로써 실현되는 미래현금흐름의 크기와 ⟨ ㉠ ⟩에 의해 결정된다. 즉, 자산가치는 그 자산으로부터 얻을 수 있는 미래의 ⟨ ㉡ ⟩을 적절한 할인율(위험을 반영한 할인율)로 할인한 한계가치의 의미를 지닌다.

	㉠	㉡
①	위험	기대현금흐름
②	자산	배당수익
③	가치	수익
④	계속기업	유동자산

---

03 소득접근법의 기본적인 원리는 어떤 재화의 가치는 그 재화로부터 기대되는 미래 효익을 현재가치로 전환시킨 것이다라는 개념에 근거를 두고 있다. 즉, 소득접근법은 미래에 예상되는 효익을 적절한 방법을 통해 현재시점의 가치로 전환시켜 평가대상의 가치를 측정하는 것이다.

04 해당 내용은 자산접근법에 대한 설명이다. 자산접근법의 장점은 회사의 전체 수익에 초점을 맞추기보다 개별 자산을 평가함으로써 보다 자세한 분석이 가능할 수 있다는 것이다. 또한, 지주회사나 청산회사 등 특수한 경우에 적용하기 적합하다. 다만, 회사 전체가치에서 무형자산의 가치가 차지하는 비중이 큰 경우에는 적용하기 힘들다는 단점이 있다.

05 자산가치는 미래현금흐름의 크기와 위험에 의해 결정되고, 자산가치는 미래의 기대현금흐름을 적절한 할인율로 할인한 한계가치의 의미를 지닌다.

정답 03 ④ 04 ④ 05 ①

06 기회자본비용은 다른 투자대상에 투자함으로써 얻을 수 있는 수익률을 포기해야 하는 것을 말한다.

06 다음 빈칸에 들어갈 말로 옳은 것은?

주주 또는 채권자와 같은 투자자들이 기업에 투자하는 경우 그것과 동일한 위험을 갖는 다른 투자대상에 투자함으로써 얻을 수 있는 수익률을 포기해야 한다. 이와 같이 포기해야 하는 수익률을 _____ 이라고 한다.

① 가중평균자본비용

② 기회자본비용

③ 타인자본비용

④ 배당금

07 빈칸에 들어갈 단어는 시장접근법이다. 시장접근법의 경우, 가치평가액을 시장에 존재하는 유사한 비교회사로부터 유추하여 동종업계와 지표의 비교를 통해 기업가치를 유추하는 방법을 말한다.

07 가치평가접근법의 세 가지 방법을 비교한 도표에서 빈칸에 들어갈 말로 옳은 것은?

구분	소득접근법	( )	자산접근법
장점	계속기업의 전제에 잘 부합하며 미래 효익의 현재가치화라는 측면에서 이론적으로 가장 우수한 방법임	• 비교기준 유사기업이 존재할 때는 직접비교가 용이함 • 가치평가에 사용할 비교자료의 입수가 용이, 특히 상장기업에 대한 자료는 대단히 풍부한 편임	• 회사의 전체 수익에 초점을 맞추기보다 개별 자산을 평가함으로써 보다 자세한 분석이 가능할 수 있음 • 지주회사나 청산회사 등 특수한 경우에 적용하기 적합함
단점	• 미래추정치에 대한 불확실성과 주관성 개입 가능성 • 위험을 반영한 할인율 산정의 어려움	평가대상회사와 모든 면에서 매우 유사한 비교기준회사를 찾기가 난해함	회사 전체가치에서 무형자산의 가치가 차지하는 비중이 큰 경우에는 적용하기 힘듦

① EVA평가법

② DCF평가법

③ 가중평균이동법

④ 시장접근법

정답 06 ② 07 ④

08 다음 내용에 해당하는 모형은 무엇인가?

> 잉여현금흐름은 기업의 영업활동을 통해 얻어지는 것으로서 기업의 모든 자본제공자에게 제공될 수 있는 현금흐름이기 때문에 가치평가에 적합한 현금흐름이라 할 수 있다. 이와 같은 잉여현금흐름을 가중평균자본비용으로 할인하여 기업가치를 평가하는 모형이다.

① EVA모형
② DCF모형
③ 회귀모형
④ 가중평균모형

09 가치평가업무 절차 중 '평가업무 및 범위의 확정' 단계에서 주의해야 할 사항으로 옳지 <u>않은</u> 것은?

① 가치평가의 목적과 용도를 명확히 해야 한다.
② 기업 전체 또는 개별사업부 주식 또는 자산, 부채에 대한 구분을 명확히 해야 한다.
③ 가치의 기준은 평가 수행 과정을 통해 결정한다.
④ 평가 기준일을 설정한다.

08 잉여현금흐름을 가중평균자본비용으로 할인하여 기업가치를 평가하는 모형은 DCF모형이다.

09 가치의 전제와 기준은 '평가업무 및 범위의 확정' 단계에서 반드시 확정해야 할 항목이다.

정답 (08 ② 09 ③)

10 기업가치평가의 절차는 '평가업무 및 범위의 확정 – 자료수집 – 자료의 분석 – 가치평가 수행 – 결론도출' 순서로 이루어진다.

10 다음은 가치평가의 절차이다. 순서를 나열한 것으로 옳은 것은?

> ㉠ 자료수집
> ㉡ 자료의 분석
> ㉢ 평가업무 및 범위의 확정
> ㉣ 가치평가 수행
> ㉤ 결론 도출

① ㉠ – ㉡ – ㉢ – ㉣ – ㉤
② ㉢ – ㉠ – ㉡ – ㉣ – ㉤
③ ㉢ – ㉠ – ㉣ – ㉤ – ㉡
④ ㉤ – ㉢ – ㉣ – ㉠ – ㉡

11 잉여현금흐름은 기업의 영업활동을 통해 얻어지는 것으로서 기업의 모든 자본제공자에게 제공될 수 있는 현금흐름이기 때문에 가치평가에 적합한 현금흐름이라 할 수 있다. 이와 같은 잉여현금흐름을 가중평균자본비용으로 할인하여 기업가치를 평가하는 모형을 기업 DCF(Discounted Cash Flow)모형이라고 한다.

11 잉여현금흐름을 가중평균자본비용으로 할인하여 기업가치를 평가하는 모형으로 옳은 것은?

① 시장접근법
② DCF모형
③ EVA모형
④ 자산접근법

12 기업이 자기자본과 타인자본으로 자본을 조달하는 경우 가중평균자본비용을 통해 기업의 자본비용을 도출할 수 있다.

12 다음 빈칸에 들어갈 말로 옳은 것은?

> 기업이 자기자본과 타인자본으로 자본을 조달하는 경우 자기자본비용과 타인자본비용을 각각의 시장가치 비율에 따라 가중 평균한 _____을 계산함으로써 기업의 자본비용을 추정할 수 있다.

① 기회자본비용
② 가중평균자본비용
③ 타인자본비용
④ 영업비용

정답 (10 ② 11 ② 12 ②)

13 다음 중 DCF모형에 대한 설명으로 옳은 것은?

① 기업가치는 정상적인 영업활동을 통해 실현되는 영업가치로서 미래에 기대되는 잉여현금흐름을 적절한 할인율, 즉 가중평균자본비용(WACC)으로 할인하여 산출된다.

② 잉여현금흐름은 기업의 세후영업이익에 비현금지출비용을 더한 후 영업용 운전자본, 유형자산, 기타자산 등에 대한 투자지출액을 합산하여 계산된다.

③ 잉여현금흐름은 기업의 영업외활동을 통해 얻어지는 것이다.

④ 영업현금흐름은 세후영업이익에서 감가상각비를 차감한 값이다.

14 ㈜분석전자의 세후영업이익이 50억이고 EVA가 20억일 경우 총자본비용으로 옳은 것은?

① 70억
② 60억
③ 30억
④ 10억

15 가치평가를 위한 자료수집 시 기타 고려사항으로 옳지 않은 것은?

① 경영진 및 핵심인력의 구성과 자질
② 보유기술력 수준(특허권 등)
③ 매출액
④ 소송 등 우발채무의 발생가능성

13 ② 잉여현금흐름은 기업의 세후영업이익에 비현금지출비용을 더한 후 영업용 운전자본, 유형자산, 기타자산 등에 대한 투자지출액을 차감하여 계산된다.
③ 기업의 잉여현금흐름은 기업의 영업활동을 통해 얻어진다.
④ 영업현금흐름은 세후영업이익에서 감가상각비를 합한 값이다.

14 EVA는 세후영업이익과 총자본비용의 차이이다. 그러므로 총자본비용은 50 – 20으로 도출할 수 있으며, 총자본비용은 30억이 된다.

15 자료 수집 시 고려사항은 다음과 같다.
• 경영진 및 핵심인력의 구성과 자질
• 보유기술력 수준(특허권 등)
• 주요 판매처 내역 및 관계
• 주요 원자재 공급처 내역 및 관계
• 소송 등 우발채무의 발생가능성

정답 13 ① 14 ③ 15 ③

01 소득접근법의 장점과 단점을 각각 기술하시오.

01

정답 • 장점 : 계속기업의 전제에 잘 부합
하며 미래 효익의 현재가치화라는
측면에서 이론적으로 가장 우수한
방법이다.

• 단점 : 미래추정치에 대한 불확실
성과 주관성 개입 가능성, 위험을
반영한 할인율 산정이 어렵다.

02 다음 빈칸에 들어갈 적합한 말을 쓰시오.

잉여현금흐름은 채권자와 주주에게 분배할 수 있는 현금흐
름으로서 정상적인 영업활동을 통해 얻을 수 있는 현금흐름,
즉 ⊙ 에서 ⓒ 을 차감하여 구할 수 있다.

02

정답 ⊙ 영업현금흐름 ⓒ 총투자액

해설 해당 내용은 잉여현금흐름(Free Cash
Flow)에 대한 설명이다. 잉여현금흐
름(세후영업이익 + 감가상각비)은
영업현금흐름에서 총투자액을 차감
하여 구할 수 있다.

03 재무의사결정과정과 기업가치의 관계 도표에서 빈칸에 들어갈 말을 쓰시오.

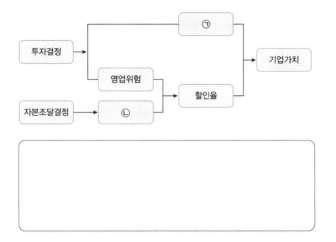

03
정답 ㉠ 현금흐름 ㉡ 재무위험
해설 기업가치는 영업현금흐름과 기업위험(영업위험과 재무위험으로 구성됨)에 따라 결정된다.

04 다음 빈칸에 들어갈 적합한 말을 쓰시오.

> **기업가치평가의 절차**
> 평가업무 및 범위의 확정 → ㉠ → 자료분석 → ㉡ → 결론도출

04
정답 ㉠ 자료수집 ㉡ 가치평가 수행
해설 기업가치평가의 절차는 다음과 같다.
평가업무 및 범위의 확정 → 자료수집 → 자료분석 →가치평가 수행 → 결론도출

05

정답 경제적 부가가치(EVA) 개념은 경제학자인 마셜(Marshall)에 의해서 처음으로 사용된 경제적 이익(EP; Economic Profit)과 같은 개념이다. 마셜은 1890년에 기업소유주 또는 경영자가 얻은 이윤에서 현재 이자율 수준으로 계산된 투하자본에 대한 이자를 차감한 나머지를 기업을 경영함으로써 얻게 되는 이익이라고 주장하였다.

06

정답 • 영업비용을 감소시키거나 매출을 증가시킴으로써 세후영업이익이 증가된다.
• 자본구조를 변경함으로써 가중평균자본비용(WACC)이 감소된다.
• 운전자본에 대한 투자 또는 불필요한 자산을 줄이는 등 영업이익에 영향을 미치지 않는 범위 내에서 투하자본(IC)이 축소된다.

07

정답 ㉠ 세후영업이익
㉡ 감가상각비

해설 잉여현금흐름은 채권자와 주주에게 분배할 수 있는 현금흐름으로서 정상적인 영업활동을 통해 얻을 수 있는 현금흐름, 즉, 영업현금흐름(세후영업이익+감가상각비)에서 총투자액을 차감하여 구할 수 있다.

---

05 가치평가의 EVA모형에 대해 기술하시오.

06 가치평가의 EVA모형의 장점을 기술하시오.

07 잉여현금흐름(Free Cash Flow)의 추정을 나타낸 식에서 빈칸에 들어갈 말을 쓰시오.

FCF = 영업현금흐름 − 총투자액
= [㉠] + [㉡] − 총투자액

08 가치창조경영(VBM)이 무엇인지 기술하시오.

08

정답 가치창조경영은 기업가치창출의 핵심요인에 초점을 맞춤으로써 전체 조직분야에 대한 전략적 또는 운영적 의사결정을 개선하기 위해 고안된 통합과정을 말하며, VBM에 사용되는 직접적인 성과지표는 기업가치지만 보다 단기적이고 객관적인 재무지표는 EVA라고 할 수 있다.

09 가치창조경영(VBM)이 성공적으로 전개되기 위한 두 가지 전제조건을 쓰시오.

09

정답 • 새로운 경영환경에 적합하도록 경영자의 의식이 변화되어야 한다.
• VBM에 적합한 회계정보시스템의 체계적인 재구축이 필수적이다.

10 기회자본비용(opportunity cost of capital)의 개념을 간략히 쓰시오.

10

정답 주주 또는 채권자와 같은 투자자들이 기업에 투자하는 경우 그것과 동일한 위험을 갖는 다른 투자대상에 투자함으로써 얻을 수 있는 수익률을 포기해야 한다. 이와 같이 포기해야 하는 수익률을 기회자본비용이라고 한다.

SD에듀와 함께, 합격을 향해 떠나는 여행

최종모의고사

최종모의고사 제1회

최종모의고사 제2회

정답 및 해설

나는 내가 더 노력할수록 운이 더 좋아진다는 걸 발견했다.

– 토마스 제퍼슨 –

제한시간: 50분 | 시작 ___시 ___분 – 종료 ___시 ___분

⊡ 정답 및 해설 246p

01 다음 중 경영분석의 목적으로 옳지 <u>않은</u> 것은?

① 분석주체가 누구냐에 따라 경영분석의 목적은 달라진다.
② 정부의 경우 기업의 신용도 평가를 위해 경영분석을 실시한다.
③ 경영계획을 수립하거나 경영활동 통제를 위해 경영분석을 실시한다.
④ 분석주체에 따라 내부분석과 외부분석으로 구분된다.

02 다음 중 경영분석과 관련하여 이해관계자의 구분 시 외부 이해관계자로 옳지 <u>않은</u> 것은?

① 기업의 최고 경영자
② 증권분석기관
③ 금융기관
④ 정부

03 경영분석의 발전과정에 대한 옳은 설명을 모두 고른 것은?

> ㉠ 경영분석이 시작된 시점은 공식적인 재무제표가 작성되기 시작한 이전부터이다.
> ㉡ 공업화와 기업규모가 커지면서 자금의 수요가 증가하고 금융기관들은 재무제표 분석을 통해 기업의 신용도를 평가하는 계기가 되었다.
> ㉢ 1930년 이후에는 세계 대공황의 후유증으로 보수적인 경영이 지배적인 시기였기에 더욱 체계적인 비율분석이 정리되기 시작했다.
> ㉣ 우리나라의 경우 1962년 한국은행에서 '기업경영분석'을 발간하며 비율분석이 이용되었다.

① ㉠, ㉡, ㉢
② ㉠, ㉡, ㉣
③ ㉡, ㉢, ㉣
④ ㉠, ㉡, ㉢, ㉣

04 다음 중 재무상태표의 자산항목에 대한 설명으로 옳은 것은?

① 부채는 상환만기가 빠른 순으로 기록되며, 상환기간이 1년 이상인 경우 비유동부채로, 1년 이내인 경우 유동부채로 구분한다.

② 자본이란 기업의 소유자인 주주에게 귀속될 소유자 지분을 의미한다.

③ 유동부채(current liabilities)는 일상적인 상거래에서 발생하는 영업상의 채무와 만기가 1년 이내인 지급채무로 구성된다.

④ 자산항목은 일반적으로 유동성이 낮은 순서에 따라 배열이 된다.

05 다음 내용에 해당하는 것은 무엇인가?

> 기업의 재무적 건강상태에 대한 신호이며 징후를 파악하는 데 이용되는 하나의 분석수단으로, 기업의 경영상태가 건실한지 과학적으로 진단해보는 데 이용된다.

① 산업구조분석

② 재무비율

③ 거시경제분석

④ 시장분석

06 다음 중 효율성비율(efficiency ratio)에 대한 설명으로 옳지 <u>않은</u> 것은?

① 회전율이 높다는 것은 투자자산에 비해 매출액이 상대적으로 높음을 의미한다.

② 자산의 효율적 이용도를 평가하는 데 사용되는 재무비율로서, 흔히 활동성비율 또는 자산관리비율이라 불린다.

③ 효율성비율은 매출을 위하여 자산을 몇 번 회전시키고 있는가를 나타내는 재무비율로서, 매출액을 자기자본으로 나누어 계산한다.

④ 수익의 발생원천이 매출액이기에, 매출액을 기준으로 자산의 효율적 이용도를 측정할 수 있다.

07 다음 중 생산성비율에 대한 설명으로 옳지 <u>않은</u> 것은?

① 생산성비율은 기업활동의 성과 및 효율을 측정하여 개별 생산요소의 기여 및 성과배분의 합리성 여부를 평가하는 지표이다.

② 생산성에 관한 지표는 경영합리화의 척도라 할 수 있다.

③ 생산성비율은 부가가치율이 증가한 경우에도 이익이 변하기에 정확한 성과향상에 대한 해석이 가능하다.

④ 경영의 생산요소를 결합하는 방법에 따라 산출량이 어느 정도 달성되었는지 측정하는 데 도움이 된다.

08 비율분석의 유용성과 한계점에 대한 설명으로 옳지 <u>않은</u> 것은?

① 비율분석은 역사적 자료인 재무제표를 근거로 하기에 일정 기간의 영업성과와 재무상태가 미래에도 지속될 것이라는 가정에서 분석된다.

② 계절적 변동 및 가치변동이 반영되기에 비율분석은 매우 효과적이다.

③ 특정한 재무비율이 양호한지 또는 불량한지의 여부를 일반화하기가 어렵다.

④ 개별 기업마다 운영방법과 회계처리방법이 다르기에 비율분석을 통해 재무비율을 상호 비교하는 것만으로 충분하지 않을 수가 있다.

09 손익분기점 분석에 대한 설명으로 옳은 것을 모두 고른 것은?

> ㉠ 손익분기점은 기업이 생산능력 범위 내에서 영업비용을 회수하는 데 필요한 최소한의 조업도(판매량, 매출액)를 의미한다.
> ㉡ 손익분기점 분석에서는 영업활동의 수행과정에서 발생하는 영업비용을 고정영업비용과 변동영업비용으로 구분할 수 있다고 가정한다.
> ㉢ 생산능력의 범위 내에서 판매량이 증가할 때는 영업비용 중에서 고정영업비용의 비중이 높아질수록 영업이익이 매출액의 증가율보다 더 큰 폭으로 증가하게 된다.

① ㉠, ㉢
② ㉡, ㉢
③ ㉠, ㉡
④ ㉠, ㉡, ㉢

10 영업비용을 분석하는 데 사용되는 방법으로 옳은 것을 모두 고른 것은?

> ㉠ 회계적 방법
> ㉡ 고저법
> ㉢ 통계적 방법

① ㉠, ㉢
② ㉠, ㉡, ㉢
③ ㉠, ㉡
④ ㉡, ㉣

11 손익분기점 분석의 한계에 대한 옳은 설명을 모두 고른 것은?

> ㉠ 단위당 판매가격과 단위당 변동영업비용이 일정하다고 가정하고 있지만, 실제로 판매량이 변동함에 따라 단위당 판매가격이나 단위당 변동영업비용이 변동한다.
> ㉡ 손익분기점 모형에서 모든 영업비용을 고정영업비용과 변동영업비용으로 구분할 수 있다고 가정하나, 고정영업비용과 변동영업비용으로 분류하기는 매우 어렵다.
> ㉢ 모든 기업이 단일 제품만을 생산한다고 가정하고 있으나, 현실적으로 단일 제품만을 생산하는 기업이 거의 없다.
> ㉣ 손익분기점 분석은 변화하는 경영환경에 대한 반영이 가능하다.

① ㉠, ㉡, ㉢
② ㉠, ㉡, ㉣
③ ㉡, ㉢, ㉣
④ ㉠, ㉡, ㉢, ㉣

12 다음 중 레버리지에 대한 설명으로 옳지 <u>않은</u> 것은?

① 지렛대의 원리가 기업경영에 적용되는 것이다.

② 기업경영에서 지레장치의 역할을 하는 것은 고정영업비용과 고정재무비용이다.

③ 총비용 중에서 고정영업비용이 차지하는 비중을 높게 조정함으로써 판매량의 변화에 따라 그보다 높은 비율로 영업이익이 변화하는 효과를 얻을 수 있다.

④ 고정재무비용의 비중을 높게 조정함으로써 영업이익의 변화에 따라 주당순이익이 그보다 낮은 비율로 변화하는 효과를 얻을 수 있다.

13 다음 빈칸에 들어갈 말로 옳은 것은?

> _____은 부실기업 중에서 회사정리절차나 화의 등의 법적 절차나 인수 등을 통해 회생되지 않을 경우 최종적으로 회사를 청산하는 것을 말한다. _____은 법원의 _____ 선고와 재산의 경매처분을 위한 채권자의 배당의 순서에 따라 처리된다.

① 파산

② 화의제도

③ 구조조정

④ 워크아웃제도

14 다음 빈칸에 들어갈 말로 옳은 것은?

> _____은 채무자가 채권자와의 계약을 위반하거나 원리금을 제때 상환하지 못하여 법적 처리의 근거가 된 상태를 말하지만 _____에 처한 경우일지라도 채권자와의 합의에 따른 구조조정을 통해 기업을 재편성함으로써 영업활동을 지속할 수 있다.

① 채무불이행

② 파산

③ 지급불능

④ 경영실패

15 부실화의 원인 및 징후에 대한 설명으로 옳은 것을 모두 고른 것은?

> ㉠ 충분한 현금흐름을 창출하지 못하면 궁극적으로 부실화로 연결된다.
> ㉡ 기업 경쟁력, 시장의 잠재력, 경영자의 자질, 경제 환경변화 등이 부실화의 원인이 되기도 한다.
> ㉢ 부실화의 경험이 있는 기업의 재무제표를 통해 부실화를 예측할 수 있다.
> ㉣ 부실화는 주가수익률에는 반영되지 않는다.

① ㉠, ㉡, ㉢

② ㉠, ㉢, ㉣

③ ㉡, ㉢, ㉣

④ ㉠, ㉡, ㉢, ㉣

16 다음 중 부실기업의 예측방법에 대한 설명으로 옳지 <u>않은</u> 것은?

① 재무제표를 분석하거나 경영전략을 분석할 때 현금흐름을 분석함으로써 부실화의 가능성을 예측할 수 있다.

② 부실화의 가능성을 통계적 방법을 통해서도 예측할 수 있다.

③ 차이분석을 통한 부실화 징후 순서는 '표본기업 선정 – 재무비율 선정 – 차이분석'의 순을 거친다.

④ 특정 재무비율을 통계적 또는 경험적으로 선정하여 정상기업과 부실기업의 재무비율 분포를 비교함으로써 부실화의 가능성을 판단할 수 있다.

17 다음 빈칸에 공통으로 들어갈 단어로 옳은 것은?

> 여신결정과정에서 핵심이 되는 내용은 대출 여부 및 대출조건을 결정하기 위한 _____ 과정이라고 할 수 있다. _____ 이란 금융기관에서 여신결정을 내릴 때 대출에 따른 위험도와 원리금 상환가능성을 평가하는 것을 말한다.

① 산업분석
② 생산활동
③ 경쟁자 분석
④ 신용분석

18 다음 중 신용분석을 위한 5C에 대한 설명으로 옳지 <u>않은</u> 것은?

① 신용분석에 이용되는 다섯 가지 요인을 일컫는 말이다.

② 경영자의 인격은 원리금 상환에 대한 기업의 의지를 평가하는 척도이다.

③ 자본력은 원리금을 상환할 수 있는 충분한 능력이 있는지를 판단할 때 사용된다.

④ 경제상황은 기업 모두에게 해당되기에 신용분석에서는 중요한 요인이 아니다.

19 신용평점제도의 질적 평가요소 구분에서 빈칸에 들어갈 말로 옳은 것은?

구분	평가내용
㉠	생산시설, 영업레버리지, 공장자동화, 품질관리, 기술개발, 원자재 조달능력, 규모의 경제 등
마케팅요소	제품의 종류, 제품의 질, 제품가격, 판매조직, 광고활동, 시장점유율 등
㉡	경영자의 능력, 노사관계, 직원채용 및 배치의 합리성, 근로조건 및 복지시설, 기업공개 여부 등
재무요소	거래신뢰도, 대금융기관 관계, 자금동원능력, 지배구조, 환위험 등
전략요소	연구개발투자, 경영전략방향, 최고경영진의 구성, 대정부관계 등

	㉠	㉡
①	생산요소	인적자원요소
②	자본요소	무형자원요소
③	가치사슬요소	복리후생요소
④	기술적 요소	비재무적 요소

20 다음 중 우리나라의 신용평점제도에 대한 설명으로 옳은 것은?

① 신용보증기금에선 기업의 어음할인을 위한 적격업체 선정을 위해 신용평점제도를 실시한다.

② 우리나라에서는 은행, 단기금융회사 및 신용보증기금 등에서 독자적인 신용평점제도를 구축하여 그에 따라 여신결정을 하고 있다.

③ 외환위기 이전에는 신용평점제도가 존재하지 않았다.

④ 외환위기 이후에는 '기업체 종합평가표'를 통해 개별 은행이 신용평가제도를 운용했다.

21 다음 중 기업가치의 중요성에 대한 설명으로 옳지 <u>않은</u> 것은?

① 대부분의 경영자들은 순현가법을 이용하여 투자결정을 한다.

② 경영성과 평가 시 EPS, ROE, ROA 등이 이용된다.

③ 기업가치는 미래에 실현되는 기업의 기대 현금흐름을 적절한 할인율로 할인한 현재가치와 같다.

④ 현금흐름과 적절한 할인율의 설정은 객관적이다.

22 다음 내용에 해당하는 기업가치평가의 종류는 무엇인가?

> 기본적인 원리는 "어떤 재화의 가치는 그 재화로부터 기대되는 미래 효익을 현재가치로 전환시킨 것이다."라는 개념에 근거를 두고 있다. 즉, 미래에 예상되는 효익을 적절한 방법을 통해 현재시점의 가치로 전환시켜 평가대상의 가치를 측정하는 것이다.

① 소득접근법
② 시장접근법
③ 자산접근법
④ 차이분석법

23 EVA에 대한 설명으로 옳은 것을 모두 고른 것은?

> ㉠ 경제학자인 마샬(Marshall)에 의해서 처음으로 사용된 경제적 이익(EP; Economic Profit)과 같은 개념이다.
> ㉡ 경제적 부가가치(EVA)는 기업이 영업활동을 통해 얻은 이익에서 자본비용을 차감한 것으로 계산된다.
> ㉢ 투하자본의 시장가치에 대한 대용치로 장부가치를 사용하는 것이 일반적이라 할 수 있다.
> ㉣ 영업비용을 감소시키거나 매출을 증가시킴으로써 세후영업이익을 증가시켜 단순화시킬 수 있다는 장점이 있다.

① ㉠, ㉡, ㉢
② ㉠, ㉢, ㉣
③ ㉡, ㉢, ㉣
④ ㉠, ㉡, ㉢, ㉣

24 다음은 기업가치평가의 절차의 순서이다. 빈칸에 들어갈 말로 옳은 것은?

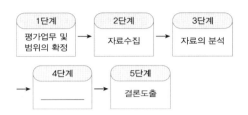

① 가치평가 수행
② 평가절차 작성
③ 기업특성 확인
④ 우발적 상황에 대한 고려

주관식 문제

01 재무상태표에 쓰이는 대표적인 자산항목 두 가지를 쓰시오.

02 부가가치의 개념에 대해 기술하시오.

03 기업구조조정 제도에 대하여 기술하시오.

04 채권등급평가의 의의에 대해 간략히 기술하시오.

제한시간: 50분 | 시작 ___시 ___분 – 종료 ___시 ___분

⊡ 정답 및 해설 250p

01 다음 중 경영분석에 대한 설명으로 옳지 <u>않은</u> 것은?

① 전통적 경영분석은 기업의 회계자료를 이용하여 과거와 현재의 재무 상태와 기업성과를 파악함으로써 미래를 분석하는 것을 말한다.

② 경영분석에서는 재무제표뿐만 아니라 국내외 경제동향, 산업동향, 기업동향 등과 같은 기업과 관련된 모든 요인을 분석대상으로 삼는다.

③ 기업의 이해관계자들이 곧 경영분석의 주체이기에 분석주체가 누구냐에 따라 경영분석의 목적은 달라진다.

④ 전통적 경영분석은 회계자료를 통해 미래를 예측하는 데 있어 신속성과 정확성을 반영한다.

02 다음 중 손익계산서의 내용으로 옳지 <u>않은</u> 것은?

① 유동자산
② 매출원가
③ 판매비와 관리비
④ 매출총이익

03 재무제표에 대한 설명에서 빈칸에 들어갈 말로 옳은 것은?

> 경영분석에서 주로 사용되는 회계자료인 재무제표는 기업의 이해관계자들에게 재무정보를 제공하기 위하여 작성되는 회계보고서를 말한다. 기업의 재무상태에 대한 정보를 제공하는 _____, 경영성과에 대한 정보를 제공하는 손익계산서, 그리고 현금흐름에 대한 정보를 제공하는 현금흐름표 등으로 구성되어 있다.

① 재무상태표
② 부채
③ 유동자산
④ 판매비와 관리비

04 다음 중 질적 분석의 주요 거시경제지표로 옳지 <u>않은</u> 것은?

① 경기
② 통화량
③ 물가상승률
④ 공급자의 교섭력

05 비율분석의 유용성과 한계점에 대한 설명으로 옳은 것을 모두 고른 것은?

> ㉠ 비율분석은 역사적 자료인 재무제표를 근거로 하기에 일정 기간의 영업성과와 재무상태가 미래에도 지속될 것이라는 가정에서 분석된다.
> ㉡ 계절적 변동 및 인플레이션으로 인한 가치변동이 반영되지 못한다.
> ㉢ 특정한 재무비율이 양호한지 또는 불량한지의 여부를 일반화하기가 어렵다.
> ㉣ 개별 기업에 대한 운영방법과 회계처리 방법이 다르기에 비율분석을 통해 재무비율을 상호가 비교하는 것이 용이하다.

① ㉠, ㉡, ㉢
② ㉠, ㉡, ㉣
③ ㉡, ㉢, ㉣
④ ㉠, ㉡, ㉢, ㉣

06 다음 중 유동비율에 대한 설명으로 옳지 <u>않은</u> 것은?

① 유동비율이 100% 이상일 경우 바람직하다고 평가한다.
② 유동비율이 높을수록 단기채무지급능력이 양호하다는 의미이다.
③ 유동비율은 일반적으로 은행가비율(banker's ratio)이라 불린다.
④ 기업의 단기채무지급능력을 측정하는 재무비율이다.

07 20X8년 분석전자는 비유동자산 40,000(백만 원), 자기자본인 60,000(백만 원)인 것으로 나타났다. 20X8년 비유동비율로 옳은 것은?

① 77.5%
② 20%
③ 150%
④ 66.7%

08 다음 중 영업레버리지 분석에 대한 설명으로 옳지 <u>않은</u> 것은?

① 영업레버리지는 영업비용 중에서 고정영업비용이 차지하는 비중을 의미한다.
② 유동자산의 비중이 높아질수록 고정영업비용의 부담이 증가하기 때문에 매출액이 변화할 때 영업이익이 그보다 높은 비율로 변하는 영업레버리지 효과가 나타나게 된다.
③ 영업레버리지도는 매출액이나 판매량이 변동할 때 영업이익이 어느 정도 변동하느냐를 나타내는 값으로, 영업레버리지 효과의 정도를 의미한다.
④ 비유동자산에 투자할 경우 이러한 비용구조의 변화가 영업이익과 영업위험에 어느 정도 영향을 미치는지를 분석해야 한다.

09 다음 중 수익성비율에 대한 설명으로 옳은 것은?

① 수익성비율은 기업의 이익창출능력을 나타내는 지표이다.
② 매출채권회전율이 대표적인 수익성비율을 나타내는 지표이다.
③ 부채비율을 통한 수익성의 판단은 매우 효과적이다.
④ 수익성비율의 경우 실질적인 현금흐름에 관한 정보가 반영된다.

10 손익분기점에 대한 옳은 설명을 모두 고른 것은?

⊙ 손익분기점 분석은 기업이 하나의 제품만을 생산한다고 가정한다.
ⓒ 재무정책 결정에서 요구되는 다양한 정보를 획득할 수 있다.
ⓒ 생산제품은 즉시 판매가 가능하다고 가정한다.
ⓔ 매출액과 영업비용이 일치하여 영업이익이 0원이 되는 손익분기점 판매량을 추정 가능하다.

① ㉠, ㉡, ㉢
② ㉠, ㉡, ㉣
③ ㉠, ㉢, ㉣
④ ㉠, ㉡, ㉢, ㉣

11 다음 중 영업비용을 분석하는 방법으로 옳지 않은 것은?

① 회계적 방법
② 고저법
③ 통계적 방법
④ 정성적 평가

12 경영전자의 DFL은 4이고 DCL은 9이다. 만약 경영전자의 매출액이 1% 증가한다면 영업이익은 어떻게 변화하는가?

① 3% 증가
② 2% 증가
③ 2.25% 증가
④ 1% 증가

13 우리나라의 부실기업 정리방법으로 옳은 것을 모두 고른 것은?

㉠ 워크아웃제도
㉡ 화의제도
㉢ 파산
㉣ 기업구조조정

① ㉠, ㉡, ㉢
② ㉠, ㉡, ㉣
③ ㉠, ㉢, ㉣
④ ㉠, ㉡, ㉢, ㉣

14 다음 중 기업 부실화의 징후로 옳지 않은 것은?

① 현금예금 절대부족
② 매출액의 지속적 감소
③ 과소 배당 지급
④ 자본잠식

15 다음 중 빈칸에 들어갈 말로 옳은 것은?

> _____란 채무자에게 파산의 원인이 발생한 경우 법원, 정리위원, 화의관재인의 보조 감독 아래에서, 채무자는 파산선고를 예방하고 채권자도 파산선고 시보다 유리한 조건으로 변제를 받을 목적에서 체결되는 채무자와 채권자 사이에 채권에 관한 변제방법의 일종의 합의를 의미한다.

① 구조조정
② 파산
③ 화의제도
④ 워크아웃

16 판별분석을 통한 부실기업의 예측 유용성에 대한 설명으로 옳은 것은?

① 판별분석은 과거의 재무자료에 기초하여 이루어지기에 기업환경이 급격하게 변할 때 유용하다.
② 재무변수의 선정 시 주관적인 판단이 개입되어 자료 해석에 유용하다.
③ 서로 다른 회계분석의 사용으로 예측력이 증가한다.
④ 여러 가지 재무변수를 동시에 고려하여 종합적 판단이 가능하다.

17 다음 내용에서 빈칸에 들어갈 적절한 용어는?

> 기업의 대출요청에 따라 대출여부를 결정하는 _____에서는 고객과의 관계, 재무제표 정보, 전략적 요소, 경영자 자질, 신용위험, 산업 및 경제전망 등에 대한 정보를 분석하여 일정한 기준을 설정한 다음 그 기준에 따라 대출 여부를 결정한다.

① 대출승인단계
② 대출관리단계
③ 대출회수단계
④ 대출신청단계

18 다음 중 신용분석의 의미로 옳지 않은 것은?

① 신용분석의 결과에 따라 대출여부와 대출조건이 달라진다.
② 신용분석의 목적은 기업의 신용위험을 평가함으로써 대출여부 또는 대출조건을 결정하는 데 필요한 정보를 얻는 데 있다.
③ 여신결정과정에서 오는 오류는 원리금상환능력이 없는 고객에게 자금을 대출해 줌으로써 손실을 감수해야 하는 경우이다.
④ 일반적으로 신용분석에서는 원리금상환능력이 있는 고객에게 자금을 대출해주지 않게 되는 오류를 줄이는 데 중점을 둔다.

19 다음 내용에 해당하는 신용분석의 5C는 무엇인가?

> 기업의 현금동원능력을 평가하는 데 이용되는 중요한 요소이다. 아무리 경영자의 책임의식이 강할지라도 현금동원능력이 없는 경우에는 대출금을 회수할 수 없을 것이다. 현금동원능력은 기업의 이익창출능력과 부채의존도 등에 따라 영향을 받는다.

① 경영자의 인격
② 상환능력
③ 담보력
④ 경제상황

20 다음 중 채권등급평가에 유용한 재무비율과 계산식의 연결로 옳은 것은?

① 보상비율 = 부채비율 = $\dfrac{\text{부채}}{\text{자기자본}}$

② 레버리지비율 = $\dfrac{\text{영업이익}}{\text{이자비용}}$

③ 현금흐름 대 부채비율 = $\dfrac{\text{현금흐름}}{\text{부채}}$

④ 수익성비율 = $\dfrac{\text{유동자산}}{\text{유동부채}}$

21 다음 빈칸에 들어갈 말로 옳은 것은?

> 개별사업의 경제성을 평가할 때 순현가법이 이용되지만, 경영성과를 평가할 때는 회계적 성과지표인 주당순이익(EPS; Earning Per Share)의 성장률, ⓐ ⑤ , 총자산순이익률(ROA; Return On Assets), ⓑ ⑥ 등이 이용되기도 한다.

	⑤	⑥
①	자기자본 순이익률(ROE)	매출액 순이익률(ROS)
②	Tobin's Q	매출액 순이익률(ROS)
③	Tobin's Q	자기자본 순이익률(ROE)
④	Tobin's Q	PBR

22 다음 중 잉여현금흐름(FCF; Free Cash Flow)에 대한 설명으로 옳지 <u>않은</u> 것은?

① 채권자와 주주에게 분배할 수 있는 현금흐름으로서, 정상적인 영업활동을 통해 얻을 수 있는 현금흐름을 말한다.
② 영업현금흐름(operating cash flow)에서 총투자액을 차감한 값이다.
③ 잉여현금흐름이 음(-)의 값일 때는 채권자와 주주가 기업에 자금을 공급해야 한다.
④ 잉여현금흐름에는 영업외현금흐름의 현재가치가 포함된다.

23 다음 빈칸에 공통으로 들어갈 말로 옳은 것은?

> _____은 기업가치창출의 핵심요인에 초점을 맞춤으로써 전체 조직분야에 대한 전략적 또는 운영적 의사결정을 개선하기 위해 고안된 통합과정을 말한다. _____에 사용되는 직접적인 성과지표는 기업가치이지만, 보다 단기적이고 객관적인 재무지표는 EVA라고 할 수 있다.

① 가치창조경영
② 기업가치평가
③ 시장장부가치
④ 산업분석

24 경영전자의 세후영업이익이 80억이고 EVA가 30억일 경우 총자본비용으로 옳은 것은?

① 70억
② 50억
③ 30억
④ 10억

주관식 문제

01 기업의 재무상태와 성과를 평가할 때 기준이 되는 재무비율인 표준비율을 네 가지 쓰시오.

02 레버리지 효과의 정의를 쓰시오.

03 신용분석에 고려되는 다섯 가지 요인인 신용분석 5C가 무엇인지 쓰시오.

04 다음 빈칸에 들어갈 말을 쓰시오.

> 기업의 가치평가를 수행하는 방법에는 다른 회사에서 독립적인 방법인 소득접근법, ㉠ , 그리고 다른 회사와의 비교를 통한 방법인 ㉡ 이 있다. 이러한 ㉡ 은 가치평가액을 시장에 존재하는 유사한 비교회사로부터 유추한다. 즉, 기업가치를 잘 반영해낼 수 있다고 생각되는 지표를 동종업계와 비교하여 기업가치를 유추하는 방법을 말한다. ㉠ 은 기업가치를 자산에서 부채를 차감한 값이라고 평가한다. 즉, 기업의 가치는 '기업가치 = 자산 − 부채'로 도출하는 것이다.

01	02	03	04	05	06	07	08	09	10	11	12
②	①	③	④	②	③	③	②	④	②	①	④
13	14	15	16	17	18	19	20	21	22	23	24
①	①	①	③	④	④	①	②	④	①	④	①

*주관식 문제는 정답 별도 표시

01 정답 ②

정부의 경우에는 산업에 대한 규제 또는 지원 정책의 수립, 조세 정책의 수립 등에 있어서 필요로 하는 정보를 얻기 위한 목적에서 경영분석을 실시한다. 신용도 평가를 위한 경영분석은 금융기관 및 신용평가기관에 해당한다.

02 정답 ①

기업의 외부 이해관계자로는 금융기관 및 신용평가기관, 투자자 및 증권분석기관, 거래처, 고객, 정부 등이 있다. 반면, 기업의 내부 이해관계자로는 경영자, 임직원 등을 들 수 있다.

03 정답 ③

경영분석이 시작된 시점은 회계제도의 정착에 따라 공식적인 재무제표가 작성되기 시작한 이후부터이다. 경영분석이 최초로 시행된 국가라 할 수 있는 미국의 경우, 산업혁명 이후 철도산업과 공업화가 빠른 속도로 진행되었던 산업에서 주식회사 형태의 기업이 등장하고 기업규모가 커지기 시작했다.

04 정답 ④

①·②·③은 재무상태표에서 부채와 자본항목에 대한 내용이다.
자산항목의 경우에는 현금화 정도를 나타내는 유동성이 높은 순서에 따라 배열되는 특징이 있다.

05 정답 ②

기업의 재무적 건강상태에 대한 신호이며 징후를 파악하는 데 이용되는 하나의 분석인 재무비율을 통해 적절하게 해석함으로써 추가적인 분석이 필요한 분야가 무엇인지 파악 가능하다.
산업구조분석, 거시경제분석, 시장분석은 경영분석에서 질적 분석에 해당하는 것들을 말한다.

06 정답 ③

효율성비율은 자산의 효율적 이용도를 평가하는 비율로서, 매출액을 자산항목으로 나누어 계산한다.

07 정답 ③

부가가치율이 증가한 경우에도 이익은 변하지 않고 임금, 금융비용, 감가상각비 등이 더 증가하였다면 생산성의 증가로 기업의 성과가 향상되었다고 해석하기 어려우며, 수익성과 생산성을 연계한 분석을 통해 보다 명확한 평가가 가능하다.

08 정답 ②

비율분석은 재무제표를 근간으로 하여 분석되는데 이 중 재무상태표는 일정 시점을 기준으로 작성되고, 계절적 변동에 따른 영향이 큰 산업에 대한 고려뿐만 아니라 인플레이션에 의한 가치변동 등이 반영되지 않기 때문에, 이를 기계적으로 적용한다면 비율분석이 왜곡될 수 있다.

09 **정답** ④

제시문은 손익분기점 분석(BEP)에 대한 내용으로서, 모두 맞는 내용이다.

10 **정답** ②

영업비용은 조업도가 0일 때도 일정하게 발생하는 고정비적인 특성을 지니고 있을 뿐만 아니라 조업도의 증가에 따라 비례적으로 증가하는 변동비적인 성격을 동시에 지닌다는 특성이 있다. 이와 같은 영업비용을 분석 시 사용되는 방법은 회계적 방법, 고저법, 통계적 방법이 있다.

11 **정답** ①

손익분기점 모형에서는 일정한 경영환경을 가정하나 시간의 경과에 따라 경영환경이 달라지며, 경영환경의 변화에 따라 영업비용의 구조가 변화하기에 손익분기점 판매량이 변화하게 된다는 단점이 있다.

12 **정답** ④

고정재무비용의 비중을 높게 조정함으로써 영업이익의 변화에 따라 주당순이익이 그보다 높은 비율로 변화하는 효과를 얻을 수 있다. 이처럼 고정영업비용과 고정재무비용이 지렛대 작용을 하기 때문에 판매량이 낮은 비율로 변화하더라도 영업이익이나 주당순이익이 그보다 높은 비율로 변동하는 효과를 얻을 수 있는데, 이를 레버리지 효과라고 부른다.

13 **정답** ①

빈칸에 들어갈 말은 파산이다. 파산은 부실기업 정리제도의 한 종류이다. 우리나라의 대표적인 부실기업 정리제도로는 화의제도, 파산, 구조조정, 워크아웃제도 등이 있다.

14 **정답** ①

빈칸에 들어갈 말은 채무불이행이다. 파산(bank-ruptcy)은 파산 상태의 지급불능 또는 법원에 의해 공식적으로 선고된 파산 상태를 말한다. 지급불능은 유동성 부족으로 인한 지급불능 상태를 말하며, 경영실패는 기업의 수익성이 감소함으로 인해 나타나는 기업의 부실화이다.

15 **정답** ①

주가수익률 또는 채권등급 등과 같은 시장정보를 분석함으로써 부실화의 가능성에 대한 정보를 얻을 수 있다. 부실화의 징후는 부실화가 시작되기 이전 수개월 전부터 주가수익률이 지속적으로 하락하거나 채권등급이 하향 조정되는 것으로 나타난다.

16 **정답** ③

부실화의 징후를 대변하는 특정 재무비율을 통계적 또는 경험적으로 선정하여 정상기업과 부실기업의 재무비율 분포를 비교함으로써 부실화의 가능성을 판단할 수 있으며, 그 순서는 '재무비율의 선정 – 표본기업의 선정 – 차이분석'의 순으로 진행된다.

17 **정답** ④

여신결정과정에서 핵심이 되는 내용은 대출여부 결정과 대출조건을 결정하는 것이고, 이를 위해서는 금융기관에서 여신결정을 내릴 때 위험도와 원리금 상환능력을 평가하는 신용분석을 기반으로 한다.

18 **정답** ④

경제상황은 일반적인 경제상황 또는 기업의 채무상환능력에 영향을 미칠 수 있는 특별한 상황의 변화를 의미한다. 예컨대 기업이 불황이나 금융시장의 경색과 같은 불리한 환경 변화에 대응할 수 있는 능력은 신용위험을 결정하는 중요한 요인이다.

19 정답 ①

생산시설, 영업레버리지, 공장자동화, 품질관리, 기술개발, 원자재 조달능력, 규모의 경제 등을 고려하는 요소는 생산요소이다.

경영자의 능력, 노사관계, 직원채용 및 배치의 합리성, 근로조건 및 복지시설, 기업공개 여부 등을 고려하는 요소는 인적자원요소이다.

20 정답 ②

① 단기금융회사에서 기업의 어음할인을 위한 적격업체 선정을 위해 신용평점제도를 실시한다.

③ 외환위기 이전에는 한국은행이 제정한 '기업체종합평가표'와 은행별로 자체개발한 '기업신용평가표' 등에 따라 신용평점제도가 운용되었다.

④ 외환위기 이후에는 각 은행에서 독자적인 신용평가시스템을 구축하여 운영하고 있으며, 감독기관 또는 국제적으로 인정되는 규제기준에 부합하는 기준을 설정하고자 노력하고 있다.

21 정답 ④

기업가치를 추정하는 경우 여러 가지 문제가 제기될 수 있다. 현금흐름을 어떻게 정의할 것인가, 적절한 할인율은 얼마인가와 같은 문제를 정확하게 해결하기란 쉽지 않기 때문이다.

22 정답 ①

제시문은 소득접근법에 대한 내용이다.

② 시장접근법은 효용에 대한 비교를 통해 구입금액을 결정한다는 가정을 하고 있다.

③ 자산접근법은 어떤 재화의 경제적 가치는 그 재화와 동등하게 합당한 대체물을 구입하는 데 소요되는 원가에 의해 결정된다는 원리에 기초를 두고 있다.

④ 차이분석법은 인과적 추론의 방법으로 가치평가보다는 통계적 분석에 사용되는 방법이다.

23 정답 ④

기업가치모형인 EVA는 경제적 이익과 같은 개념이다. EVA는 영업이익에서 자본비용을 차감한 값으로 계산되며, 장부가치가 투하자본의 시장가치에 대한 대용치로 사용되는 것이 일반적이다. 또한 EVA는 세후영업이익을 단순화시킨다는 장점이 있다.

24 정답 ①

기업가치평가 절차의 순서는 '평가업무 및 범위의 확정 – 자료수집 – 자료의 분석 – 가치평가 수행 – 결론도출'의 단계를 거친다. 가치평가업무의 수행은 회사 및 산업에 대한 분석을 통해 회사에 대한 심도 있는 이해가 선행된 후 본격적인 가치평가업무를 수행할 수 있는 단계를 의미한다.

주관식 해설

01 **정답** 유동자산, 비유동자산

해설 자산항목은 유동자산과 비유동자산으로 구분
되며, 유동자산의 경우 유동성 정도에 따라
'현금 및 현금성자산, 단기금융자산, 매출채
권, 재고자산'의 순으로 배열되고, 비유동자산
의 경우 '투자자산, 유형자산, 무형자산, 기타
비유동자산'의 순으로 배열된다.

02 **정답** 부가가치는 최종생산자가 중간생산자로부터
구입한 원재료에 자본과 노동 등의 생산요소
를 투입하여 새롭게 창출되는 가치로서, 기업
이 생산 및 판매한 총가치에서 생산을 위하여
투입한 외부구입가치를 차감한 순생산액을
의미한다.

03 **정답** 기업구조조정이라 함은 효율성 향상을 목적
으로 기업이 가진 조직구조나 사업구조를 개
편하는 것을 말한다. 기업구조조정은 기업이
수행하고 있는 사업 중 상황변화나 수요 예측
등의 오류 등으로 성장성이 낮아진 사업부문
을 축소하거나, 통합 또는 폐합, 매각 등을 통
해 효율성을 제고하는 데 목적을 지닌다.

04 **정답** 채권등급평가는 신용평가기관이 채권을 발행
한 기관의 원리금상환능력을 평가하여 이를
이해하기 쉬운 기호나 문장으로 등급화하여
투자자들에게 전달하는 제도이며, 채권등급
평가의 목적은 특정채권의 채무불이행위험에
관한 정보를 투자자에게 전달하는 데 있다.

01	02	03	04	05	06	07	08	09	10	11	12
④	②	①	④	①	①	④	②	①	④	④	③
13	14	15	16	17	18	19	20	21	22	23	24
④	③	③	④	①	④	②	③	①	④	①	②

*주관식 문제는 정답 별도 표시

01 정답 ④

전통적 경영분석은 회계자료가 지니는 한계점으로 인해 급변하는 환경에 신속하게 대처하지 못한다는 단점을 가진다. 이와 같은 단점을 보완하고자 현대 경영분석에서는 회계자료 이외에 기업과 관련된 모든 자료를 분석하고, 경영분석에 이용되는 분석기법 또한 의사결정 차원에서 검증을 하고 있다.

02 정답 ②

유동자산은 재무상태표에 담긴 내용으로서, 보고기간 말부터 1년 이내의 현금으로 전환되거나 예상되는 자산을 말한다.

03 정답 ①

재무상태의 경우 기업의 결산일을 기준으로 기업의 자산, 부채, 자본에 관한 정보를 제공하는 재무보고서로서, 대차대조표(balance sheet)라고도 불린다.

04 정답 ④

주요 거시경제지표로는 경기, 통화량, 금리, 물가상승률, 환율과 유가가 있다.
공급자의 교섭력은 산업구조분석에서 고려하는 요인 중 하나이다.

05 정답 ①

개별 기업마다 운영방법과 회계처리방법이 다르기에 비율분석을 통해 재무비율을 상호 비교하는 것만으로 충분하지 않을 수가 있다. 비교기업 간에 감가상각법 및 재고자산평가방법이 다르게 적용되는 경우에는 정확한 정보를 획득하기 어렵다.

06 정답 ①

경험적 재무비율인 유동비율의 경우에는 일반적으로 200% 이상일 경우 바람직하다고 평가한다. 당좌비율의 경우 100% 이상, 자기자본비율의 경우 50% 이상, 부채비율 또는 비유동비율의 경우 100% 이하의 기준을 설정하는 것은 모두 경험적으로 설정된 비율이다.

07 정답 ④

$$비유동비율(\%) = \frac{비유동자산}{자기자본} \times 100$$

$$= \frac{40,000}{60,000} \times 100 = 66.7\%$$

08 정답 ②

총자산 중에서 비유동자산의 비중이 높다는 것은 고정비의 증가를 가져오기에 매출액의 변화상에서 영업이익이 그보다 높은 비율로 나타나는 레버리지 효과가 나타난다.

09 정답 ①

② 매출채권회전율은 효율성비율의 지표이다.

③ 부채비율의 경우 부채를 자기자본으로 나눈 값으로서, 자본구조비율에 해당한다.

④ 수익성비율은 손익계산서상의 회계이익에 기초하여 측정되기 때문에, 기업의 실질적인 현금흐름에 관한 정보가 반영되지 않고 있다는 결점이 있다.

10 정답 ④

손익분기점은 기업이 생산능력 범위 내에서 영업비용을 회수하는 데 필요한 최소한의 조업도를 의미하는 것이다. ㉠·㉢·㉣은 손익분기점의 가정에 대한 내용이다. ㉡은 손익분기점의 활용에 대한 내용이다.

11 정답 ④

영업비용을 분석하는 데 사용되는 방법에는 회계적 방법, 고저법, 통계적 방법이 존재한다.

정성적 평가란 양적인 자료의 가치판단이 불가할 경우 정성적 자료를 기반으로 한 평가를 말한다.

12 정답 ③

$$DOL = \frac{DCL}{DFL} = \frac{9}{4} = 2.25\%,$$

따라서 영업이익은 2.25% 증가한다.

13 정답 ④

기업들의 부실화로 인한 문제로 인해 기업경영이 투명성과 건전성의 중요성에 대한 인식이 널리 확산되었다. 특히 우리나라의 경우 외환위기 이후 시장의 안정화를 위해 부실기업에 정리방안을 확고히 하고 있는데, 대표적인 부실기업 정리방안에는 워크아웃제도, 화의제도, 기업구조조정, 파산 등이 있다.

14 정답 ③

재무적 부실징후는 현금예금 절대부족, 매출액의 지속적 감소, 과다한 배당금 지급, 자본잠식, 결손의 확대 및 지속 등을 들 수 있다.

15 정답 ③

화의제도는 회사정리제도의 절차와 유사하다. 그러나 화의의 경우 채권자들 간의 결의가 가장 중요시되기에 법원이 선임한 정리위원이 회사가 제시한 화의의 변제계획의 이행 가능성이 낮다고 판단할 경우엔 화의채권자들만 동의하면 화의는 가능하다.

16 정답 ④

판별분석은 과거 재무자료에 기초하기에 급격하게 변화하는 환경에서는 예측력이 떨어지고, 재무변수의 선정에 대한 주관적 판단의 개입으로 객관적 기준의 마련이 어렵다. 또한 기업 간 서로 다른 회계처리 방법으로 인해 예측력이 감소할 수 있다.

17 정답 ①

대출결정과정은 '대출신청 – 대출승인단계 – 대출관리단계 – 대출회수단계'의 과정을 거친다. 대출승인단계에는 기업의 대출요청을 받아들이는 것이 적절하다고 판단되면 다음으로 기업과의 협의를 통해 대출액, 이자율, 담보자산과 대출약관 등에 구체적인 대출조건을 결정해야 한다.

18 정답 ④

일반적으로 신용분석에서는 원리금상환능력이 없는 고객에게 자금을 대출해주는 오류를 줄이는 데 중점을 둔다.

19 정답 ②

기업이 대출과 관련된 약관의 내용을 제대로 이행할 수 있는 능력과 의지가 있는가를 파악하는 것은 여신결정에서 특히 중요한 의미를 지니기에 신용분석은 매우 중요하며, 신용분석의 5C를 고려해야한다. 5C의 주요 요인은 경영자의 인격, 상환능력, 자본력, 담보력, 경제상황이 있다.

20 정답 ③

채권등급평가에 유용한 재무비율

- 보상비율 $= \dfrac{\text{영업이익}}{\text{이자비용}}$

- 레버리지비율 $= \dfrac{\text{부채}}{\text{자기자본}}$

- 수익성비율 $= \dfrac{\text{영업이익}}{\text{총자산}}$

- 현금흐름 대 부채비율 $= \dfrac{\text{현금흐름}}{\text{부채}}$

21 정답 ①

경제성과를 평가할 때는 회계적 성과지표인 주당순이익의 성장률, 자기자본순이익률(ROE), 총자산순이익률(ROA), 매출액순이익률(ROS)등이 이용된다.

22 정답 ④

잉여현금흐름의 구성항목을 살펴보면 세후영업이익, 감가상각비, 총투자액으로 구성되어 있다.

23 정답 ①

가치창조경영(VBM ; Value Based Management)에서 가장 중요한 요인은 가치창출의 핵심요인을 이해하는 것이다. 그 이유로는 기업가치에 영향을 미치는 요소 중에서 각 하위조직의 영향력 하에 있는 요소들을 관리함으로써 가치창출에 기여할 수 있다는 점과, 경영자가 가치창출요인을 통해 각 하위조직을 이해하게 되고 달성하고자 하는 목표에 관한 의견을 교환할 수 있다는 점이 있다.

24 정답 ②

경제적 부가가치(EVA)는 기업이 영업활동을 통해 얻은 이익에서 자본비용을 차감한 것이다. 즉, EVA는 세후영업이익과 총자본비용의 차이이다. 그러므로 총자본비용은 80 – 30으로 도출할 수 있으며, 총자본비용은 50억이 된다.

주관식 해설

01 **정답** 산업평균비율, 경쟁기업의 재무비율, 경험적 재무비율, 과거평균비율

해설 재무비율을 이용하여 기업의 재무상태와 성과를 평가할 때 기준이 되는 재무비율을 표준비율(standard ratio)이라 한다. 표준비율로 이용되는 재무비율에는 산업평균비율, 경쟁기업의 재무비율, 경험적 재무비율, 과거평균비율 등이 있다.

02 **정답** 고정비가 증가할수록 판매량이나 매출액의 변동에 따라 영업이익과 순이익의 변동성이 확대되는 효과가 나타나게 되는데, 이를 레버리지 효과(leverage effects)라고 한다.

03 **정답** 경영자의 인격, 상환능력, 자본력, 담보력, 경제상황

해설 일반적으로 신용분석에서는 다섯 가지 요인을 고려하여 기업의 신용위험을 평가하고 있는데 이를 신용분석의 5C라고 한다. 경영자의 인격, 상환능력, 자본력, 담보력, 경제상황이 있다.

04 **정답** ㉠ 자산접근법 ㉡ 시장접근법

해설 자산접근법은 회사의 전체 수익에 초점을 맞추기보다 개별 자산을 평가함으로써 보다 자세한 분석이 가능하다. 시장접근법은 가치평가액을 시장에 존재하는 유사한 비교회사로부터 유추하는 특징이 있다.

SD에듀와 함께, 합격을 향해 떠나는 여행

★ 수험생은 수험번호와 응시과목 코드번호를 표기(마킹)한 후 일치여부를 반드시 확인할 것.

년도 전공심화과정인정시험 답안지(객관식)

전공분야

성명

(1) 수험번호

(2)

3				

과목코드 / 응시과목

교시코드 ① ② ③ ④

	응시과목
1	① ② ③ ④
2	① ② ③ ④
3	① ② ③ ④
4	① ② ③ ④
5	① ② ③ ④
6	① ② ③ ④
7	① ② ③ ④
8	① ② ③ ④
9	① ② ③ ④
10	① ② ③ ④
11	① ② ③ ④
12	① ② ③ ④
13	① ② ③ ④
14	① ② ③ ④
15	① ② ③ ④
16	① ② ③ ④
17	① ② ③ ④
18	① ② ③ ④
19	① ② ③ ④
20	① ② ③ ④
21	① ② ③ ④
22	① ② ③ ④
23	① ② ③ ④
24	① ② ③ ④

과목코드 / 응시과목

	응시과목
1	① ② ③ ④
2	① ② ③ ④
3	① ② ③ ④
4	① ② ③ ④
5	① ② ③ ④
6	① ② ③ ④
7	① ② ③ ④
8	① ② ③ ④
9	① ② ③ ④
10	① ② ③ ④
11	① ② ③ ④
12	① ② ③ ④
13	① ② ③ ④
14	① ② ③ ④
15	① ② ③ ④
16	① ② ③ ④
17	① ② ③ ④
18	① ② ③ ④
19	① ② ③ ④
20	① ② ③ ④
21	① ② ③ ④
22	① ② ③ ④
23	① ② ③ ④
24	① ② ③ ④

답안지 작성시 유의사항

1. 답안지는 반드시 컴퓨터용 사인펜을 사용하여 다음 보기와 같이 표기할 것.
   보기) 잘된 표기: ● 잘못된 표기: ⊗ ⊙ ◐ ◑
2. 수험번호 (1)에는 아라비아 숫자로 쓰고, (2)에는 "●"와 같이 표기할 것.
3. 과목코드는 뒷면 "과목코드번호"를 보고 해당과목의 코드번호를 찾아 표기하고,
   응시과목란에는 응시과목명을 한글로 기재할 것.
4. 교시코드는 문제지 전면 의 교시를 해당란에 "●"와 같이 표기할 것.
5. 한번 표기한 답은 긁거나 수정액 및 스티커 등 어떠한 방법으로도 고쳐서는
   아니되고, 고친 문항은 "0"점 처리됨.

[이 답안지는 마킹연습용 모의답안지입니다.]

※ 감독관 확인란

(인)

관리번호 (연번) (응시자수)

절취선

★ 수험생은 수험번호와 응시과목 코드번호를 표기(마킹)한 후 일치여부를 반드시 확인할 것.

년도 전공심화과정
인정시험 답안지(주관식)

전공분야

성명

과목코드

교시코드

수 험 번 호

| 3 | | | — | | | — | | |

(1)

(2)

답안지 작성시 유의사항

1. ※란은 표기하지 말 것.
2. 수험번호 (2)란, 과목코드, 교시코드 표기는 반드시 컴퓨터용 싸인펜으로 표기할 것
3. 교시코드는 문제지 전면 의 교시를 해당란에 컴퓨터용 싸인펜으로 표기할 것.
4. 답란은 반드시 흑·청색 볼펜 또는 만년필을 사용할 것. (연필 또는 적색 필기구 사용불가)
5. 답안을 수정할 때에는 두줄(=)을 긋고 수정할 것.
6. 답란이 부족하면 해당답란에 "뒷면기재"라고 쓰고 뒷면 "추가답란"에 문제번호를 기재한 후 답안을 작성할 것.
7. 기타 유의사항은 객관식 답안지의 유의사항과 동일함.

※ 감독관 확인란
㉶

교환선

[이 답안지는 마킹연습용 모의답안지입니다.]

년도 전공심화과정인정시험 답안지(객관식)

컴퓨터용 사인펜만 사용

★ 수험생은 수험번호와 응시과목 코드번호를 표기(마킹)한 후 일치여부를 반드시 확인할 것.

전공분야

성 명

	수 험 번 호							
(1)	―							
3	―			―			―	

(2) ① ② ● ④

① ② ③ ④ ⑤ ⑥ ⑦ ⑧ ⑨ ⓪ (반복)

※ 감독관 확인란

(응시자수)

관 리 번 호

(연번)

관 리 번 호 (연번) (인)

과목코드

교시코드 ① ② ③ ④

응시과목			
1	① ② ③ ④	14	① ② ③ ④
2	① ② ③ ④	15	① ② ③ ④
3	① ② ③ ④	16	① ② ③ ④
4	① ② ③ ④	17	① ② ③ ④
5	① ② ③ ④	18	① ② ③ ④
6	① ② ③ ④	19	① ② ③ ④
7	① ② ③ ④	20	① ② ③ ④
8	① ② ③ ④	21	① ② ③ ④
9	① ② ③ ④	22	① ② ③ ④
10	① ② ③ ④	23	① ② ③ ④
11	① ② ③ ④	24	① ② ③ ④
12	① ② ③ ④		
13	① ② ③ ④		

답안지 작성시 유의사항

1. 답안지는 반드시 컴퓨터용 사인펜을 사용하여 다음 [보기]와 같이 표기할 것.
   [보기] 잘 된 표기: ●
   잘못된 표기: ⊗ ⊙ ◑ ◐ ●

2. 수험번호 (1)에는 아라비아 숫자로 쓰고, (2)에는 "●"와 같이 표기할 것.

3. 과목코드는 뒷면 "과목코드번호"를 보고 해당과목의 코드번호를 찾아 표기하고,
   응시과목란에는 응시과목명을 한글로 기재할 것.

4. 교시코드는 문제지 전면 의 교시를 해당란에 "●"와 같이 표기할 것.

5. 한번 표기한 답은 긁거나 수정액 및 스티커 등 어떠한 방법으로도 고쳐서는
   아니되고, 고친 문항은 "0"점 처리함.

과목코드

응시과목			
1	① ② ③ ④	14	① ② ③ ④
2	① ② ③ ④	15	① ② ③ ④
3	① ② ③ ④	16	① ② ③ ④
4	① ② ③ ④	17	① ② ③ ④
5	① ② ③ ④	18	① ② ③ ④
6	① ② ③ ④	19	① ② ③ ④
7	① ② ③ ④	20	① ② ③ ④
8	① ② ③ ④	21	① ② ③ ④
9	① ② ③ ④	22	① ② ③ ④
10	① ② ③ ④	23	① ② ③ ④
11	① ② ③ ④	24	① ② ③ ④
12	① ② ③ ④		
13	① ② ③ ④		

[이 답안지는 마킹연습용 모의답안지입니다.]

년도 전공심화과정
인정시험 답안지(주관식)

전공분야

성명

과목코드

	① ② ③ ④ ⑤ ⑥ ⑦ ⑧ ⑨ ⑩
	① ② ③ ④ ⑤ ⑥ ⑦ ⑧ ⑨ ⑩
	① ② ③ ④ ⑤ ⑥ ⑦ ⑧ ⑨ ⑩
	① ② ③ ④ ⑤ ⑥ ⑦ ⑧ ⑨ ⑩
	① ② ③ ④ ⑤ ⑥ ⑦ ⑧ ⑨ ⑩

교시코드

① ② ③ ④

수 험 번 호

3		-			-		
①	①		①	①		①	①
②	②		②	②		②	②
③	③		③	③		③	③
④	④		④	④		④	④
⑤	⑤		⑤	⑤		⑤	⑤
⑥	⑥		⑥	⑥		⑥	⑥
⑦	⑦		⑦	⑦		⑦	⑦
⑧	⑧		⑧	⑧		⑧	⑧
⑨	⑨		⑨	⑨		⑨	⑨
⑩	⑩		⑩	⑩		⑩	⑩

(1) ① ② ● ④

(2)

답안지 작성시 유의사항

1. ※란은 표기하지 말 것.
2. 수험번호 (2)란, 과목코드, 교시코드 표기는 반드시 컴퓨터용 싸인펜으로 표기할 것.
3. 교시코드는 문제지 전면의 교시를 해당란에 컴퓨터용 싸인펜으로 표기할 것.
4. 답안은 반드시 흑·청색 볼펜 또는 만년필을 사용할 것. (연필 또는 적색 필기구 사용불가)
5. 답안을 수정할 때에는 두줄(=)을 긋고 수정할 것.
6. 답안이 부족하면 해당답란에 "뒷면기재"라고 쓰고 뒷면 '주가답란'에 문제번호를 기재한 후 답안을 작성할 것.
7. 기타 유의사항은 객관식 답안지의 유의사항과 동일함.

※ 감독관 확인란

(인)

★ 수험생은 수험번호와 응시과목 코드번호를 표기(마킹)한 후 일치여부를 반드시 확인할 것.

문번호	※1차 점수	※1차 채점	※1차확인	응 시 과 목	※2차확인	※2차 채점	※2차 점수
1	⓪ ① ② ③ ④ ⑤ ⑥ ⑦ ⑧ ⑨ ⑩						⓪ ① ② ③ ④ ⑤ ⑥ ⑦ ⑧ ⑨ ⑩
2	⓪ ① ② ③ ④ ⑤ ⑥ ⑦ ⑧ ⑨ ⑩						⓪ ① ② ③ ④ ⑤ ⑥ ⑦ ⑧ ⑨ ⑩
3	⓪ ① ② ③ ④ ⑤ ⑥ ⑦ ⑧ ⑨ ⑩						⓪ ① ② ③ ④ ⑤ ⑥ ⑦ ⑧ ⑨ ⑩
4	⓪ ① ② ③ ④ ⑤ ⑥ ⑦ ⑧ ⑨ ⑩						⓪ ① ② ③ ④ ⑤ ⑥ ⑦ ⑧ ⑨ ⑩
5	⓪ ① ② ③ ④ ⑤ ⑥ ⑦ ⑧ ⑨ ⑩						⓪ ① ② ③ ④ ⑤ ⑥ ⑦ ⑧ ⑨ ⑩

[이 답안지는 마킹연습용 모의답안지입니다.]

절취선

내도 전공심화과정인정시험 답안지(객관식)

컴퓨터용 사인펜만 사용

★ 수험생은 수험번호와 응시과목 코드번호를 표기(마킹)한 후 일치여부를 반드시 확인할 것.

전공분야

성명

수험번호

(1) 3

(2)

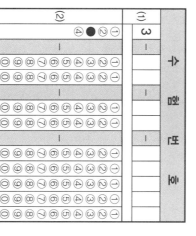

※ 감독관 확인란

관리번호

답안지 작성시 유의사항

1. 답안지는 반드시 컴퓨터용 사인펜을 사용하여 다음 [보기]와 같이 표기할 것.
   [보기] 잘된 표기: ● 잘못된 표기: ⊘ ⊗ ⊙ ◐ ◑

2. 수험번호 (1)에는 아라비아 숫자로 쓰고, (2)에는 "●"와 같이 표기할 것.

3. 과목코드는 뒷면 "과목코드번호"를 보고 해당과목의 코드번호를 찾아 표기하고,
   응시과목란에는 응시과목명을 한글로 기재할 것.

4. 교시코드는 문제지 전면 의 교시를 해당란에 "●"와 같이 표기할 것.

5. 한번 표기한 답은 긁거나 수정액 및 스티커 등 어떠한 방법으로도 고쳐서는
   아니되고, 고친 문항은 "0"점 처리함.

교시코드

과목코드 / **응시과목**

응시과목					응시과목				
1	①	②	③	④	14	①	②	③	④
2	①	②	③	④	15	①	②	③	④
3	①	②	③	④	16	①	②	③	④
4	①	②	③	④	17	①	②	③	④
5	①	②	③	④	18	①	②	③	④
6	①	②	③	④	19	①	②	③	④
7	①	②	③	④	20	①	②	③	④
8	①	②	③	④	21	①	②	③	④
9	①	②	③	④	22	①	②	③	④
10	①	②	③	④	23	①	②	③	④
11	①	②	③	④	24	①	②	③	④
12	①	②	③	④					
13	①	②	③	④					

과목코드 / **응시과목**

응시과목					응시과목				
1	①	②	③	④	14	①	②	③	④
2	①	②	③	④	15	①	②	③	④
3	①	②	③	④	16	①	②	③	④
4	①	②	③	④	17	①	②	③	④
5	①	②	③	④	18	①	②	③	④
6	①	②	③	④	19	①	②	③	④
7	①	②	③	④	20	①	②	③	④
8	①	②	③	④	21	①	②	③	④
9	①	②	③	④	22	①	②	③	④
10	①	②	③	④	23	①	②	③	④
11	①	②	③	④	24	①	②	③	④
12	①	②	③	④					
13	①	②	③	④					

[이 답안지는 마킹연습용 모의답안지입니다.]

년도 전공심화과정
인정시험 답안지(주관식)

전공분야

성명

과목코드

① ② ③ ④ ⑤ ⑥ ⑦ ⑧ ⑨ ⓪	① ② ③ ④ ⑤ ⑥ ⑦ ⑧ ⑨ ⓪	① ② ③ ④ ⑤ ⑥ ⑦ ⑧ ⑨ ⓪	① ② ③ ④ ⑤ ⑥ ⑦ ⑧ ⑨ ⓪	① ② ③ ④ ⑤ ⑥ ⑦ ⑧ ⑨ ⓪

교시코드
① ② ③ ④

수험번호

호

(1) 3
(2) ① ② ③ ④ ⑤ ⑥ ⑦ ⑧ ⑨ ⓪

번호	※ 1차 점수	※ 1차 채점	※1차확인	응시과목	※2차확인	※ 2차 채점	※ 2차 점수
1	⓪ ① ② ③ ④ ⑤ ⑥ ⑦ ⑧ ⑨ ⑩						⓪ ① ② ③ ④ ⑤ ⑥ ⑦ ⑧ ⑨ ⑩
2	⓪ ① ② ③ ④ ⑤ ⑥ ⑦ ⑧ ⑨ ⑩						⓪ ① ② ③ ④ ⑤ ⑥ ⑦ ⑧ ⑨ ⑩
3	⓪ ① ② ③ ④ ⑤ ⑥ ⑦ ⑧ ⑨ ⑩						⓪ ① ② ③ ④ ⑤ ⑥ ⑦ ⑧ ⑨ ⑩
4	⓪ ① ② ③ ④ ⑤ ⑥ ⑦ ⑧ ⑨ ⑩						⓪ ① ② ③ ④ ⑤ ⑥ ⑦ ⑧ ⑨ ⑩
5	⓪ ① ② ③ ④ ⑤ ⑥ ⑦ ⑧ ⑨ ⑩						⓪ ① ② ③ ④ ⑤ ⑥ ⑦ ⑧ ⑨ ⑩

답안지 작성시 유의사항

1. ※란은 표기하지 말 것.
2. 수험번호 (2)란, 과목코드, 교시코드 표기는 반드시 컴퓨터용 싸인펜으로 표기할 것
3. 교시코드는 문제지 전면 의 교시를 해당란에 컴퓨터용 싸인펜으로 표기할 것.
4. 답란은 반드시 흑·청색 볼펜 또는 만년필을 사용할 것. (연필 또는 적색 필기구 사용불가)
5. 답안을 수정할 때에는 두줄(=)을 긋고 수정할 것.
6. 답란이 부족하면 해당답란에 "뒷면기재"라고 쓰고 뒷면 '추가답란'에 문제번호를 기재한 후 답안을 작성할 것.
7. 기타 유의사항은 객관식 답안지의 유의사항과 동일함.

※ 감독관 확인란

㊞

[이 답안지는 마킹연습용 모의답안지입니다.]

참고문헌

■ 김종호·노덕환, 『알기 쉬운 경영분석』, 두남, 2019.

■ 우춘식·이의택 외 2명, 『에센스 경영분석』, 유원북스, 2017.

■ Krishna G. Palepu, 『IFRS 경영분석과 가치평가』, Cengage Learning, 2015.

SD에듀와 함께, 합격을 향해 떠나는 여행

SD에듀 독학사 경영학과 3단계 경영분석

초판2쇄 발행	2024년 01월 03일 (인쇄 2023년 09월 01일)
초 판 발 행	2021년 03월 26일 (인쇄 2020년 11월 25일)
발 행 인	박영일
책 임 편 집	이해욱
편 저	이대현
편 집 진 행	송영진
표지디자인	박종우
편집디자인	김경원 · 윤준호
발 행 처	(주)시대고시기획
출 판 등 록	제10-1521호
주 소	서울시 마포구 큰우물로 75 [도화동 538 성지 B/D] 9F
전 화	1600-3600
팩 스	02-701-8823
홈 페 이 지	www.sdedu.co.kr
I S B N	979-11-254-8482-0 (13320)
정 가	24,000원